대구의 첫
서양의료인 존슨이
미국 북장로교에
보내는 편지

내한선교사편지번역총서 **15**

대구의 첫 서양의료인 존슨이 미국 북장로교에 보내는 편지

우드브리지 오들린 존슨 지음
한미경·성민경·유성경 옮김

보고사
BOGOSA

1907년 대구 선교지부 단체사진 1

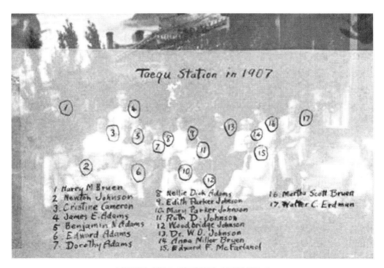

1907년 대구 선교지부 단체사진 2

우드브리지 존슨(1897년)과 아내 에디스 파커(연도 미상)

존슨의 집 입구(1898년)

역자 서문

우드브리지 존슨(Woodbridge O. Johnson)은 1897년부터 1912년까지 미북장로교 해외 선교부 의료선교사로 한국 대구에 파송되어 당시 경상북도 선교 사역의 중심에서 활동하며 대구 지역에 서양의학을 도입한 인물입니다.

이 책에는 존슨이 1896년 킹스 카운티 병원에서 의사로 일하면서 의료선교사로 지원하기를 준비하는 시점부터 1912년 한국을 떠나 미국으로 돌아간 이후 1913년 사직서를 제출하기까지 미북장로교 해외 선교부에 보낸 편지 쉰다섯 통이 담겨 있습니다. 여기에는 낯선 외양의 외국인이 노새와 가마를 타고(1898년 1월 20일 편지), 더운 날씨를 피해 산속 유명한 절마다 찾아가 쉬고(1898년 5월 28일, 1898년 8월 22일 편지), 숙소가 비에 잠겨 물살에 떠내려갈 뻔하고(1898년 8월 22일 편지), 아내가 강도를 만나 값나가는 모든 물품을 빼앗기고(1900년 10월 27일 편지), 선교비를 사용한 내역을 구구절절하게 밝히고(1902년 5월 27일 편지), 교회와 병원을 세우고, 한차례 무너진 병원을 다시 세우고, 소화불량인 한국인이 막대기를 목으로 밀어 넣어 결국 수술해야 했던 일(1909년 3월 10일) 외의 여러 진료와 수술, 사역 후반에는 심신의 어려움으로 수술을 할 수 없어 안동으로 사역지를 옮기기도 한(1910년 9월 21일 편지) 내용 등이 있습니다.

존슨이 개원한 진료소(dispensary) "미국약방"과 병원 "제중원(濟衆院)"은 이후 동산병원으로 발전하여, 현재는 계명대학교 의과대학 부속 동산병원이 되었습니다. 이렇듯 전파하고, 치료하고, 아프고, 애쓴 모든 시간이 거름이 되어 지금의 한국이 되었음을, 그리고 셀 수 없는 생명과 영혼을 구하였음을 생각합니다. 또한, 존슨의 편지들은 당시 선교를 향한 타오르는 열정을 가지고 앞서서 길을 개척하고자 부단히도 노력하였던, 그래서 삶의 치열함 속에서 복음을 붙들었던 수많은 선교사님의 삶의 일면을 드러내어 보여줍니다. 그의 편지에는 핍진한 선교환경의 물적 필요가 적나라하게 나타납니다. 이뿐만 아니라 간호사 한 사람, 선교사 한 사람, 일꾼 한 사람을 향한 절실한 요청이 있습니다. 동시에, 하나님의 도우심으로 세워져 가는 선교 사역의 모습을 통한 감동이 있습니다.

　　지금으로부터 120년 전의 편지가 우리에게 도전하는 것은, 시대를 초월한 절대적 가치이자 방향인 "가서 모든 민족을 제자 삼으라"는 그리스도의 명령입니다. 이루시는 하나님을 기대하며 선교적 사명을 가진 불꽃 같은 한 영혼이 고군분투하며 걸었던 길을 현재를 살아가는 우리의 삶에 적용하기를 소망합니다.

　　한 사람을 들어 사용하셔서 그가 한국 땅을 사랑하여 복음을 심고, 그를 통해 복음이 심기어 뿌리내려 열매 맺게 하시는 놀라운 하나님의 생생한 역사를, 그 일하심의 단면을 엿보아 알게 하신 하나님께 감사드립니다.

2024년 1월 5일
옮긴이 한미경 · 성민경 · 유성경

차례

일러두기

1. Presbyterian Historical Society가 소장하는 (1) Presbyterian Church in the U.S.A. Board of Foreign Missions Department of Missionary Personnel Records, (2) Presbyterian Church in the U.S.A. Board of Foreign Missions Correspondence and Reports, (3) Presbyterian Church in the U.S.A. Board of Foreign Missions, Korea Mission Reports를 저본으로 번역하였다.
2. 번역문, 원문 순서로 수록하였다.
3. 원문에서 식별하기 어려운 내용은 [illegible]로 표기하였다. 해당하는 번역문에는 [판독 불가]로 표기하였다.
4. 필요에 따라 원문병기 또는 한자병기 하였다.
5. 인물명칭은 『내한선교사사전』(한국기독교역사연구소, 2022)에 표기된 명칭을 따랐다.

1. 우드브리지 존슨의 생애

우드브리지 존슨은 아버지 뉴튼 존슨(Newton Alexander Johnson)
과 어머니 어거스타 존슨(Augusta Little Johnson) 사이에서 1869년
6월 9일 미국 일리노이 게일즈버그에서 출생하였다. 1891년 라파
예트(Lafayette College) 대학을 졸업하고, 1895년 펜실베이니아대학
(University of Pennsylvania)에서 의학박사를 취득하였다. 이후 브루클
린의 킹스 카운티 병원(The King's County Hospital)에서 레지던트 외
과의로 일하고 윌크스베리 시립병원(Wilkes Barre City Hospital)에서
인턴 과정을 밟았다. 미북장로교 해외 선교부 자료에 따르면 이
시기의 그는 대학에서는 Y.M.C.A의 C.E와 학생 자원봉사로 다양한
선교 활동에 참여하였고, 병원에서는 그의 환자 개개인의 영혼 구
원을 위하여 매우 신실하게 행동하였다고 평가된다.

존슨은 1896년부터 미북장로교 해외 선교부와 접촉하여 이듬해
의료선교사로 지원한다. 미북장로교 자료에 따르면 그는 공식적으
로 1897년 6월 21일에 미북장로교 해외 선교부 이사회 소속 의료선
교사로 임명되어 1897년 11월 18일 미국에서 출발하여 한국으로
향하였으며, 1913년 11월 17일 자로 사역이 종료된 것을 확인할

수 있다. 그는 임명될 당시 펜실베이니아 칼리지 힐 교회에 출석하던 상태였으며, 같은 해인 1897년 10월 28일 에디스 메리 파커(Edith M. Parker)와 결혼하여 아내와 함께 한국으로 향한다.

그는 1912년 건강상의 이유로 한국에서의 모든 사역을 중단하고 미국으로 돌아온다. 이후 캘리포니아주 임페리얼 카운티(Imperial County)의 카운티 팜 어드바이저(County Farm Advisor)로 활동하다가 1920년 이글 락(Eagle Rock)으로 이사하여 로스앤젤레스 카운티(Los Angeles County)의 비행 청소년 보호 관찰 담당자로 16년간 재직한다. 이 기간은 존슨이 의사로서 비행 청소년들의 재활과 정신과적 치료에 힘쓴, 한국에서의 선교와는 다른 형태의 선교적 헌신이었다. 그는 슬하에 네 명의 자녀를 두었으며, 1951년 7월 19일 향년 82세로 캘리포니아 이글 락의 자택에서 별세하였다.

2. 우드브리지 존슨의 선교 활동

존슨의 선교 활동은 그가 미국에서 선교를 준비하여(1896년-1897년), 한국에 들어와 병원을 세워 선교 사역을 하고(1897년-1903년), 건강이 좋지 않아 미국에서 안식년을 가진 후에(1903년-1906년), 다시 한국으로 들어와 현대식 병원을 세워 사역하다가 (1906년-1912년) 미국으로 복귀하여 사임하기까지의(1913년) 다섯 구간으로 나뉜다.

1896년에서 1897년까지 존슨이 미국에서 선교를 준비하던 기간에는 그가 이전부터 해외 선교 사역의 오랜 꿈을 품고 있었으

월크스베리 시립병원에서 보낸 편지
(1897년 1월 25일)[1]

선교 지원자 기록
(1897년)[2]

며, 처음부터 한국을 지정하여 파송되기를 원하였음이 드러난다. 그는 다른 어느 지역보다 한국에 기독교인이 필요하다고 느껴 한국으로 가고 싶다고 말하며(1897년 1월 25일 편지), 한국에 도착하기 전 일본에 체류하였을 때 그곳에 남지 않게 됨을 기뻐하고(1898년 1월 29일 편지), 나중에 좋지 않은 건강으로 인해 미국으로 복귀한 이후에도 그가 평생을 열망해온 일을 중단해야 하는 것에 대한 아쉬움을 서술한다(1913년 6월 17일 편지). 또한, 한국의 자연 풍광

---

1 출처: Presbyterian Church in the U.S.A. Board of Foreign Missions Department of Missionary Personnel Records. RG360. Presbyterian Historical Society. Philadelphia, PA.

2 출처: Presbyterian Church in the U.S.A. Board of Foreign Missions Department of Missionary Personnel Records. RG360. Presbyterian Historical Society. Philadelphia, PA.

의 아름다움으로 인한 기꺼움과, 지역과 한국인에 대한 사랑과 친밀함이 수차례 나타나는 것으로 미루어 보아 존슨의 한국을 향한 열정을 짐작할 만하다.

1897년부터 1903년까지는 존슨이 처음으로 한국에 들어와 대구에서 사역한 기간으로서, 그는 몇 달 동안 한국의 기후 및 문화적 적응과 언어공부에 집중하다가 이후 인근 지역을 돌아다니며 복음을 전하는 순회(itineration) 사역의 일환으로 약품을 팔며 왕진하였고, 이사회에 의료 사역을 위한 비용을 승인받아 1899년 진료소를 세웠다.[3] 존슨은 1899년 이전에는 '미국약방'이라는 이름으로, 이후에는 '제중원(濟衆院)' 간판을 걸고 의료 활동을 하였다. 제중원은 개원하자마자 많은 환자가 모여들어 1900년 여름까지 내원한 환자 수가 1,700명이었고 수술 횟수가 50회에 이르렀다.[4] 당시 한국에서는 1884년 미북장로회의 알렌(Horace N. Allen)이 미국 공사관의 공의(公醫)로, 1885년 미북감리회의 아펜젤러(Henry G. Appenzeller) 부부와 미북장로회의 언더우드(Horace G. Underwood), 미북감리회의 스크랜튼(William B. Scranton) 부부와 미북장로회의 헤론(John W. Heron)이 입국하여 알렌, 스크랜튼, 헤론에 의해 의료선교가 시작된 상태였다. 대구에 장로교가 전파된 것은 미북장로교 선교사 베어드(William M. Baird)가 1896년 대구의 저택을 매입하여 선교 활동을

---

3 이 책에 실린 1899년 4월 27일의 편지에 존슨이 진료소를 만들기 시작했다는 내용이 있다. 실제 진료소를 개원한 날짜는 'History of the Korea Mission, Presbyterian Church, USA'에 근거하여 1899년 12월 24일로 추정된다(이정은, 「대구 제중원(현 동산병원)이 근대의료체계 형성에 미친 영향」, 『계명사학』, 17권, 2006, 197쪽.).

4 이재원, 「제중원(濟衆院)의 개원과 존슨의사」, 『포토경북』, 10월호, 1992, 72쪽.

진료소 미국약방과 병원 제중원[5]

한 것이 시초였는데, 베어드 부부는 문화적 차이로 곧 대구 선교를
포기하고 서울로 돌아갔으며, 이후 1896년 11월에 아담스(James
E. Adams)에게 사역이 인계되어 1898년에 아담스와 존슨을 주축으
로 아담스의 자택에서 교회가 조직되었다.[6] 이는 경북에서 최초로

---

5 출처: Dispensary, Taegu. "Pearl Digital Collections." Presbyterian Historical Society,
   https://digital.history.pcusa.org/islandora/object/islandora:140239 이와 관련하여,
   1900년 2월 19일 존슨의 편지에 철조망과 기둥을 사용하여 진료소를 둘러싸는 울타
   리를 만들 것이라는 내용이 있다.

6 이정은, 앞의 책, 196쪽.

설립된 기독교 교회였다. 이 기간에 교회와 의료 사역을 병행하며 존슨의 건강이 서서히 나빠졌음을 추측할 수 있는데, 그는 선교사들의 사역의 과중함과 휴식의 필요성을 언급하면서(1900년 10년 27일 편지) 1901년 일본 고베와 홍콩으로 휴가를 떠나기도 한다(1901년 7월 21일, 1901년 10월 1일 편지). 존슨은 이 여행 이후에 병원과 진료소 사역을 지속하다가 1904년(추정)부터 1906년 8월까지 미국에서 휴식을 취하게 된다.

존슨이 안식년을 마치고 1906년 9월 1일에 한국으로 돌아왔을 때는 이미 1906년 5월에 대구병원이 철거되기로 결정되어 철거된 상태였다. 병원 철거의 사유는 건물 일부가 무너져내림에 따른 추가 붕괴 가능성이었을 것으로 추정된다(1906년 6월 6일, 1906년 6월 16일 편지). 이에 존슨은 이사회의 기금과 모금을 받아 2층의 현대식 병원을 짓고 의료 사역과 병원 운영 및 의학교육에 힘쓴다. 병원 신축 후 해마다 환자가 급증하여 1907년과 1908년에 환자 수는 5,000명을 넘어섰고, 1909년 6월 27에는 존슨이 제왕절개 수술에 성공하고 그가 나병을 치료해준다는 소문이 퍼지면서 나환자들이 끊임없이 찾아왔다.[7] 이후 과중한 수술 업무에 부담을 느낀 그는 이사회에 전근을 요청하여 1910년 9월 22일 안동으로 옮기기도 하는데, 1911년 다시 대구로 돌아와 사역을 지속하다 계속되는 건강 악화로 1912년 10월 미국으로 돌아와 한국 선교

---

7 Harry Rhodes, "History of the Korea mission, Presbyterian Church, U.S.A." Chosen Mission Presbyterian Church U.S.A., 1934; 이정은, 앞의 책, 198쪽에서 재인용.

새 병원 전경[8]

사역을 내려놓는다.

존슨의 선교 사역과 이 책에 실린 자료의 의의는 다음과 같다.

첫째, 경상도의 선교기지였던 대구에서의 복음의 전파양상을 보다 면밀하게 확인할 수 있는 초기 선교의 역사적 의미가 있다. 이는 당시 국내에서 활동하던 선교사들이 매년 연례회의(Annual meeting)를 통해 정기적으로 교류하며 사역에 관한 안건들을 긴밀하게 소통하였던 것과 선교사들이 각 스테이션을 중심으로 일대를 돌아다니며 복음이 미치지 않은 곳으로 찾아가는 순회 사역을 통해 사역이 이루어진 점 및 장대현교회와 세브란스 병원 등을 선교 사역의 모델로 삼아 사역의 여러 사안을 정하는 모습 등이 잘 드러나 있음을 의미한다.

---

8 출처: 계명대학교 동산의료원

둘째, 대구 지역에 서양의학이 도입되는 과정에 관한 실제적 자료로서 정보전달의 측면에서 가치가 있다. 존슨은 경상북도와 대구 선교 사역의 개척자인 동시에 대구 지역의 첫 의료선교사로 파견되었기 때문에 편지의 기조는 의료 사역을 보고할 뿐 아니라 의학적으로 선교지부 구성원들의 생활과 건강 상태를 보다 면밀하게 전달한다. 이에 병원과 진료소의 건축 과정부터 인력 배치, 위생, 간호 수준, 수술 케이스, 의학교육, 여러 선교사들의 건강 상태 등이 공적이며 종합적인 견해와 서술로 개인적인 감상과 함께 기술되어 있다. 이뿐만 아니라 그의 편지는 당시 생활상을 비롯하여 회계, 건축, 의료, 문화, 교육 상황 등이 드러나 문화적 사료로서 가치가 있다.

유성경

번역문

선교를 준비하며(1896-1897)

1896년 1월 14일

발신: 킹 카운티 병원, 브루클린, 뉴욕
수신: H. A. 넬슨(Nelson) 박사, 204 사우스 41번가, 필라델피아

친애하는 박사님께

지난봄, 박사님께서는 친절하시게도 우리 해외선교부 이사회의 서기 한 분께 저의 소개장을 보내주실 수 있다고 하셨습니다. 엘린우드(Ellinwood) 박사님 또는 길레스피(Gillespie) 박사님이었던 것으로 기억합니다. 지금 그렇게 해 주신다면 대단히 감사하겠습니다. 지금은 이사회를 위해 봉사하거나 지원할 준비가 되어있지 않지만, 먼저 이사회 분들과 친분을 쌓으며 그곳의 분위기와 업무에 익숙해지고 싶습니다.

저는 지난 7월부터 이 병원에서 레지던트 의사로 일해 왔으며 제 업무가 예상했던 것보다 더 흥미로웠습니다. 본 병원에는 600명의 환자가 있으며 그 외에 1,400명을 수용하는 공립양로원을 비롯하여 어린이집과 지적장애아를 위한 별관도 담당하고 있습니다. 또한, 이곳에는 카운티 검사관이 정신 이상으로 의심되는 사람들을 검사할 때까지 구금하는 병동이 있습니다. 따라서 이 병

원은 모든 의학 부서를 포괄하는 곳이지만, 외과 수술 분야에서는 약한 편입니다.

여느 공립병원이 그러하듯 이곳에서도 유전으로 인한 고통과 비참함을 여기저기서 볼 수 있으며, 그리스도를 섬길 수 있는 기회는 오직 육체적, 영적 힘으로 가능함을 다시 한번 생각합니다. 병원 생활의 유혹은 다른 곳과 다르지 않습니다. 환자들을 인간이 아닌 "사례"로 다루게 되고, 과거에 가슴 깊이 새겼던 숭고한 이상은 세상과 직업이 가져오는 야망의 안개로 가려져 버립니다. 이곳 환자들 대부분은 로마 가톨릭 신자들이고 우리는 거의 매일 로마 신부들과 접촉합니다. 이곳에 온 후 느낀 것이 있습니다. 신부님들의 신실한 봉사는 신도들을 움직이게 하는 힘입니다. 신부님들은 알코올 중독 환자들을 위해 참으로 훌륭한 일을 하고 계십니다.

가족들과 이스턴에서 새해 첫 주를 보냈습니다. 모두 잘 지내고 있습니다. 리틀 할머니와 제섭(Jessup) 이모도 여전하시지만, 예전만큼 추운 날씨를 좋아하시지 않습니다. 할머니와 어머니는 11월에 세인트루이스에 있는 옛 친구들을 3주간 방문하셨습니다. 집에서 멀리 떨어진 곳으로 가신 할머니의 원기 왕성함은 우리 모두를 놀라게 했습니다. 박사님과 가족분들도 잘 지내고 계시리라 믿습니다. 따님들에게 안부 전해주세요.

진심을 담아,
우드브리지 O. 존슨

1897년 1월 14일

발신: 킹 카운티 병원, 브루클린, 뉴욕
수신: H. A. 넬슨, 204 사우스 41번가, 필라델피아

친애하는 넬슨 박사님께,

저는 장로교 해외선교부 이사회에 의료선교사 지원 서류를 제출하고자 준비하고 있습니다. 작년 봄에 박사님께서 스피어(Speer) 선생님께 저의 소개장을 보내주셨는데, 이번에는 길레스피 박사님께 한 통을 부탁드려도 될는지요? 이 직책과 관련한 저의 자격을 어떻게 생각하시는지, 개인적으로 저를 아시는 선에서 의견을 써주신다면 좋겠습니다. 이사회에서 2월 1일경에 회의가 있는데 그 전에 서류를 제출할 예정입니다. 하지만 재정적 압박이 너무 크고 지원자의 수가 상당해서, 합격하고서 파송이 되지 않더라도 놀라지 않을 것입니다. 그런 경우 다른 길이 열려 사역지에 갈 수 있기를 간절히 소망합니다.

연휴 동안 짧은 휴가를 보내던 중 저는 한 선교사 아니, 두 선교사의 미래를 함께 만들어나가겠다고 약속한 젊은 여성과 약혼했습니다. 그녀는 헌신적인 기독인으로 제 여동생과 바사 대학교 동창이고 이름은 에디스 파커(Edith Parker)입니다. 어머니와 가족들이 오랜 시간 파커 양을 좋아했기에, 저의 약혼이 가족들에게 큰 기쁨이 되어 큰 축복이라고 생각합니다. 물론 그들의 취향에 의해 저의 선택이 이루어진 것은 아님을 그들에게 알려드렸지만요.

조만간 이곳을 떠나 전문 분야에 더 전념할 수 있는 [판독 불가] 병원에서 일할 수 있기를 기대합니다. 길레스피 박사님께 보내는 편지는 봉인해서 제게 보내주시겠습니까? 아직 보내지 않은 지원서와 편지를 함께 보내려고 합니다.

진심을 담아,
우드브리지 O. 존슨

1897년 1월 25일

발신: 231 클린턴 스트리트, 이스턴, 펜실베이니아

수신: 존 길레스피(John Gillespie), 156 5번가, 뉴욕

친애하는 선생님께,

저는 장로교 해외선교부 의료 선교사로 봉사하기 위한 신청서를 제출하고자 합니다. 신청서의 질문지 답변도 동봉합니다. 저는 해외 선교사의 삶이야말로 가장 가치 있는 특권이라고 생각해왔으며, 이교국에서 하나님을 섬길 수 있는 가장 특별한 은혜를 받는 것이라 여겼습니다. 저는 선교사로서 "모든 민족을 제자로 삼으라"는 그리스도의 마지막 명령에 가장 잘 순종하고 국내보다 해외 선교 현장에서 제 삶을 더 의미 있게 만들 수 있을 것이라는 믿음으로 몇 년 전 해외 선교 자원 학생운동에 참여했습니다. 지금도 저는 이 믿음을 간직하고 있습니다. 이미 질문 목록에 답변한 바와 같이, 저는 1888년부터 장로교 교인이었으며 선교 주일 학교에서 가르쳤고, 그때부터 YMCA와 기독교청년회의 업무에 종사하였습니다. 또한, 펜실베이니아 대학교에서의 마지막 1년 동안 학생 자원봉사자 리더였습니다. 졸업 후에는 주로 제가 돌보는 환자와 저와 관련된 사람들 사이에서 개인적으로 기독교 사역을 했습니다.

저는 한국에 가고 싶습니다. 그곳은 현재 다른 어느 지역보다 기독교인들이 필요하다고 믿습니다. 그곳의 기후에 저와 저의 약혼녀가 잘 적응할 수 있다고 생각합니다. 저는 그곳 사람들을 좋

아하고 그들과 일을 잘할 수 있을 것으로 생각합니다. 한국 다음
으로 저는 페르시아와 중국 북부를 선호합니다. 저는 결혼한 뒤
현지에 갈 것입니다. 저와 약혼한 젊은 여성은 시간과 상황이 허
락한다면 떠나기 전에 간호학 과정을 수강할 계획입니다. 저는 올
해 안에 선교지에 가기를 매우 기대하고 있습니다. 저는 9월이나
혹은 그 전에 갈 수 있을 것입니다. 의료선교사는 첫째는 선교사
이고 둘째는 의사여야 한다고 생각합니다.

추가 우편으로 저를 아는 몇몇 분들이 써주신 추천서를 보내드
립니다. 이전에 저의 개인적인 답변이 준비되지 않은 상태에서 당
신께서 그것을 요구하신다고 생각했기에 그들에게 추천서를 작
성해 봉인하여 제게 보내주시기를 부탁드렸습니다. 대부분은 그
렇게 보내주셨고 저는 모두 기밀로 다루었습니다. 이사회가 저에
게 원하는 추가 정보가 있는지 알려주시겠습니까? 저는 다음 주
토요일에 다시 뉴욕에 갈 것으로 예상합니다.

진심을 담아,
우드브리지 O. 존슨

1897년 2월 2일

발신: 윌크스배리, 펜실베이니아

수신: 존 길레스피 목사, 신학박사, 136 5번가, 뉴욕

친애하는 길레스피 박사님께,

며칠 전 보내드린 편지에서 저의 주치의로부터 받은 저의 건강 진단서에 관하여 한 가지 말씀드리지 않은 것이 있습니다. 저의 오랜 주치의이자 메디코-카이러지컬 의과전문학교의 학장인 이삭 오트(Isaac Ott) 박사님이 최근에 필라델피아로 이사를 오셨는데, 그에게 저의 신체 상태와 전반적인 건강에 대한 의견을 부탁드렸었습니다. 또한, 펜실베이니아 대학에 다닐 때 지도교수님이자 지난봄 제 건강이 좋지 못할 때 저를 돌봐주신 알프레드 스텐겔(Alfred Stengel) 박사님께도 의견서를 부탁했습니다. 두 박사님께 받은 편지와 다른 추천서들을 동봉하니 이것으로 충분할 것이라고 믿습니다.

아마도 지금쯤 박사님과 해외선교부 이사회의 동료분들이 저의 지원과 관련하여 결정을 내리셨을 것 같습니다. 어떤 결정을 내리셨는지 가능한 한 빨리 알고 싶습니다. 학교에서 교사로 근무하는 제 약혼녀가 저의 장래에 따라 조만간 사직서를 제출해야 하며, 교장 선생님과도 상의해야 합니다. 저의 이러한 상황을 헤아려 주셔서 이른 시일 내로 이사회의 결정을 알려주시기를 바랍니다.

진심을 담아,
우드브리지 O. 존슨

1897년 5월 6일

수신: 존 길레스피 목사, 신학박사, 156 5번가, 뉴욕

친애하는 길레스피 박사님께,

월요일에 전화를 드린 것은 만약 지원에 관한 저의 노력이 성공하게 되면 한국으로 출발하는 날짜가 "11월 1일"임을 알려드리기 위해서입니다. 맥밀런(McMillan) 양에게 날짜를 알렸고, 당신이 시릴 로스(Cyril Ross) 목사님께 보낸 것과 같은 진술서의 사본 12부를 요청했습니다. 가능한 한 빨리 보내주시겠습니까?

이번 주 이후 파커(Parker) 양의 주소는 "뉴욕시 59번가와 암스테르담 애비뉴에 있는 케어 슬로운 산부인과 병원"입니다.

그리고 혹시 선교지에서의 저의 지원에 관한 이야기가 지인들에게서 나온다면, 800달러[1]가 필요하고 450달러는 아내가 될 사람에게 필요하다고 말하면 될는지요?

---

1 존슨의 편지에는 달러($, doller), 엔(yen), 금(gold), 은(silver) 등이 혼재되어 있다. 조선 말기는 격동의 시기였다. 개항 전후 외국 화폐가 유입되는 시기인 1865년부터 1910년까지 조선에서는 화폐의 발행과 유통을 체계적으로 관리하는 시스템이 없어서 외국 화폐의 범람, 당오전과 백동화의 남발, 화폐의 밀주와 사주, 위조 등 화폐 질서가 매우 문란했다(김희호·이정수, 「1865~1910년 국제 금본위제도와 근대조선의 화폐량 추정」, 『역사와 경계』 108권, 2018, 254쪽). 존슨이 편지를 작성한 1896년부터 1913년까지가 이 시기와 겹친다. 이에 당시 화폐의 가치와 규범을 적확하게 제시하기 어려워 번역문에서는 원문 그대로 달러, 금, 은, 엔으로 기재하였다.

진심을 담아,
우드브리지 존슨

한국 선교 사역 I (1897-1903)

1898년 1월 20일

발신: 한국 대구 (주소 부산)

수신: 프랭크 엘린우드(Frank Ellinwood) 목사, 신학박사, 156
5번가, 뉴욕

친애하는 엘린우드 박사님께,

저희가 대구에 도착해 이곳에 정착했다는 것을 알리는 편지가
늦어졌지만, 너른 마음으로 양해해주시리라 믿습니다. 저희가 부
산에 도착한 날 이 글을 썼습니다. 저희의 항해는 상당히 험난했
고 그다지 유쾌하지 않았습니다. 저희가 탄 콥트선(Coptic)[1]에서 열
명의 선교사들을 만났고 따뜻한 친구들을 사귀었습니다. 광동선
교부의 루이스(Lewis) 양이 유일한 우리 교단 소속이며, 한국으로
가는 사람은 저희 외에는 없었습니다.

일본에서는 열흘간 부산행 기선을 기다려야만 했습니다. 도쿄

---

1 SS 콥틱(SS Coptic). 1881년 건조되어 1926년 폐기되기 전까지 해양 증기 항해 회사
(Oceanic Steam Navigation Company), 태평양 우편 증기선 회사(the Pacific Mail
Steamship Company), 도쿄 키센 카부시키 카이샤(Toyo Kisen Kabushiki Kaisha)가
연달아 소유하였던 증기선. https://en.wikipedia.org/wiki/SS_Coptic

를 방문했고 그곳에서 교토, 오사카, 고베까지 기차를 탔습니다. 아내와 저 둘 다 일본에 남지 않게 된 것을 기뻐했습니다. 일본은 아름답고 예술적이지만 사람들이 매우 불쾌한 특성을 많이 가지고 있는 것 같습니다.

저희가 만난 선교사들은 한국과 대구가 고립된 곳임에도 불구하고 저희를 부러워하는 것 같았습니다. 12월 22일 부산에서 어빈(Irvin) 박사 부부와 로스(Ross) 씨 부부가 저희를 마중하러 기선에 올라왔습니다. 아담스(Adams) 씨 부인이 출산 예정이셔서 저희가 빨리 대구로 오기를 바랐기 때문에 다음 날 아침 어빈 박사의 안내하에 그곳을 떠났습니다. 저는 조랑말을 타고 아내는 한국식 가마에 앉아서 3일 동안 계곡과 언덕 그리고 높은 산을 넘으며 가장 흥미로운 시간을 보냈습니다. 이 계절에는 초목이 거의 없고 언덕 대부분이 헐벗었지만, 대담하고 험준한 풍경이 참으로 아름다웠습니다.

저희는 한국 여관에서의 최악의 상황을 예상했지만 아내에게는 어빈 박사의 간이침대가 있었고 추운 계절이 곤충에게 좋지 않기 때문에 비좁은 숙소와 평균 6, 7평의 온돌방, 그리고 안뜰 주변의 여섯 개 이상의 방문마다 있는 화로를 고려하면 저희는 꽤 잘 지냈습니다. 안뜰은 말, 소, 짚, 노동꾼들과 그들의 짐으로 가득 차 있어서 혼란스럽긴 했습니다. 아내는 긴 여행으로 지쳤고 일본 호텔과 여관에서 지낸 뒤라 대구에 오니 마치 집에 온 것처럼 반가웠습니다. 저희는 아담스 씨 부부로부터 열렬한 환영을 받았습니다. 저희의 집이 준비될 때까지 그들의 집에 같이 있을 것인데 약한 달에서 여섯 달쯤 걸릴 것으로 보입니다. 아담스 씨는 리모델링 한 좋은 현지식 집을 가지고 있어서 지내는 데 편안합니다. 흙바닥과 흙벽이 장마철을 어떻게 견뎌낼지 모르겠습니다.

아담스 씨는 아주 좋은 사람입니다. 그 가족은 지난 금요일 남자 아기를 맞이했습니다. 산모와 아기는 잘 지냅니다. 아담스 씨는 이곳에 온 지 3개월 정도 되었습니다. 이곳에는 프랑스인 신부와 일본 군인들 외에는 외국인이 없습니다. [판독 불가]가 찾아왔으나 만나 보지 못했습니다. 이곳 사람들은 매우 상냥하지만, 우리의 존재에 크게 방해받지 않는 듯하면서도 다소 냉담합니다.

아내와 저는 선생님과 같이 공부를 하고 있습니다. 현재 아내는 훈련된 간호사이며 살림을 맡고 있습니다. 저희는 대구 지역과 한국인을 좋아하고 그들에게 앞으로 큰 희망이 있다고 믿습니다. 의료 지원 요청을 많이 받았지만, 아담스 씨는 언어를 습득할 때까지 환자들을 치료하지 않을 것이라고 설명했습니다. 저희 둘 다 잘 지냅니다. 이번 겨울 동안 건강하시리라 믿습니다. 길레스피 박사님과 핸드(Hand) 씨에게 안부 전해주십시오.

진심을 담아,
우드브리지 존슨

1898년 5월 28일

발신: 파계사, 한국 대구로부터 13분, 부산 사서함 주소

수신: F. F. 엘린우드 목사, 156 5번가, 뉴욕

친애하는 엘린우드 박사님께,

지난 1월에 편지를 쓴 이후로 선교부와 지부 편지를 통해 여러 번 소식을 들었습니다. 2월에는 제 아내와 함께 아담스 씨의 도움을 받아 현지 집을 손질하여 이사를 했습니다. 아담스 씨의 집과 마당을 공유하는 집인데 아담스 씨의 집은 남성들의 공간으로 사용되던 사랑(sarang)[2]이고 저의 집은 여성들이 거주하던 공간입니다. 이 집은 부엌 외에 방 두 개가 있는 초가집입니다. 매우 편하기는 하지만 아마도 다른 용도로는 너무 작고 [판독 불가]일 것 같습니다. 난방이 어렵고 연료로 사용하는 일본식 목탄이 타면서 숯이 연통을 막아 몇 주마다 연통을 끌어내려 닦아야 하는 것이 가장 큰 단점입니다.

---

2 사랑채 또는 사랑방. 초기 선교사들에게 선교지부의 사랑방은 방문자들에게 복음을 전하고 복음전도를 준비하는 곳으로서 중요성을 가진다. 기록에 의하면 미국 선교사 중에서 영남지역에 온 최초의 선교사이자 부산에 영남지역 선교지부를 처음으로 개척한 미북장로교 선교사인 베어드(William M. Baird)의 부산의 사랑방에는 거의 매일 손님이 찾아왔으며, 베어드가 그의 사랑방에서 예배와 세례 등 복음전도사역, 기독교 서적 번역을 통한 문서선교, 그리고 한문교육을 통한 서당교육을 실시하였음을 확인할 수 있다(Baird, Richard H., 『배위량 박사의 한국 선교』, 쿰란 출판사, 2004, 54~56쪽). 존슨의 편지에 자주 나타나는 사랑(sarang)도 이와 같은 역할을 하였을 것으로 추정할 수 있다.

요새 저의 한국어 선생님은 수리해서 사용할만한 기와지붕 집을 찾고 있습니다. 지금의 집은 너무 작고 적당하지 않아서 살 수 있을 정도로만 고치는 데에도 돈을 들였습니다. 진료소와 병원으로 개조할만한 넓은 사랑(sarang)이 있는 기와지붕 집을 찾고 있습니다. 아마도 앞으로 1년쯤 찾아 [판독 불가] 조선의 집을 매입하는 데는 몇 달이 걸립니다. 시내에는 수많은 관청 건물을 제외하면 개인 기와집이 열두 채가 조금 넘는지라 제가 원하는 집을 찾는 데 어려움이 있을 것으로 예상합니다. 또한, 집을 팔려고 내놓지 않은 주인에게 매수 의사를 표시하는 것이 한국의 풍습인 "조선 풍속(Choson poongsok)"에 맞지 않는다고 선생님께서 알려주셨기 때문에 이곳에서는 집을 고르는 데 다소 제약이 있습니다.

아담스 씨의 기와집 "사랑(sarang)"은 리모델링에 1년 이상이 걸릴 것 같습니다. 그래도 부산에서 목재와 벽돌을 가져와 [판독 불가] 나을 것 같다는 게 저희 두 사람의 의견입니다. 그리고 현지 목수들은 지속적인 지도와 감독이 필요합니다. 중국이나 일본의 목수들이 훨씬 더 실력이 뛰어납니다. 두 평 남짓의 방 서너 개짜리 단층집을 짓는데 그다지 많은 건축 능력이 필요할 것 같지는 않습니다.

저는 공부하기에 대구보다 더 나은 장소를 찾아 선생님과 함께 3월 11일에 불교 사찰로 왔습니다. 한 평 반 정도의 방 여러 개를 사용하는데 방의 높이가 똑바로 설 수 있을 정도입니다. 현지 방식대로 바닥에 앉아 공부하며 면으로 된 "요(yoes)"를 깔고 잠을 잡니다. 그렇지만 먹는 것만은 예외로 해서 대구에서 재료를 가져와 이곳의 시중을 드는 아이에게 제가 원하는 대로 만들어 달라고 합니다. 토요일에는 대구의 집으로 가서 주일을 보냅니다. 저는 이곳에서의 생활이 매우 즐겁습니다. 물은 시원하고 공기는 상쾌합니다. 파계사는 가문비나무와 참나무로 덮인 원형극장 모양의 산의 중턱 기슭에 있습니다. 이 사찰은 1500년 전에 지어졌습니다. 백여 명의 스님이 거주하고 대구와 그 외 지역에서 격주마다 열리는 시장에서 나무를 팔아 [판독 불가-두 줄] 수익을 올린다고 합니다. 이곳의 8마일 주변에는 파계사 외에도 큰 절이 다섯 개가 있어 많은 관광객으로 붐비지만, 실제로 예불을 드리는 사람은 한 명밖에 보지 못했습니다. 제 선생님은 사업 번창을 위해 산의 기운을 받으려고 기도를 한다고 했습니다. 모든 절에는 불상으로 가득한 법당이 있고 그 옆에는 정기적으로 신주를 모시고 제례를 드리는 사당이 있습니다. 모든 승려는 조상과 부처와 신주와 혼합적인 종말론을 예배합니다. 관광객들은 자유롭게 사찰의 방문을 열기도 하고 들어가기도 합니다. 승려들과 작은 소리로 이야기하기도 합니다. 어떤 때는 사람들이 제례의식을 웃음거리로 삼기도 하는데 이걸로 보아 이 지역에서 불교는 약간의 영향력만을 가지고 있는 것 같습니다.

언어에 대해서는 그다지 자신감이 생기지 않습니다. 그 누구도 언어에 자신감이 있기는 쉽지 않을 것입니다. 어쩌면 공부를 시작하기 전보다 더 자신감이 떨어진 것 같기도 합니다. 그래도 집을 수리하느라 공부를 제대로 하지 못했던 것에 비하면 언어가 조금은 는 것 같아 이곳에 오기를 잘한 것 같습니다. 아담스 씨가 순회[3]하는 몇 주간 제게 [판독 불가] 책임을 맡겨 저 역시 계속 바빴습니다. 그는 올봄에 두 번의 긴 순회 여행을 다녀왔는데, 최근에는 미개척지였던 북동쪽 지역으로 떠난 것이었습니다. 그는 책을 꽤 많이 팔았고, 사람들이 새로운 것을 구매하고 들을 준비가 되어 있다는 희망적인 소식을 전했습니다. 몇 년 전만 해도 그 지역 사람들은 말이 없는 조개 같았다고 하더군요.

아담스 부인은 약간의 신경쇠약에 걸린 것 같습니다. 새로운 지부가 여성들이 밖에 나가기가 거의 불가능한 지역에 있는 데다 수많은 사람이 신기하게 쳐다보며 따라다녀서 그런 것 같습니다. 사람들은 전혀 적대적이지는 않지만, 많은 무리의 사람들이 빤히 쳐다보고 자신의 옷을 만지는 것이 그다지 유쾌하지는 않을 겁니다. 운동 부족에, 아담스 씨가 없는 동안 해야 할 일은 많은데 저는 언어가 미숙하여 별로 도움이 되지 않고 갓난아이를 비롯한 여러 아이를 돌봐야 하니 그런 것 같습니다. 그래서 저는 아담스 씨가 지난 여행에서 돌아오자마자 아담스 부인과 아이들을 이곳 파계사로 데려오기를 권했습니다. 그래서 이번 달 25일 수요일에 제 아내와 저희는 캠핑처럼 [판독 불가] 옮겨 왔습니다. 대구는

---

3 순회(itineration). 존슨의 편지에는 순회, 순회 전도, 순회 여행, 순회 설교, 순회 진료, 순회 의사 등이 나타난다. 이는 선교사가 인근 지역을 돌아다니며 전도와 설교 및 기독교 서적을 판매하는 등 활동하는 것을 의미하며, 의료선교사의 경우에는 의약품 판매와 이를 뽑거나 하는 등의 진료도 포함된다. 존슨의 편지에서 '순회'라는 단어는 총 29번 언급되며, 그가 한국에서 첫 순회 여행을 한 내용이 1902년 6월 1일 편지에 실려있다. 존슨은 해당 편지에서 순회가 선교사들에게 축복이라고 서술한다.

꽤 따뜻했지만, 저희는 예상보다 더 일찍 떠난 것이었습니다. 저는 대부분 사찰에 머무르고 부인들은 산 위로 0.25마일 떨어진 곳에 있는 작은 암자에서 지냅니다. 아담스 부인은 이곳에서의 생활로 벌써 훨씬 나아진 것 같습니다.

제 아내는 잘 지내고 있습니다. 제가 그랬던 것처럼 제 아내도 한국 사람들을 보면 볼수록 좋아하게 된다고 합니다. 북쪽에 있는 선교사들로부터 기쁜 소식을 듣고 있습니다. 아직은 이 곳에서 씨를 뿌리고 있지만 미래에 거둘 열매를 기대합니다. 길레스피 박사님과 라바리 박사님과 브라운 박사님께 안부 전해주십시오. 아시다시피 가능한 한 빨리 의료선교를 시작하고 싶습니다. 어서 시작하기를 바라지만 일단 한국어를 배우기를 바라고 있습니다. 집을 떠나 선교지의 사람들 속에서 생활하며 공부하라는 박사님의 조언을 마음에 잘 새기고 있습니다. 이후 다른 분들의 다양한 의견을 들으면서 당신께 무척 감사하고 있습니다. 즐거운 봄을 보내시고 건강하시기를 소망합니다.

진심을 담아,
우드브리지 존슨

1898년 8월 22일

발신: 범어사, 한국 부산으로부터 20마일
수신: F. F. 엘린우드 목사, 156 5번가, 뉴욕

친애하는 엘린우드 박사님께,

지난 5월에는 대구 근처에 있는 파계사에서 편지를 드렸지요. 제 아내와 아담스 부인은 파계사에서 한 달 머물며 훨씬 좋아졌습니다. 저희는 6월 말 대구로 내려와서 며칠을 보냈고 10월 연례 회의에 참석한 후 돌아올 계획으로 그곳을 떠났습니다. 대구는 여름에 무척 더운데 가장 더운 두 달을 그곳에서 보내는 게 과연 안전할지 싶습니다. 아담스 씨는 부산에서 그리스도인과 세례 준비자를 위한 성경 수업을 열고 그 근교를 순회하고 싶어 해서 저희는 7월 2일에 [판독 불가] 내려왔습니다. 저희는 [판독 불가] 내려갔습니다. 장마철이라 길 대부분에는 몇 인치 정도 깊이로 물줄기가 흘렀습니다. 많은 교량이 쓸려나갔고 어떤 교량은 위험했고 건너야 할 개울 물이 많이 불어났습니다. 아담스 부인과 제 아내는 아이들을 안고 일본식 가마를 탔고 아담스 씨는 조랑말을, 저는 자전거를 타거나 밀었습니다. 저는 진흙과 물에도 불구하고 3분의 2 정도는 자전거를 탔고 나머지는 끌고 갔습니다.

대구를 떠난 지 둘째 날 저녁에는 모든 다리가 유실되고 노면이 쓸려 내려가 더는 길로 갈 수 없게 되어 곤돌라를 빌려 물 위로 이동하였습니다. 곤돌라라고 칭한 것[1]은 짚으로 지붕을 이은 공간

이 있는 대형 평저선(平底船)과 같은 방식의 추진력을 가진 [판독 불가] 비슷하지 않았기 때문입니다. 다음 날 아침 저희는 부산에서 6마일 이내에 있었지만, 큰 태풍으로 인해 상륙했고, 그날과 다음 날 밤을 그곳에서 머물렀습니다. 처음에는 강 근처의 여관에 거처를 정했는데 몇 시간이 지나지 않아 여관 주위로 물이 찼고 물결이 크게 일어 벽이 흔들렸습니다. 그걸 몰랐던 저희는 물에 쓸려 갈 뻔하였지만, 함께 간 일꾼들이 여자들과 아이들을 등에 업고 내지에 있는 개인 집으로 가게 해주었고 친절하게도 그 집의 주인이 저희에게 집을 내주어 원하는 대로 사용할 수 있었습니다. 그럼에도 불구하고 저희는 습한 밤을 보냈고 일꾼들은 갔으며 [판독 불가] 불을 피울 마른나무가 없었고, 주변의 모든 집이 무릎 높이로 물이 차올랐습니다. 다음 날 아침이 되자 물이 빠져 어렵지 않게 부산에 도착했고 어빈 부부, 로스 부부, 체이스(Chase) 양의 환대를 받았습니다.

저와 제 아내가 생각하기에 그곳에 있는 동안 일어난 가장 큰 사건은 지난달 여자아기가 태어난 일입니다. 며칠 전 제가 떠나올 때 아기와 제 아내는 잘 지내고 있었습니다. 저희는 지부의 다른 사람들을 사귀고 교제하며 즐겁게 지내고 있습니다. 지난 12월 지나는 길에 그들을 보긴 했습니다. 아직은 아담스 씨의 유일한 대구

---

1 원본에서는 곤돌라라고 칭하였는데, 그 생김새로 미루어 보아 거룻배였을 것으로 추정된다. 이사벨라 비숍(Isabella Bird Bishop, 1831~1904)이 1894년에서 1897년까지 한국을 여행하고 기술한 『조선과 그 이웃 나라들』(신복윤 역, 집문당, 2017)의 '비숍 여사가 남한강을 탐사한 거룻배' 참고.

의 모임에 비해 큰 규모의 한국 기독교인 모임에 참석하니 기운이 납니다. 아담스 씨는 김해라는 곳에서 아주 흥미로운 사역을 시작했습니다. 그곳에서 세 명의 남성들이 첫 두 주 동안 성경 공부에 참여했습니다. 곧 이 지역에 순회를 가려고 생각하고 있습니다.

로스 씨와 어빈 박사는 최근 10일에서 2주 동안 공부와 순회 사역으로 떠나 있습니다. 오히려 대구지부에서 떨어져 있는 이 기간에 언어 실력이 더 늘었습니다. 이곳에서 몇 달간 지내다 보니 대구에서의 사역은 직접적인 기독 사역이라기보다는 음식과 옷을 준비하고 집안을 정돈하는 일과 관련되어 있습니다. 한국인 하인들은 최소한의 책임조차 질 줄 몰라 저희가 저희의 집을 짓고 종종 아내들이 빵을 굽고 설거지를 해야 합니다.

저는 파계사에서 그랬던 것처럼 이 절에서 생활하고 있습니다. 부산에서 오신 새로운 선생님이 있습니다. 이전의 선생님은 너무 "양반(yangban)", 여가를 즐기는 신사가 되어서 성실하게 가르치지 않아 그만하기로 했습니다. 이곳 선생님들과 늘 부딪치는 문제는 소위 한자를 많이 아는 학자 선생님들은 자존심이 있고 거만하여 공부를 지속하기 어려운 반면, 열성적으로 가르치는 "양반"이 아닌 분은 한자를 거의 모른다는 점입니다. 지금 머무는 사찰은 산꼭대기에 있어 20마일 정도 떨어져 있는 멋진 바다가 보입니다. 한국에서 중요시하는 좋은 물과 [판독 불가] 있습니다. 이곳은 기도와 법회로 유명한데 제가 보기에도 충분히 그럴 만한 것 같습니다. 몇 해 전 어빈 박사님 부부가 아담스 씨와 함께 [판독 불가]에 머물렀지만, 밤낮으로 잠을 이루지 못해 할 수 없이 예정된 휴가를 접고 부산으로 돌아갔습니다. 이곳에는 스님이 12명밖에 없지만, 그들은 큰 공(the big gong)이나 북을 치며 계속해서 "나무아미타불(Namou Ami Tabul)" "나무아미타불"이라고 염불을 합니다. 이곳 산사에서의 생활이 익숙해져서 그런지 때로는 이 소리가 전혀 들리지 않습니다. 공부 장소로 절을 택한 이유는 좋은 물과 위치 외에도 이곳 외에는 살만한 곳을 구하기가 거의 불가능하고, 혹여 마을의 오래된 정부 건물을 수리해 산다고 해도 구경꾼들과 지속적인 방문객들로 넘쳐날 것이 분명하기 때문입니다. 그에 비해 사찰에는 한국인들이 충분히 있어 대화를 나눌 수 있지만, 방문객이 너무 많지는 않습니다.

저희는 비교적 편안한 여름을 보냈습니다. 장마철에는 모든 의류와 물건, 책 등을 잘 보관하지 않으면 곰팡이가 생기고 공기는 계속 바뀌며 햇빛은 [판독 불가]이지만, 부산에서는 오후에 불어오는 바닷바람과 마치 문 앞에서 해수욕을 하는 것 같은 멋진 풍경이 아내와 저에게 기분 좋은 변화를 가져다줍니다. 몇 달 전 이 사회의 빚이 모두 청산되었다는 소식을 듣고 매우 기뻤습니다. 이 더운 계절에 바쁜 사무실에서 휴식을 취하며 건강하게 지내시리라 믿습니다. 제 아내도 안부를 전합니다.

진심을 담아,
우드브리지 O. 존슨 올림

1898년 12월 26일

발신: 한국 대구

수신: F. F. 엘린우드 목사, 신학박사, 156 5번가, 뉴욕

친애하는 엘린우드 박사님께,

아마도 연례 회의록을 통해 알고 계시겠지만, 대구지부에 관한 아래의 세 가지 사항이 있으며 저희는 이사회가 그들의 권한 내에서 승인해 주시리라 믿습니다.

첫째, 저희는 부산 지부 전체로부터 대구지부를 독립적으로 구성하여 분리된 사역이 이루어지기를 요청합니다. 대구와 부산 간의 먼 거리로 인하여 지부 사업의 적절한 처리가 [판독 불가–한 줄] 부산에서의 지부 모임 또는 부산과 대구 간 서로의 상황을 이해할 수 없습니다.

둘째, 두 명의 사역자를 보내주시기를 청하는데 적어도 한 명은 대구 지역을 전담할 사람이었으면 합니다. 경상도는 한국의 여덟 개 지방 중 가장 부유하고 인구가 많은 곳이기에 선교부가 함경도를 캐나다 선교사들에게 맡기는 것이 최선인 것 같습니다. 이 지역에 대한 교세 확장 사역이 즉시 진행되었으면 좋겠습니다. 그곳의 교인들은 우리의 멋진 사역 대상이 될 것입니다. 대구는 지리적으로 경상도의 중심이고 또한 모든 지역으로의 접근이 쉬운 곳입니다. 이곳은 내륙이며 몇 년간 현재 이 나라에 유입되고 있는 좋지 않은 통상의 영향을 덜 받을 것입니다. 한국 사람들에게 천주교는

정치적 박해를 생각나게 하기 때문에 이곳 사람들은 천주교보다 저희에게 호의적입니다. 선교사가 몇 년간 그 지역에 거주한 후에야 왕성한 사역이 이루어지는 것을 감안하면 지금의 요청이 승인되어야 그즈음에 새로운 사역자가 바쁘게 사역할 수 있으리라 확신합니다. 최근 새롭게 시작된 여성 사역이 적절히 이루어지기 위해서는 적어도 한 명의 사역자가 기혼이었으면 좋겠습니다.

이뿐만 아니라 아담스 씨와 저의 부재로 외로워지는 지부의 여성들에게는 더 많은 친구가 필요합니다. 아담스 씨는 순회를 가야 하고 저도 의료 사역을 시작하면 근처 마을로 불려 다니게 될 것입니다. 수년 내에 두 쌍의 기혼 사역자를 두는 것을 더 선호할 수 있지만, 당장 현재로서는 미혼 사역자 한 명이 지금의 상황에 [판독 불가] 좋겠습니다. 아마도 이 대규모 증원 요청에 대해 대구가 큰 규모의 영구적 지부로서 적합한 위치인지 그 건강성에 관하여 궁금해하실 것 같습니다. 이 부분은 다른 요청 사항과 관련하여 답변하겠습니다.

셋째, 도시 외곽에 영구 지부설립을 위한 자산 확보와 제 사택 건축을 위한 예산을 요청합니다. 지난봄 아담스 씨와 저는 가능하다면 아담스 씨 집 근처에 좀 더 나은 기와지붕 집을 사서 수리하는 것이 낫겠다고 생각을 했습니다. 장마 기간 일부를 포함하여 일 년간 도시에서 거주해 보니 성벽 안은 너무 덥고 저지대라 건강이 염려되어 영구적인 지부의 건물은 성곽 밖의 높은 지대에 자리를 잡아야 한다고 확신하게 되었습니다. 지난여름 비가 많이 내릴 때 며칠 동안 안채에 몇 인치가량 물이 찼고 양쪽의 담 같은 것은 훼손되어 수리가 필요했습니다. 이처럼 많은 비는 예외적입니다. 대구 안에는 관청 건물을 제외하면 기와지붕 집이 열여덟 채가 되지 않아 저희가 사들일만한 집을 아직 찾지 못했습니다.

아담스 씨와 저는 도성 밖 남서쪽에 지부를 세우기에 가장 적합한 곳을 찾았습니다. 대구의 남쪽과 남서쪽에 펼쳐진, 산 쪽으로 5~6마일 떨어진 언덕배기 지역입니다. 몇 개의 봉분이 각 [판독 불가] 있는 도성의 무덤가인데 그 땅은 목초지이거나 작은 골짜기 안 곳곳에 들판이 있는 미경작지입니다. 예상 건축지는 도시에서 가장 가까운 변두리에 있으며, 넓은 외곽 지역의 가옥들이 자리 잡은 언덕에 있어 [한 줄 없음] 집 위쪽 다른 삼면의 개방된 경지(境地)에 사람들이 있습니다. 예상 건축지는 주요 도성문 중 하나에서 3~400야드 떨어져 있습니다. 저는 그곳에 외국인 집을 건축하는 것에 반대하는 의견이 있으리라고 예상하지는 않습니다. 첫째로는 되도록 한국 양식을 따라 지을 것이지만, 진흙으로 된 벽 대신에 건강상의 이유와 겨울에 더 따뜻하고 여름에 더 시원하게 짓기 위하여 벽돌을 사용하려 합니다. 작년에 가톨릭 신부가 성당 옆에 아주 큰 건물을 지을 때도 큰 반대 없이 진행되었습니다. 첫 번째 집은 [줄 없음] 언덕 꼭대기 아래에 조용히. 물은 우물에서 길어와야 할 것 같습니다. 물탱크 또는 지게꾼을 시켜 1~2마일 거리의 집까지 가져와야 할 것 같습니다.

그 지역의 예상가를 산정하지 못하여 선교부 회의에서 건축예산서를 제출하지 못했습니다. 그래서 선교부는 대구지부가 자체적으로 결정하고 선교부 재산위원회와 협의한 후 예산서를 추후 제출하라고 하였습니다. 몇 주 전에 재산위원회에 대구지부의 요청을 승인해 달라고 보냈으므로, 조만간 윈터 박사님으로부터 이 요청을 공식적으로 들으시리라 사료됩니다.

필요한 내역은

	은
영구적인 지부 장소	300.00달러
존슨 박사 사택	3500.00달러
그레이딩, 벽, 물탱크 등	300.00달러
존슨 박사의 장소에 대하여	

저는 대구의 기후에 매우 만족합니다. 여름과 장마철을 제외하고 날씨는 훌륭합니다. 만약 저희가 배수가 잘되는 도성 밖 언덕 위에서 산다면 공기도 좋을 것 같습니다. 적어도 남자들은 여름 내내 확실하게 머물 수 있을 것 같습니다. 너무 더운 달에는 아내들을 12 또는 14마일 거리의 산에 머물게 할 수 있습니다.

이 도성 밖 위치의 가장 큰 장점은 아내들이 남편 없이도 밖에 나갈 수 있다는 것입니다. 세계 어디에서나 마찬가지이겠지만 이곳에서는 몇몇 무례한 남자들로 인해 여성들이 홀로 밖에 다니는 것이 거의 불가능합니다. 특히 한국 내륙에서는 점잖은 여자들이 얼굴을 가리지 않고는 밖에 나가지 않습니다. 또한, 연기로부터 자유로워지는 장점도 있습니다. 매일 오후 4시 30분 이후에는 취사와 바닥 난방 때문에 거리가 연기로 자욱하지만, 언덕은 그 위에 있겠지요. 제가 현재 사는 집과 아담스 씨의 거처에서는 사역을 위한 하나의 센터만을 기대할 수 있을 뿐이어서, 성곽 밖의 언덕에 빨리 이주하면 할수록 사역에 더 도움이 되리라 확신합니다.

저의 집을 위해 요청한 액수가 크다고 여겨질 수 있을 것 같습니다. 아마 가옥 구입에 그만큼이 들 것 같지는 않지만, 아담스 씨와 제 판단에는 대구에는 적당한 집을 지을 수 있는 목수가 없어서 적은 금액을 청구하는 것이 불안할 것 같습니다. 저희는 서울에 있는 동안 건축 문제를 철저하게 조사했습니다. 서울에는 더 풍부한 재료와 훨씬 능숙한 기술자들이 있기 때문에 집을 짓는 것이 더 저렴합니다. 대구의 경우 부산에서 일본인 목수를 데려와 밀물 때에 강을 따라 목재 등을 근방 10마일 내로 옮겨오는 방법 또는 서울에서 한국인 목수를 데려와 근방의 산에서 목재를 구하는 방법이 있습니다. 어느 방법이든 비용이 많이 듭니다. 남장로교는 사람이 있습니다. [다음 페이지 없음]

1898년 12월 26일

발신: 한국 대구

수신: F. F. 엘린우드 목사, 신학박사, 156 5번가, 뉴욕

친애하는 엘린우드 박사님께,

지난 8월에 편지를 보낸 이후 저희는 서울에서 열린 연례 회의에 참석하고 육로로 대구에 내려왔습니다. 저희 모두 회의에서 좋은 시간을 보냈습니다. 영적 회복과 휴식과 강건해지는 시간이었습니다. 또한, 지난 한 해 동안 저희 교회의 성도 수가 배가 되고 지지자가 세 배 이상 늘었다는 소식이 큰 힘이 되었습니다. 아내들은 대구에서 외로이 지내다가 교제의 시간을 가질 수 있어 매우 즐거워했고 제 아내와 저는 한국 선교부에서 친구를 [한 줄 없음]. 낯선 사람들이 저희를 매우 친절하게 맞아주어 놀랐습니다. 저희는 언더우드(Underwood) 씨 부부와 며칠을 보냈고, 그들이 순회를 떠나자 에비슨(Avison) 박사 부부가 초대해주어 나머지 6일 동안 머물렀습니다. 모든 토론에서 회자된 선교 정책의 기조는 "자비량(self support)"입니다. 아담스 씨와 저는 정기적으로 예배에 참석하는 교인들이 봉사하지 않고 기독교인이 되겠다고 하는 것이 종종 불편합니다. 교사나 다른 세속적인 일에 종사하는 것을 [줄 없음] 거의 확실히 [판독 불가] 어떤 목적을 가지고 기독교인이 되는 결과를 낳습니다. 적어도 초기 교회에 해가 될 것이며 시작부터 다양한 종류의 기독교인들을 양산할 것입니다.

저희는 11월 9일에 부산으로 돌아가 며칠을 머물다가 짐을 싸서 대구로 돌아왔는데 평소처럼 3일이 걸려 14일에 도착했습니다. 날씨는 완벽했고 부인들과 아이들도 이 여행을 잘 견뎌냈습니다. 집과 토지에 대해서는 모두 안심할 수 있게 되었습니다. 그들은 아담스 씨의 요리를 담당하고 있습니다. 사람들은 어느 때보다 친절하지만 너무 신기해하며 쳐다보지 않습니다. 제 생각에는 아담스 부인의 건강이 좋지 않고 제 아내의 언어가 미숙해서 방문자들에 대한 사후관리가 잘 되지 않아 여성 예배의 참석이 전보다 저조합니다. 그러나 남성 사역으로 인해 큰 힘을 얻습니다. 아담스 씨의 선생님은 아담스 씨가 봄 순회에 다녀왔던 지역에 다녀왔습니다. 기독 서적을 읽은 결과 두세 명의 남성이 신자임을 고백했다는 보고가 있었습니다. 지난 [판독 불가] 주일 오전 예배에서 세 명이 기독교인이 되겠다는 의사를 밝혔고 그중 한 명이 어제 세례 교육을 받겠다고 했는데, 대구에서는 처음 있는 일이며 다른 사람들도 문답을 통해 그렇게 되기를 바라고 있습니다.

아담스 씨는 연례 회의 중에 서울에 있는 에비슨 박사님의 병원에서 회심한 남자를 만나 그에게 대구에서 40마일 북쪽에 있는 집으로 돌아가는 길에 저희를 방문해 달라고 초대했습니다. 그는 일주일 전 주일에 왔고 전심으로 기뻐했습니다. [줄 없음] 그는 나흘간 대구에 머물며 대화를 나누고 가르침을 받기 위해 매일 사랑(Sarang)으로 왔습니다.

아담스 부인의 건강이 궁금하실 것 같습니다. 전에 말씀드렸듯이 부인은 신경쇠약의 경계에 있는데 지난겨울에 도착한 이후 지켜본바 외부 활동이나 기분 전환을 거의 하지 못한 채 너무 힘들었고, 책임 등이 원인인 것 같습니다. 그동안 부산에서 매해 여름을 보냈는데 그다지 도움이 되지는 않았습니다. 저는 저희가 오기 전에 아담스 씨에게 아담스 부인을 위한 [줄 없음] 경험이 될 거라고 말했습니다. 여름이 되면 아담스 부인은 한국을 떠나 일본이나 중국, 혹은 미국으로 가서 긴 휴식을 취해야 할 것 같습니다. 자전거가 아담스 부인에게 큰 유익이 될 것이라고 확신하여 아담스 씨에게 부부를 위한 자전거를 주문해서 보내오자고 했습니다. 아담스 부인은 제 아내의 자전거를 빌려서 배우고 있는데, 매일 여성들의 산책을 위해 도성 밖으로 데려다주는 일이 고생스럽기는 합니다. 사방이 벽으로 둘러싸인 감옥 같은 곳에 사는 것과 빤히 쳐다보는 무리로 인해 불쾌해져 남성의 동행 없이는 여성들이 밖으로 나가지 않으려는 것이 현재의 거처를 반대하는 이유 중의 하나입니다.

겨울은 다소 온화하고 추운 날에는 땅이 얼기도 하지만, 가장 아름답고 기분 좋은 날씨입니다. 여태까지 눈은 오지 않았고 연못에 살얼음이 얼었지만, 작년만큼 춥지는 않습니다. 아담스 부인은 이제 꽤 잘 지내고 있습니다. 이번 봄에 자전거를 꾸준하게 타고 다음 여름에 충분한 휴식과 기분 전환을 하면 완전히 새롭게 회복이 될 것으로 믿습니다. 제 아내와 딸 메리 파커도 모두 잘 지냅니다. 의약품과 치료를 위해 자주 불려 다녀 이사회가 가능한 한 이른 시일 내로 의료 사역의 시작을 위한 비용 요청을 승인해주시기를 바랍니다. 선교회에 요청하는 것은

약	은 600.00달러
보조	60.00달러
소요경비	200.00달러

"보조"는 약을 취급하고 조제하고 약방을 돌보는 등 병원에서 일하는 소년을 가리킵니다. 소요경비는 진료소의 난방과 조명 및 바깥뜰에 진료실로 사용할 방 두 개 등에 소요될 비용을 포함합니다. 의료 사역이 진행되면 위의 사항들을 하기로 결정했거나 거의 결정했습니다.

영구적으로 사용할 진료소 장소를 결정할 수 있을 것 같아 건물의 구입이나 건축에 분발하고자 합니다. 시작하는 데에는 별 문제가 없을 것 같지만 이사회 결정을 전달받기까지 1년 반 이상을 예상하는바 그동안 의료 기술이 녹슬 것 같아 빨리 시작하고 싶습니다. 제가 요청하는 예산이 다소 크지만, 물질적인 시작인 약을 구비하는 일은 핵심을 갖추는 일이며, 다소 늘기도 하고 줄기도 하는 차이가 있지만 매년 일정 비용이 소요됨을 이해하실 것입니다. 박사님께서 건강하리라 믿습니다.

진심을 담아,
우드브리지 O. 존슨 드림

1899년 4월 27일

발신: 한국 대구

수신: F. F. 엘린우드 목사, 156 5번가, 뉴욕

친애하는 엘린우드 박사님께,

얼마 전 선교지부가 받은 편지에서, 저는 저의 새 집을 위해 은 3500달러를 요구한 일에 대한 당신의 생각을 알게 되었습니다. 지난 편지 이후 저는 이곳에서 선교에 필요한 집을 더 저렴하게 지을 수 있는 어떤 정보도 얻지 못했습니다. 물론 그렇게 할 수 있는 가능성도 있겠지만, 이곳 거주지 건축가와 건설업자의 조언 없이는 정확한 견적을 얻을 수 없습니다. 저는 건축 자재를 제공할 지방의 실제 자원에 대하여 알지 못하기 때문에 다른 사람들의 경험담과 1년간 이곳에 거주한 제 관찰을 따라야 했습니다. 저는 아직 이 지방에서 그것을 수행할 수 있는 한국인 건축업자를 찾지 못했습니다. 서울에서는 사람을 구할 수 있을 것이고, 그보다는 부산에서 일본인을 데리고 오는 편이 더 나을 것 같습니다. 이 도시에서 반경 15~20마일 내로 수차례 도보 여행을 한 후 저는 이 나라에 무거운 목재가 현저하게 부족하다는 것을 알게 되었습니다. 그것을 부산에서 배로 옮겨야 한다는 것도 알게 되었습니다. 그것들은 일본에서 왔을 것입니다. 한국인 도우미들과 목재가 충분한 서울이나 평양에서 집을 짓거나 지을 예정인 선교사들로부터 배운 바에 따르면, 대구에서 집을 짓는 것이 그곳들보다 더 비

쌉니다. 이것이 지금까지 제가 안 사실에 대한 저의 의견입니다.

대구로 온 이후에 살았던 집처럼 두 개의 방을 추가하고 지금의 집을 바꾸기 위해 준비하던 중 아담스 부인이 고향으로 돌아가기로 결정되었습니다. 그렇다면 선교지부로서는 제가 아담스 씨의 집으로 이사하고 아담스 씨는 저의 집으로 이사하여 수리나 개조는 잠시 중단하는 것이 최선입니다. 따라서 이사회가 새 주택을 원할 경우, 할당된 금액에서 은 375달러를 가져갈 수 있습니다. 또한, 은 147달러의 가치가 있는 목재가 있습니다. 이는 어떤 종류의 집을 짓고 어떤 건축가를 선택하느냐에 따라 새집에 사용할 수도 있고 그렇지 않을 수도 있습니다. 어떤 상황에서도 절반 정도는 쓸 수 있다고 생각합니다.

저는 저희 건물에 인접한 한국식 주택을 사기 위하여 돈을 선불했고, 그곳을 진료소로 만들기 시작했습니다. 그러한 목적으로 제가 요청한 은 125달러에 대한 이사회의 조치를 알게 될 때까지 기다렸다면, 장마가 온 여름 동안 저의 작업을 중단해야 했을 것입니다. 이곳에 교회를 세우는 데 즉각적인 가치가 있을 것이라고 믿고 의료 사역을 시작했으면 하는 마음이 간절합니다.

거리 설교를 시작한 이래로 저희의 주일 예배는 남녀를 구분하지 않고 붐빕니다. 아담스 씨의 사랑(sarang)에는 하루도 빠짐없이 방문객들이 찾아와 교리를 더 듣고자 합니다. 많은 사람이 호기심, 거리 설교와 노래, 초청에 이끌려 왔습니다. 이 일이 시작된 이후로 6명이 자신을 신자로 고백했으며 영구적이고 지속적인 결과가 있을 것으로 생각합니다. 평양 출신의 두 한국인 형제, 우리의 첫 번째 회심자인 서 씨[1]와 아담스 씨의 조사(helper)[2] 김 씨가 가장 열심입니다.

4월 18일까지 저희와 함께한 체이스 양은 여성 사역에 큰 도움이 되었고 아담스 부인과 아내에게 위안이 되는 유쾌한 손님이었습니다. 그녀는 많은 여성을 맞이해 대접하였습니다. 그녀가 떠난 이후로 아내는 한국인 여성 도우미들을 위해 아침 기도회를 열고 그들

---

1 서자명(徐子明, 1860~1936). 아담스 선교사가 전도하여 대구의 첫 개신교 교인이 되었으며, 아담스의 조사(助事)가 되어 그를 도와 경북지역 복음화에 공헌한 인물이다. 존슨은 날로 번창하는 병원의 의료인력을 보충하기 위하여 조선 청년 조수 의학생을 모집하고 기초의학과 임상의학을 교육하였는데, 이때 서자명이 통역과 의료조수, 전도사의 역할을 담당하며 그를 적극적으로 도왔다. 서자명은 영어를 알고 있었고 이미 서양의학을 배워 의료조수로 일하던 사람으로 존슨이 대구에 와서 가르친 최초의 의학생으로 추정된다. 존슨이 한국인들에게 의학교육을 하다 보니 용어의 해석과 표현이 어려워 영, 한, 중, 일 사전을 편찬하기 시작하였을 때에도 서자명의 도움이 있었다고 기록되어 있다. 사전편찬은 이후 존슨이 미국으로 돌아감에 따라 중단되었을 것으로 추정된다(기창덕, 「大邱에서의 醫學敎育」, 『醫史學』, 2권, 1993, 143쪽). 존슨의 편지에서 서자명은 Mr. Su로 지칭되며, 여섯 차례 (1899년 4월 27일, 1901년 5월 14일, 1902년 1월 15일, 1902년 6월 1일, 1903년 2월 23일, 1909년 1월 6일) 등장한다.

2 조사(助事, helper, assistant). 초기 한국 장로교회의 직분 중에 하나로, 오늘날의 전도사에 해당하는 선교 초기의 과도기적 교직이다. 한국인 목사가 양성되기 전 선교사를 도와 교역 일선에서 사역하였으며, 정식 신학 교육을 받지는 않았지만 선교사의 전도, 치리, 순회심방 등 모든 활동을 보좌하거나, 단독으로 조직·미조직 교회에서 목회 활동을 수행하기도 하였다. 이후 평양장로회신학교에서 한국인 목사들이 점차 배출되면서 조사는 1930년대 이후로는 거의 사라지게 되었다(가스펠서브, 『교회용어사전: 행정 및 교육』, 생명의말씀사, 2013). 존슨의 편지에서 조사들과 그들의 조력이 여러 차례 등장하는데, 그는 1902년 6월 1일 편지에서 조사인 서자명을 매우 적합한 설교자로 평가하며 그의 한국에서의 첫 순회 여행에 서자명이 동행하였음이 나타난다. 또한, 존슨은 1910년 11월 26일 편지에서 웰본, 브루엔, 에드만과 그들의 경험 많은 조사들의 노력으로 진리가 전파되었다고 서술하며 선교 사역을 돕는 조사들의 사역을 언급한다.

을 위한 주일 예배를 준비하고 있습니다. 그녀는 여자 방에서 오르간을 연주하며 찬양을 인도합니다. 아담스 선교사나 한국인 기독교인이 설교를 하고 여성과 남성 방은 커튼으로 분리되어 있습니다. 이것은 여성이 보이지 않게 하는 것입니다. 아내는 또한 사랑(sarang)에 오는 한국인들을 영접했고 두 차례 심방도 갔습니다.

저희는 모두 잘 지내고 있습니다. 저희는 우리의 사랑하는 친구 길레스피 박사님의 사망 소식을 듣고 매우 슬퍼했습니다. 당신도 그를 매우 그리워할 것으로 생각합니다. 귀하와 이사회의 건승을 기원합니다.

진심을 담아,
우드브리지 O. 존슨

1899년 11월 14일

발신: 한국 대구

수신: F. F. 엘린우드 박사, 156 5번가, 뉴욕

친애하는 엘린우드 박사님께,

8월에 마지막으로 편지를 썼던 것 같습니다. 당시 저의 오랜 대학 친구이자 중국 치안푸[3]에서 선교하는 차스 루이스(Chas Lewis) 박사의 방문을 기대하고 있다고 말씀드렸던가요? 그는 폭우 때 이곳까지 오느라 꽤 험난한 여행을 했습니다. 평상시 사용하는 도로는 통행할 수 없는 상황이었다고 합니다. 그러나 그는 포기하지 않고 언덕과 산길로 나아갔고 마부의 도움을 받아 조랑말의 머리를 끌고 올라갔습니다. 특히 가파른 곳에서는 산책로를 따라 조심히 내려 갔습니다. 그가 아는 한국말은 "대구(Taiku)"뿐이었지만 한자를 쓸 수 있는 능력이 그를 도왔습니다. 아시다시피 모든 한국인은 한자를 어느 정도 이해하기 때문입니다. 마지막 30마일은 마부와 헤어져 당일 이곳에 도착하고 싶은 마음으로 걸었다고 합니다. 도시에서 아직 서너 마일 떨어져 있을 때 어둠에 휩싸였고, 그는 신발과 옷을 입은 채 마지막 개울을 건넌 후 어둠 속에서 비틀거리다가 마침내 자신이 다른 마을에 왔다고 생각했습니다. 그는 대구가 어디에 있는지 알지 못한 채 교외의 한 집으로 들어갔습니다. 그는

---

3 중국 산동성 지난시(濟南市).

오후 8시에 종이 등(燈)을 켠 소년과 함께 선교지부 안으로 들어왔는데, 저희 주방 도우미는 그가 귀신인 줄 알았다고 합니다. 그의 방문과 사역에 대한 설명을 들으며 매우 즐거운 시간을 가졌습니다. 열흘쯤 지나 저희는 함께 부산으로 내려갔고, 같은 배를 타고 제물포로 갔습니다. 그곳에서 그는 즈푸(芝罘)[4]로, 저는 서울로 갔습니다. 부산에서 아내와 아기가 저를 보고 매우 반가워했습니다. 서울 여행은 즐겁고 편안했습니다. 병원 기숙사에서 필드 박사와 쉴즈(Shields) 양이 환대해 주셨습니다.

회의는 좋은 결과를 얻었습니다. 올해도 정책에 대한 구성원들의 의견이 엇갈렸지만, 회의가 진행되고 주제가 충분히 논의되면서 의견 차이를 좁힐 수 있었습니다. 평양의 큰 교회당 건의, 정부 병원의 상황, 베스트(Best) 양의 서울 전근 문제 등의 여러 가지 주제들은 협의나 모든 사람의 승인을 얻는 방식으로 해결되었습니다. 작년과 거의 달라지지 않은 상황을 고려할 때, 지난 연례 회의에서 요청했던 대로 사이드보텀(Sidebotham) 씨 내외를 대구로 임명하는 것이 선교부에서는 최선인 것 같았습니다. 상황은 이렇습니다. '대구에서는 두 명의 선교사 중 한 명은 기혼자'여야 합니다.

저희는 노어스(Nourse) 양을 매우 좋아합니다. 이곳으로 오기를 계획하여 오신 분이라서 그녀가 대구를 떠나는 것이 매우 아쉽습니다만, 사이드보텀 부부가 이곳에 있게 되면 노어스 양은 서울로 가게 되는 것이 선교부의 결정이었습니다. 아직 사이드보텀 부부

---

4 중국 산둥성 동부의 항구도시 옌타이(煙臺).

가 언제 출항했거나 출항할 예정인지에 대해서는 소식이 전해지지 않았습니다. 저는 나가사키와 부산에 편지를 보내어 이사회가 사이드보텀 부부가 항해할 것으로 예상되는 시간과 지연되는 경우를 선교부에 알리는 것이 불가능하지 [판독 불가] 바랐습니다. 그렇게 했다면 선교부의 시간과 비용을 상당히 절약할 수 있었던 경우가 여러 번 있었습니다. 연례 회의에서 사이드보텀 부부에 대해 아는 사람이 아무도 없었습니다. 남쪽 지역에 파송된 선교사들에게 기간이 길고 다소 비싼 서울 여행은 쓸데없는 일이 될 수 있습니다. 사이드보텀 부인이 몸이 좋지 않았다고 들었으나, 소문의 근원에 대하여는 확실하지 않습니다. 회의에서 이 문제에 대해 확실히 알았더라면, 그리고 올해 그들이 저희와 함께할 것인지 아닌지에 대해 알았더라면 저희의 계획에 약간의 변화가 있었을 것입니다. 사이드보텀 씨가 오지 않는다면 선교부가 노어스 양을 이곳에 임명했을 것으로 생각하기 때문입니다. 제 아내는 다르게 생각하지만, 저는 아내가 이곳 선교지부의 유일한 여성인 것이 그녀의 건강에 좋지 않다고 믿습니다. 부임하는 모든 선교사는 출항할 것으로 예상하는 날짜가 지연될 경우 그 사실을 미리 글로 알리도록 지시받아야 한다고 생각합니다. 하지만 이는 핸드 씨 부서의 담당일 것입니다.

저희는 브루엔(Bruen) 씨를 매우 좋아하며 그가 선교지부의 귀중한 사람이 될 것이라고 믿습니다. 당신께서 이미 아시겠지만, 회의에서의 업무 보고는 고무적이었습니다. 회의가 끝난 이후 아담스 씨는 평양을 방문했고, 브루엔 씨와 저희는 이곳으로 돌아왔습니다. 이곳 기독교인들은 매우 친절하게 우리를 환영하였는데, 저희가 없는 동안에도 활동적으로 사역을 하고 있었습니다. 올여름 여러 차례 저를 찾아온 4명의 전 로마 가톨릭 신자들에 대해서 당신께 편지를 쓴 것 같습니다. 이번에 대구에 돌아왔을 때, 그들이 16명으로 구성된 그룹을 만들어 정기적으로 공부와 예배를 드리는 것을 알게 되었습니다. 그들은 기독교 신자가 된 것을 고백한 사람들인데 약 21마일 떨어진 지역의 작은 마을에서 함께 살고 있습니다. 개종자들의 노력으로 교리를 받아들인 사람은 도시에도 한두 명 더 있고 이웃 마을에도 다섯 명이 더 있습니다. 아담스 씨는 저희가 도착한 지 열흘 만에 이곳으로 돌아왔습니다. 저와 마찬가지로 그는 저희의 전망이 밝다고 생각하며, 바로 이 시점에 사이드보텀 씨와 브루엔 씨가 추가된 것은 이사회와 선교부의 현명한 결정이라고 생각합니다.

아담스 씨는 이제 막 시작된 추석(the Annual Fall Fair) 기간에 전도부흥회식 예배(evangelistic services)를 드릴 중심가의 방을 막 확보했습니다. 브루엔 씨와 아담스 씨는 제가 예전에 살던 집에 정착했고, 그 부지에 있는 또 다른 한국식 집은 사이드보텀 부부를 위하여 준비되고 있습니다. 만약 그들이 온다면 아마 그곳에서 살겠지만, 저희 식탁에서 식사할 것입니다. 박사님, 이번 겨울에도 건강하시고 너무 사무실에만 계시지 않으시기를 바랍니다.

진심을 담아,
우드브리지 O. 존슨

1900년 2월 19일

발신: 한국 대구
수신: F. F. 엘린우드 박사, 156 5번가, 뉴욕

친애하는 엘린우드 박사님께,

당신의 12월 9일 자 편지가 도착했습니다. 저의 집을 위해 요구한 은 400달러의 추가 지출과 관련하여 가을 초에 편지를 보내드렸었지요. 건축자재와 노동력의 가격은 전쟁 이후 꾸준히 올랐던 것으로 보이며, 그 당시에는 적당한 집을 지을 수 있는 자금이 지금은 충분하지 않습니다. 여기에 목재, 벽돌 등의 공급에 있어서 한국의 다른 형제들보다 대구 선교지부가 더 불리하다는 사실이 추가되었습니다. 항구에서 100마일 떨어진 곳이라 목재가 매우 부족하고 지역 목재 생산자가 없는 지방이라 그렇습니다. 목재는 산으로부터 나와 수 마일의 개울에 떠내려 보내야 합니다. 작년 여름 두 명의 남자가 몇 주 동안 찾아다녔지만 적절한 목재를 찾을 수 없었습니다. 지금은 제가 원하는 것을 구매 가능한 가격으로 확보할 수 있을 것 같지만 적당한 집을 짓기 위해서는 추가로 400달러가 꼭 필요할 것 같습니다.

새 건물의 수조(水槽)를 위해 은 175달러를 요구했다는 것을 알게 되실 것입니다. 기억하시겠지만 새로운 부지는 언덕에 있어 이미 일부가 파여 있는 상태인데 제 지하실에서처럼 바위와 거리 때문에 우물을 파는 것이 불가능합니다. 우물이 가능하더라도 이

곳을 비롯한 동양의 많은 지역에서는 불순한 우물물을 마실 위험 때문에 수조를 사용하는 것이 더 낫다고 생각합니다. 1897년의 연례 회의에서 몇 건의 사례가 있었는데, 그중 두 건은 매우 위험한 상황이었습니다. 지방에서 와 이질과 발열 증세를 보인 선교사들은 모두 식수를 끓이지 않고 마시는 서울의 선교사 집에 머물렀었습니다. 아직도 여전히 자신의 우물물이 절대적으로 깨끗하다고 확신하는 서울 친구들이 몇 명 있습니다.

진료소 – 제 진료소는 금 139달러라는 적은 비용으로 시작되었습니다. 여기에는 토지 및 한국식 건물, 수리, 페인팅 및 선반, 서랍 등이 포함됩니다. 지금은 편리한 위치에 아주 좋은 임시 진료소가 있습니다. 저희와 관련된 모든 이들을 위해 아침기도와 주일 예배를 드리는 아담스 씨의 사랑방 옆에 있습니다. 아직 스토브가 없지만 아주 작은 스토브를 빌려 사용하고 있습니다. 이것은 물과 기구 살균을 위해 여름뿐만 아니라 겨울에도 매우 필요합니다. 요청한 은 50달러는 교통비를 더해 간신히 충당할 수 있을 것입니다.

새로운 선교지부 부지를 둘러싸기 위한 충당: 지난 연례 회의에서 저희가 요청한 지출에 대하여 한 말씀 더 드리자면, 새 부지를 둘러싸기 위한 은 250달러 항목은 신중하게 고려되었습니다. 최근에 들어온 석공들의 입찰가는 저희가 지나치게 많이 책정하지 않았음을 보여줍니다. 저희는 약 5830피트의 울타리를 만들고 같은 거리의 벽을 만들게 됩니다. 저희는 철조망을 사용할 것이며 교체될 오래된 전봇대를 많이 구입하기 위해 이곳 일본인 전신(電信) 담당자와 협상 중입니다. 이것들이 울타리 기둥 역할을 할 것이며, 울타리가 썩었을 때 그 자리를 대신할 토종 가시나무(a native thorn tree) 울타리를 바로 안쪽을 따라 심을 것입니다. 집 바로 뒤의 벽은 진흙과 돌로 지을 것입니다. 오래 유지하기 위하여 돌을 많이 사용할 것입니다. 벽은 울타리로는 할 수 없는 프라이버시를 제공하기 때문에 필요합니다. 이것은 필수입니다.

저희는 저희의 부지가 훌륭하다고 확신합니다. 한국의 선교지부 중 사역과 건강을 위한 최고의 위치에 있습니다. 공사가 아직 시작되지 않았다는 것을 말씀드리게 되어 매우 유감스럽게 생각합니다. 부산에 있는 일본인 계약자가 손을 뗐고 이제 제물포에서 온 중국인에게 의존하고 있습니다. 벽돌 벽을 쌓고 있고 아담스 씨와 저는 아마도 목공 일을 위해 한국인 목수를 고용할 것입니다. 그가 올봄에 예산을 받는 경우입니다. 7월 17일 자 당신께 보내드린 편지에 쓴 대로 이사회가 그것을 승인할 수 있으리라고 진심으로 믿습니다.

아담스 부인은 내년 가을에 돌아온 후 가능한 한 빨리 도시가 아닌 곳에 사시기를 권합니다. 신경쇠약으로 한 번 쓰러지면 전보다 더 조심해야 합니다. 아담스 부인은 위험을 무릅쓰기에는 너무 소중한 선교사입니다. 가정이 있는 여성 선교사는 가족을 보살펴야 하기에 환경을 바꾸고 휴가를 가는 것이 쉽지 않습니다. 하지만 독신 선교사는 붐비는 도시에서도 살기가 수월합니다. 또한, 젊은 기혼 여성은 대가족을 가진 여성 선교사보다 더 잘 견딜 수 있습니다. 집 한 채가 세워지기만 하면 그들의 상황이 개선될 것입니다. 여성들이 집을 떠날 때 갈 곳이 생길 것입니다.

이번 겨울에 새로운 구성원인 브루엔 씨와 사이드보텀 부부를 즐겁게 맞이하였습니다. 브루엔 씨는 모든 면에서 훌륭한 사람입니다. 이번 가을에 진료소에 선반과 서랍의 설치 계약을 맺은 목수가 예고 없이 떠났을 때 브루엔 씨가 일꾼의 도움을 받아 작업을 마쳤습니다. 저희는 사이드보텀 부부를 좋아합니다. 특히 사이드보텀 씨는 훌륭한 선교사가 될 것이라고 믿습니다.

　저는 처음부터 그랬던 것처럼 의료 사역으로 매우 바쁘고 그것이 전도의 힘이 될 수 있도록 노력하고 있습니다. 11월에 온전히 시작하였고, 현재 하루에 15명에서 30명의 환자를 받고 있습니다. 오전 시간은 언어공부와 외과용 드레싱이 꼭 필요한 환자 등을 위하여 사용하고, 1시부터 어두워질 때까지 환자를 진찰하고 있습니다. 저는 많은 사람을 치료하고 싶은 큰 야망이 없다고 말씀드립니다. 모든 동양인은 몸이 아프며, 적어도 소화불량이 있고, 영혼이 아프고, 그들은 모두 약이 필요합니다. 저는 처음부터 환자를 선별하려고 노력했지만, 의사의 관심을 바라는 요구는 크고 고통받는 자들에게 "집에 가서 내일 오라"고 말하기가 어렵습니다. 목요일은 수술하는 날로 잡아두는데 수술이 원하는 것보다 많습니다. 브루엔 씨와 사이드보텀 씨는 마취사로서 견습 생활을 하고 있습니다. 그들은 훌륭한 서비스를 제공하고 있습니다. 그리고 아내는 남성 의료인의 치료를 꺼리는 여성들을 위하여 저를 도와주었습니다.

　아내와 저는 이곳에 있을수록 저희가 적응한 나라, 집, 그리고 사람들을 더 좋아하게 됩니다. 아내는 이번 겨울, 아니 새해부터 그녀의 사랑방에 온 많은 여성을 즐겁게 하며 복음 이야기를 들려

주고 있습니다. 그녀는 그 일을 매우 즐거워합니다. 또한, 그녀는 한국인들의 집을 몇 번 방문하기도 했지만, 그녀의 가족을 돌봐야 하기에 제한적이었습니다. 저희는 이번 가을과 겨울에 사이드보텀 부부에게 하숙을 주어 그들에게 언어를 배울 기회를 주고 있습니다.

아담스 씨가 성장하는 새로운 신자들 무리에 대하여 더욱 자세히 알려드릴 수 있을 것입니다. 전반적으로 고무적인 일입니다. 제가 1년 전에 기대했던 것보다 훨씬 더 그렇습니다. 오늘 아마도 이 나라 최고의 한국 학자인 프랑스 가톨릭 신부 로버트 씨가 저와 아담스 씨의 며칠 전 방문에 대한 답례로 오셨습니다. 그는 매우 정중하게, 저희와 그가, 저희 교인들과 그의 교인들의 관계가 언제나 우호적이기를 희망한다고 표현했습니다. 저는 이미 진료소에서 그의 신도들 일부를 도왔습니다. 그는 한국에 있는 프랑스 신부들과는 다르며 저희의 모든 관계가 지금처럼 계속될 것이라고 믿습니다. 특히 북쪽 지방에서 우리 형제들은 가톨릭 신자들과 문제를 겪고 있습니다.

사이드보텀 부부는 여름 동안 부산에서 어빈 박사 부부와 함께 머물도록 초대되었습니다. 저는 아내도 동행하기를 원하였는데 그녀는 저를 떠나고 싶지 않다고 하여 저희는 14마일 떨어진 절에 갈 것 같습니다. 그곳은 제가 진료소 일을 하러 갈 수 있는 곳입니다. 아담스 부인은 더운 날씨가 끝나는 가을 전에는 절대로 돌아와서는 안 됩니다. 이곳의 가을과 겨울은 괜찮았습니다. 시원하고 [판독 불가] 몇 주 동안 얼음과 스케이트를 탈 수 있습니다.

당신이 1월 16일 선교지부에 보낸 편지가 방금 도착하였는데, 이전에 요청했던 대로 이사회에서 은 400달러를 추가로 승인하였음을 알게 되어 정말 기쁩니다. 저의 집 공사를 시작하겠습니다. 저희는 그 선교 회의에 관심을 가질 것이며, 성공을 위하여 기도해 주십시오.

진심을 담아,

W. O. 존슨

1900년 10월 27일

발신: 한국 대구
수신: F. F. 엘린우드 박사, 156 5번가, 뉴욕

친애하는 엘린우드 박사님께,

아시는 바와 같이 아담스 씨와 브루엔 씨와 아내는 저의 아들을 데리고 9월 3일 이곳을 떠나 평양에서 열리는 연례 회의에 참석했습니다. 저는 집을 짓는 일로 갈 수 없었지만, 무더운 도시에서 여름을 보내고 어린 딸 메리 파커(Mary Parker)의 병으로 심하게 지친 아내는 꼭 보내야겠다고 고집했습니다. 아마도 1899년 봄에 아담스 부인이 고향으로 돌아간 이후 대부분의 시간 동안 그녀가 선교지부에서 유일한 여성이었던 것도 그녀의 현 상태와 관련이 있을 것입니다. 어쨌든 그녀는 변화가 필요했고, 10월 12일에 육체적으로나 정신적으로 전혀 다른 사람으로 돌아왔다고 말할 수 있게 되어 기쁩니다.

이 대목에서 박사님께 말씀드리고 싶습니다. 선교사들이 그의 가족과 완전히 새로운 환경으로, 가능하다면 매년 한 달 정도 다른 언어를 사용되는 곳으로 간다면 건강을 해치지 않을 것이라 믿습니다. 특히 내륙에 살기 때문에 외국인을 거의 보지 않는 선교사들의 경우 그의 생기를 되찾게 하는 것은 주변 환경의 완전한 변화입니다. 물론 중국에 있는 안타까운 형제들과 비교할 때 우리 한국 선교사들은 행복하게 살고 있습니다. 그들 중 일부는 내륙에

서 몇 개월 떨어진 거리에 계시는 분들도 있습니다. 그러나 심지어 저희조차도 정기 휴가가 부족해서 고통받고 있고 여성들은 종종 무너지는 경우도 있습니다. 저는 부산에서 3, 4일 머물다 대구로 돌아오는 일주일간의 여행이 대구 선교사에게 미치는 영향을 알게 되었습니다. 그는 오로지 일 때문에 가서 그곳에 있는 동안 매우 분주하지만, 그는 환경의 변화 덕분에 다른 사람으로 돌아오게 됩니다. 예전보다 두 배 정도 더 건강하고 효율적으로 됩니다. 저 자신도 그 같은 짧은 여행을 다녀왔고, 스스로에게 미치는 영향을 알게 되었습니다.

저는 적어도 한국 선교사에 관한 한 선교사들이 너무 많거나 지나치게 긴 휴가를 떠날 것이라고 우려하지 않습니다. 이것은 일반적인 이야기입니다. 물론 예외가 있습니다. 사역은 계속해서 그를 필요로 합니다. 그가 한 번 빠지면 그의 부서는 다소 어려움을 겪습니다. 그는 이것을 알고 있으며, 일이 다시 순조롭게 진행되는 것이 더 어렵다는 것을 알고 있습니다. 만약 그가 그의 일에 대한 약간의 사랑이나 자부심이 있으면 그가 휴가를 가지 않거나 휴가 기간을 단축하게 됩니다. 제가 보기에 모든 위험이 여기에 있습니다.

아내는 무엇보다도 연례 회의에 대하여 매우 상세하게 보고해 주었습니다. "에비슨 박사님 부부와 베어드 씨 부부는 거의 알아보지 못할 만큼 새로운 사람들 같았습니다. 사실 누군가 제게 말하기 전까지 저는 에비슨 부인을 알아보지 못했습니다." 1898년 10월 서울 연례 회의에서 에비슨 부부가 아내와 저를 열흘 동안 접대해주셨음에도 불구하고 말입니다. 제가 기억하기로는 두 사람은 모두 지치고 거의 쇠약해진 사람처럼 행동하였습니다. 휴가나 안식년 없이 6년에서 8년 동안 지낸 선교사들을 만났을 때 이런 인상을 몇 번이나 강하게 받았습니다. 결국, 이렇게 지친 상태에 빠지는 것이 최선일까요. 그는 아마도 좋아질 것이고 안식년 후에는 전과 같이 강해질 것이지만, 그들이 쇠약해진 동안 수행된 모든 작업은 건강할 때와 같지 않을 것입니다. 그리고 그의 유용한 연수가 단축될 것입니다. 따라서 현장에서 근무한 지 몇 년 되지 않은 다소 젊은 의사의 의견은 이사회가 매년, 적어도 한 달 동안의 정기적인 휴가를 마련해 주어야 한다는 것입니다. 그렇게 해야 하고, 사역지에서 가능한 한 멀리 떨어진 곳으로 가도록 해야 합니다. 그리고 한국과 관련하여 첫 휴가는 8년이 아니라 6년의 사역을 마친 뒤라야 된다고 생각합니다. 사역지에서의 첫 번째 기간은 이후의 기간보다 육체적으로나 정신적으로 비교할 수 없을 정도로 힘듭니다. 고향에서 하는 것과는 완전히 다른 느낌으로 몸과 마음을 운영하는 것을 익히고 그것에 익숙해져야 합니다. 빠르게 나이 들며 곧 세상을 떠날 부모와 친구들과의 이별. 새로운 가족이나 가정을 만들고 유지하는 일, 사역지에서의 이 모든 일은 처음 몇 년 동안이 나중보다 훨씬 힘들고 더 많은 노력을 기울여야 합니다. 따라서 이 첫 기간이 가장 짧아야 합니다. 제가 이곳에 와서 이 질문을 고민하였는데, 6년은 충분히 긴 시간입니다. 그리고 저는 이것이 매우 중요한 질문이라고 생각합니다. 모든 의사가 어떻게 생각하는지 알고 싶을 정도로 중요한 질문이라고 생각합니다, 비록 그들이 베테랑이 아니라 젊고 배울 것이 많은 의사라 할지라도요. 휴가나 안식년이 비용이 많이 들고 당장에는 업무에 지장을 준다는 것을 알고 있지만, 장기적으로는 이사회가 인식하는 것보다 더 이득이 될 것이라고 믿습니다.

저는 새집을 짓는 작업을 감독하느라 매우 바쁘게 지내고 있습니다. 그동안 작업이 매우 더뎠는데, 내년 봄까지 입주할 수 없을 것이라고 보고하게 되어 유감입니다. 늦어진 이유는 기와공이 계약을 파기하고 저희 기와의 일부를 다른 사람에게 팔았으며 그가 계약대로 기와를 빨리 굽지 않았기 때문입니다. 그는 계약대로 기와를 배달하지 못한 두 번째 사람이지만, 이번에 저희는 기와를 빨리 받기 위해 그에게 선지급하였었습니다. 이 돈은 고스란히 받을 수 있지만, 많은 불편과 시간의 손실이 있게 됩니다. 이 불편과 손실은 고향에 있는 사람들이 이해하는 것보다 훨씬 클 것입니다.

이제 저희는 새 부지에 있는 별채, 목공소, 목재 창고 등으로 옮길 준비를 하고 있습니다. 그것들은 꽤 크고 기와지붕입니다. 지금 있는 곳이 비좁긴 해도 봄까지 잘 지낼 수 있을 것입니다. 아름다운 전망과 신선한 공기, 전원은 불편한 숙소에 대한 보상 그 이상이 될 것입니다. 아담스 씨도 봄에는 이 집으로 들어올 것입니다. 저희는 건물에 대해 관리들로부터 아무 말도 듣지 못했고, 적어도 현재로서는 방해받지 않을 것이라고 확신합니다. 저희가 지금까지 건축하고 건물에 거주할 수 있도록 허가되었다는 사실은 우리 자산과 관련해 확실하게 확인받은 것입니다.

아내와 사이드보텀 씨가 부산에서 대구로 가는 길에 겪은 매우 불쾌한 일을 보고하게 되어 유감입니다. 아담스 씨는 아내를 만나기 위해 일본으로 갔고 브루엔 씨와 노어스 양은 여전히 평양 선교지부의 일원과 함께 아직 북쪽에 있습니다. 부산에서 이곳으로 중간쯤 왔을 때, 가마에 앉아 있던 아내는 20명의 강도 무리로부터 위협을 받았고, 사이드보텀 씨는 말에서 끌어당겨졌습니다. 그들은 아내의 결혼반지, 커프스, 옷깃 단추들을 빼앗고 돈을 요구하며 그녀를 의자에서 끌어냈습니다. 그녀가 아무것도 없다고 대답하자 그들은 칼등으로 그녀의 머리와 어깨를 반복해서 때렸고 돈을 찾기 위해 그녀의 드레스를 찢었지만, 그녀가 그들 중 한 명의 얼굴을 가격하자 그만두었습니다. 가마꾼과 하인들은 아무런 저항도 하지 않았고, 사이드보텀 씨는 시계와 돈을 빼앗고 모든 귀중품과 짐을 칼로 찢어버린 강도 몇 명에게 완전히 제압당했습니다. 그들은 도시락을 먹은 후 남은 옷가지와 여행복 등을 거리에 흩어 놓고 마음에 드는 것은 무엇이든 가져갔으며 무자비하게 많은 것을 파괴했습니다. 짐을 약탈하는 동안 아내는 아기를 안고 길가에 앉아 있었는데 강도들은 그녀에게 물건을 하나씩 가져다가 귀중품인지를 물었습니다. 그들이 떠난 후 여정은 재개되었지만, 당신께서 상상할 수 있듯이 한국의 여관에서 보낼 남은 하룻밤은 그리 편안하지 않았습니다. 그러나 그들은 다음 날 오후 더 이상의 사고 없이 이곳에 도착하였습니다. 사이드보텀 씨와 저는 그날 저녁 도지사를 방문했고 그는 범인들을 체포하고 처벌하기 위해 전력을 다하겠다고 약속했습니다. 이 지방은 이번 가을에 많은 한국인을 공격하고 약탈하며 또한 부유층들의 집에서 몸값을

압수하고 확보한 일당들로 가득합니다. 이들을 진압할 수 없는 것은 정부의 부패와 나약함을 보여주는 지표입니다. 청일전쟁 이후 일제에 의해 폐지된 공권력을 가진 세금 징수원과 압류자들이 몇 년 만에 요즘 여기저기서 나타나고 있습니다. 그러나 이곳의 관리들은 꽤 분개한 것 같고 군인들은 도로를 순찰하고 지방을 수색하고 있습니다. 두려움이 무엇인지 전혀 모르던 그녀는 상당한 양의 옷과 약간의 장신구를 잃어버렸고 큰 충격을 받았습니다. 그녀는 사건 당시에는 두려움이 별로 없었지만 그날 밤 여관에서 사이드보텀 씨가 그들을 죽이는 것에 대한 대화를 우연히 들었을 때 무서웠다고 말했습니다. 그러나 며칠 만에 그녀는 괜찮아졌고 몇 개의 타박상 외에는 아주 좋아졌습니다.

아담스 부부는 8일 전에 불안감 없이 올라왔습니다. 아담스 씨는 주의를 기울여 철저하게 무장했으며, 하인도 무장했습니다. 이곳 그리스도인 형제들은 이번 사건으로 크게 동요되었는데 그들 중 한 사람이 "우리나라 사람들이 그런 일을 저지른 후에 저는 선생님의 얼굴을 보기가 부끄럽습니다"라고 말했습니다. 우리 모두는 주님의 돌보심에 대해 감사해야 할 큰 이유가 있다고 생각합니다. 강도들은 나중에 그들을 알아볼까 봐 여행자들은 자주 살해합니다.

사이드보텀 씨는 이곳을 떠나 그가 전근된 부산으로 갈 예정입니다. 그는 지금 가구를 포장해서 보내고 있습니다. 브루엔 씨는 몇 주 안에 저희와 합류할 것이고 노어스 양은 아마도 두 달 안에 합류할 것입니다. 노어스 양이 올 것이라는 소식을 접하게 되어 기쁩니다. 그러나 선교부가 대구에 사이드보텀 부부를 대신하여 다른 부부를 보낼 수 없다는 사실을 매우 유감스럽게 생각합니다. 한 선교지부에 여러 여성이 있다면 그들의 건강에 더 좋다고 확신합니다. 저는 지금 진료소를 열 수 있기를 희망합니다. 더운 여름과 건물 건축 작업 기간에 부분적으로 문을 닫을 수밖에 없었습니다. 여전히 제가 원하는 만큼의 많은 환자가 있습니다.

진심을 담아,
우드브리지 O. 존슨

1901년 5월 14일

발신: 일본 고베

수신: F. F. 엘린우드 목사, 156 5번가, 뉴욕

친애하는 엘린우드 박사님께,

1월 20일 자 당신의 편지에 대한 회답이 없었습니다. 특히 저의 오랜 병세에 대해 더 일찍 편지를 쓰지 못한 것에 양해를 구합니다. 2월 첫째 주 저는 그 당시 대구에서 유행하던 독감에 걸렸고, 처음부터 침대에 앓아누울 정도로 심각했습니다. 이로 인해 저는 당시 이미 가지고 있었을 발진티푸스 세균에 더욱 취약해졌고, 독감으로 누워있는 동안 발진티푸스 세균에 감염되었습니다. 발진티푸스는 한국과 대구에 항상 있는 풍토병이고 저는 아마도 전에 진료소에서 환자로부터 세균에 감염된 것 같습니다. 발진티푸스가 시작되기 전에 심장을 약하게 만든 독감 때문인지 병이 유난히 심했습니다. 부산의 어빈 박사님께 치료 초기에 전보를 보냈고 나중에는 로스 씨도 간호를 돕기 위해 파견되었습니다. 이 친절한 친구들뿐만 아니라 선교지부 구성원들의 끊임없는 보살핌에 저는 무한한 감사를 느낍니다. 아담스 씨, 브루엔 씨, 노어스 양뿐만 아니라 아내도 저에게 헌신적이었으며, 하나님의 섭리 아래 저의 목숨을 구한 것은 그들의 간호였습니다. 어빈 박사는 27일 동안 제 침대 옆에 머물렀고, 제가 안전하게 회복되었다는 확신이 들고 나서야 떠났습니다.

두 달간의 투병이 끝난 후 저는 침대에서 일어날 수 있었습니다. 그리고 열흘이 지난 후에는 방에서 나갈 수 있었습니다. 어빈 박사는 제가 건강해지는 대로 부산으로 오라고 권했습니다. 그래서 저는 4월 26일 대구를 떠나 아내의 가마를 타고 4명의 가마꾼에게 실려 내려갔습니다. 부산에서 면밀한 검사를 받은 후 어빈 박사는 제가 적어도 3개월 동안 한국을 떠나 9월 연례회의 이후까지 일을 중단하라고 조언했습니다.

　대구 선교지부는 이미 어빈 박사님의 검사와 추천에 따라 저의 휴직을 결정했습니다. 그래서 저는 부산에서 며칠을 보낸 후 5월 8일 일본에 왔습니다. 병이 나기 전에 일본에 몇 주 동안 머무르며 치과 진료를 받기 위한 계획을 세우고 있었습니다. 그때 자비로 여행하려고 했으니 단순히 여행이 지연된 것으로 여길 수 있습니다. 그러므로 여행 경비 및 기타 비용을 제가 지불할 것입니다. 그러나 일본에서 요양하는 동안 저의 다른 생활비를 충당하기 위해서 이사회에 200엔의 특별 예산 신청을 승인해주시기를 요청합니다. 이 200엔에 대한 신청서는 아마 한 달 이내에 당신에게 발송될 것으로 예상합니다. 현재 신청서는 선교지부에서 돌려지고 있습니다. 하숙비를 최저 1주일에 14엔으로 추산하면 제가 3개월간 머문다면 200엔은 부족할 것입니다. 그러나 저는 더 빨리 돌아갈 수 있기를 바라고 있습니다. 이 외에도 이사회에 90.1엔의 특별 충당금을 요청할 것입니다.

로스 씨의 여행비
부산에서 대구   23.36

어빈 박사의 여행비
부산에서 대구   41.95

브랜디-미네랄 물
그 외 진료소에 없는 약   25.60

합계: 엔 90.91

  두 분이 필요에 따라 밤낮을 가리지 않고 서둘러 오셨기 때문에 여행 경비가 평소보다 많았습니다. 이 요청은 또한 적절한 형식으로 귀하에게 전달될 것입니다. 두 가지 모두 신속하게 승인될 수 있으리라 믿습니다.

  저의 집과 아담스 씨의 집이 완성되는 이 시기에 대구를 떠나야 한다는 것이 매우 유감스러운 일입니다. 의료 사역이 완전히 중단되는 것이 특히나 아쉽습니다. 아내는 아담스 씨의 도움을 받아 집 짓는 일을 완료할 것입니다. 부산의 로스 박사는 제가 없는 동안 대구에 가서 선교사들의 건강을 돌보기로 하셨습니다. 그러나 그녀가 진료소를 열지는 않을 것입니다. 그동안 정기적인 의술을 오랫동안 하지 않았기 때문에 그것을 시도할 의향이 없다고 합니다.

  제가 대구를 떠날 때 모두 건강했고, 5월 8일의 편지에 따르면 여전히 모두 잘 지내고 있습니다. 아담스 씨와 브루엔 씨로부터 들으셨겠지만, 이번 달과 봄에 한 사역은 가장 고무적이었습니다. 예배마다 모두 붐볐고, 지방의 사역도 꾸준히 증가하고 있습니다. 가을에는 저의 집을 짓는 일에 부단한 관심을 쏟았기 때문에 저의 의료 사역은 심각하게 지장을 받았고 병으로 인해 더욱 어려움을 겪고 있습니다. 그러나 저의 작은 방 하나는 계속 열어 두었고, 저의 조사인 서 씨는 매일 정기적으로 그곳에서 한국인 대부분이 사용법을 알고 있는 간단한 약품을 판매함은 물론 방문자들에게 충실히 설교합니다. 하루 평균 여덟 명에서 열 명 정도의 사람들이 오는데 이들은 모두 복음을 들었고 많은 사람이 책과 전도지 소책 자를 구입했습니다. 서 씨는 대구에서 처음으로 개종한 사람이며 저희는 그의 성실함을 믿기 전까지 약 3년 동안 고용을 미루었습니다. 그는 좋은 사업가이자 활동적인 전도자입니다. 저희는 그를 일찍 저희 주변에 두었으면 좋았을 텐데, 이미 말했듯이 그를 고용 하는 것을 삼갔습니다. 그는 지금 좋은 일을 하고 있습니다. 이 휴가를 자유로이 즐기고 있지는 않지만, 저를 완전히 회복시킬 수 있다고 믿습니다. 여기에서 친절한 선교사 친구들을 만났습니다. 모두 건강하시리라 믿습니다. 안부 전해주십시오.

진심을 담아,
우드브리지 O. 존슨

1901년 7월 20일

발신: 일본 고베
수신: F. F. 엘린우드 목사, 156 5번가, 뉴욕

친애하는 엘린우드 박사님께,

한국으로 돌아가기 직전에 편지를 씁니다. 일본에 온 이후로 건강은 꾸준히 좋아지고 있고 비록 이 글을 쓰고 있는 지금 건강이 완전히 좋아지지는 않았지만 긴 휴가의 혜택을 받아 무사히 돌아갈 수 있다고 생각합니다. 저의 집이 완공되고 있고, 아담스 씨 덕분에 매우 만족스럽게 작업을 이어갈 수 있었습니다. 다만 이제 거의 완성 단계에 이르렀기 때문에 집을 직접 보기 위해 가려고 합니다.

저를 일본에서 돌봐준 의사는 앞으로 몇 달 동안 일할 때 매우 주의를 기울이라고 충고했습니다. 그렇지 않으면 저는 이번 일본 휴가보다 더 긴 휴가를 가게 될 것이라고 하였습니다. 연례 회의가 열리는 9월 말까지 건물을 돌보는 일이 제 업무의 대부분을 차지할 것입니다.

제 아내는 대구에서의 일에 대해 매우 즐거운 소식을 적어 보내왔습니다. 저희 아기 둘 다 백일해를 겪었지만 지금은 회복되었습니다. 부산의 로스 박사가 선교지부의 건강을 돌보고 있습니다. 아담스 씨와 브루엔 씨는 사역 진행 상황에 대하여 계속 알려주고 있습니다. 몇 주 전 브루엔 씨는 지방을 순회 여행하는 동안 7명의 믿음 가득한 남성들을 만났다고 했습니다. 그들은 이전에 외국인

을 만난 적이 없었지만, 이들 중 한 명이 대구를 방문했을 때 약을 사러 미국약방에 갔고 그곳에서 복음을 들었다고 합니다. 그는 소책자와 책을 구매했고 두 번째 방문 후 교리를 고백했으며, 6명의 이웃 사람들이 그와 함께 교리를 공부하도록 권유했다고 합니다.

아담스 씨와 저의 집은 곧 입주 준비가 될 것이고 브루엔 씨도 거주를 시작한 것으로 알고 있습니다. 언덕에 자리한 새 부지는 선교지부의 건강을 위해 여러 면에서 더 좋을 것입니다. 적어도 가족들에게는 [판독 불가] 것입니다. 비록 일부는 당분간 필요에 따라 도시에서 계속 살더라도, 그들은 성 밖 주변 거리의 형언할 수 없는 더러움을 떠나서 휴식과 맑은 공기를 위해 갈 곳이 생기게 됩니다.

사람들이 붐비는 도시에서 사는 것이 건강에 왜 해로운지 말씀드린 적이 있습니까? 말씀드린 적 없을 수도 있지만, 깨끗한 일본에 온 지금 그 모습이 제 눈앞에 매우 생생하게 떠오릅니다. 좁은 길 양쪽의 하수구는 깊이가 얕아서 내던져진 쓰레기들이 비가 와서 으깨져 내려갈 때까지 그대로 있습니다. 그로 인해 모든 종류의 냄새, 세균 및 질병이 번식합니다. 또한, 노동꾼 계급은 길가 쪽을 변기로 사용하고, 각 집에 있는 6마리의 개는 중앙을 사용하는 것이 관례입니다. 여성은 도시에 있는 저희의 집들을 드나들기 위해 반드시 짧은 치마를 입어야 하며, 그렇지 않으면 사람과 개의 배설물로 더러워져 길에 자국을 남길 것입니다. 외국인의 발소리를 듣자마자 집마다 짖어대는 개소리와 함께 걸어가는 것은 매우 우울한 일입니다. 그 소리는 완벽한 합창이 되어 도시 경계를 벗어날 때까지 따라다닙니다. 선교지부 여성들이 푸른 들판이 멀리 떨어져 있는 데다 그곳에 쉴 곳이 전혀 없는 상황에서 하루에 두 번 지나다니며 그런 일을 겪는 것보다 실내에 머무르는 것을 선호하는 것은 당연합니다.

일반적으로 자기의 일을 좋아하고 심각한 부상이 없는 사람이라면 몇 년 동안 이런 상황을 견딜 수 있을 것입니다. 아마도 저희 대구 선교부 구성원들에게서 불평을 받은 적이 없으셨으리라 생각합니다. 저는 선교지부의 건강을 책임지는 사람으로서 저희의 새로운 부지와 주택에 매우 감사합니다. 아담스 부인과 저를 제외하고는 아무도 대구에서 병을 앓지 않았습니다. 한국에서 손꼽히는 대구지부의 새 부지에 걸맞은 일입니다.

저는 일본에서 대부분의 시간을 고베에서 보냈습니다. 이스턴에서는 같은 교회 교인이었던 카나가와 출신의 루터 양과 열흘 동안 함께 지냈는데, 그곳에서 던롭 가족, 풀턴, 쇼 양, 비글로 양, 그리고 [판독 불가]를 위해 임명된 보이드 박사 부부를 만났습니다. 또한, J.C. 윈 목사님의 손님으로 초대받아 오사카에서도 며칠을 머물렀습니다. 7월 초 저는 고베에서 연례 회의 중인 회중교회의 선교사(the Congregationalist missionaries) 몇 분을 만났습니다. 미국에서 출발할 때 증기선에서 보았던 리(Lee) 씨 부부와 웹(Webb) 여사도 있었습니다. 리 씨 부부는 평양의 리 씨 부부를 이야기합니다. 필드 박사는 지금 일본에 계시지만 만나 뵙지 못했습니다. 당신은 아마도 일본의 [판독 불가] 종교 운동에 대해 들어본 적이 있을 것입니다. 모든 교단이 연합하여 전국 대도시에서 동시 집회가 열렸습니다. 그들의 성격은 복음적이었고 기독교 교리를 받아들이거나 배우고자 하는 사람들의 수는 수천 명에 달합니다. 그 운동은 순전히 토착적인 것 같습니다. 즉, 원주민 목사와 교인들이 진행하여 [판독 불가] 외국인 선교사들이 참여했지만, 분명히 일본 운동이었습니다. 제가 만난 선교사들은 모두 큰 격려를 받은 것 같았습니다.

글을 마치기 전, 대구병원에 대하여 요청한 예산에 관하여 여쭙고자 합니다. 봄에 요구한 금액이 많다고 생각하시며 그것이 모두 승인될지 의심스럽다고 제게 쓰셨지만, 완전히 거절될 것 같다는 암시를 주지 않으셨습니다. 브루엔 씨는 대구의 예산안을 보면 이것이 사실임을 알 수 있다고 제게 편지를 보내왔습니다. 이사회에서 이 문제가 어떻게 논의되었는지 알려주실 수 있을까요? 적어도 좋은 진료소와 몇 개의 병동을 지을 수 있기를 바랐기 때문에 저는 당연히 매우 실망했습니다. 현재 임시 진료소는 그 목적을 다하였으며 다른 진료소를 만들기 시작해야 합니다. 대구에서 짓는 것은 시간이 너무 오래 걸립니다. 미국의 더위가 심하다고 들었는데 잘 견디시기를 바랍니다.

진심을 담아,
우드브리지 O. 존슨

1901년 10월 1일

발신: 중국 홍콩
수신: F. F. 엘린우드, 156 5번가, 뉴욕

친애하는 엘린우드 박사님께,

선교지부에서 이번 달 이사회 앞으로 보내는 격월 정기 서한을 작성하도록 저를 임명하여 이 편지를 씁니다. 저의 두 아이가 백일해를 앓아서 이번 가을에 대구를 떠날 것을 예상하지 못했는데, 마지막 순간에 상태가 많이 좋아져서 연례 회의를 위해 서울에 가기로 결정했습니다. 이에 따라 9월 18일 아내와 아기들과 저는 대구를 떠났는데, 비도 오고 불량한 가마꾼으로 인해 유난히 피곤한 여행을 한 후 21일 아침 부산에 도착했습니다. 그곳에는 저를 방문하기 위해 시베리아 횡단 기차를 타고 온 아버지, 여동생, 그리고 그의 친구가 저희를 기다리고 있었습니다. 그들을 데리고 서울에 갈 계획이었는데 8인용 객실이 딸린 작은 기선은 이미 15개의 좌석이 예약되어 있었고, 아버지는 병에서 회복하고 있었으며, 저의 아기들은 몸이 좋지 않았습니다. 그래서 그 배를 타는 것은 불가능했고 다음 배는 회의에 참석하기에는 너무 늦게 제물포에 도착할 것이라서 서울 여행을 포기했습니다. 저는 일본 여행으로 건강이 많이 좋아지기는 하였지만, 여전히 약간의 불안감을 느끼고 있었습니다. 아시다시피 티푸스의 심각한 공격에서 회복하려면 장기간의 요양이 필요합니다. 그래서 홍콩에 함께 가자는 아버지의 제안을 받아들이기로 했습니다. 아버지도 필요한 의료 조언과 돌봄을 받기로 하셨고, 저와 아기들은 휴식과 바닷바람의 혜택을 받기로 했습니다. 대구로 돌아온 이후로 새집을 마무리하느라 매우 바빠서 아마도 과로한 것 같습니다. 어쨌든 저는 불면증, 신경과민, 체력 부족으로 약간의 경각심을 갖게 되었습니다. 집에 있으면서 새집을 짓는 일에 참여하지 않기란 거의 불가능한 일입니다. 그러나 저는 이 바다 여행으로 완전하게 회복되기를 바라고 있고, 이제 집이 완성되었으므로 더는 신경 쓸 일 없이 돌아올 것입니다. 아버지와 여동생, 그리고 그녀의 친구도 올 것입니다.

노어스 양과 웰본 씨의 결혼 소식을 들으셨을 것입니다. 대구에 있는 저희는 그녀를 떠나보내게 되어 매우 유감스러웠습니다. 여성들은 그녀를 좋아했고, 그녀가 해온 일은 대구의 여성 사역자들 중 최고였습니다. 저희에게 큰 손실이지만, 저희는 다른 미혼 여성이 그녀의 자리를 대신할 수 있다고 믿습니다. 웰본 부부는 서울에 거주할 것 같지만 이것은 연례 회의에서 결정될 것입니다. 대구에는 독신 여성이 필요합니다.

며칠 전 상하이에 있는 동안 중국 중부 선교 연례 회의에 참석하여 선교사들을 만나는 기쁨을 누렸습니다. 나가사키에서 상하이로 가는 저희 배에는 북경의 킬리 목사 부부와 치안푸의 메리 씨가 타고 있었습니다. 중국에서 그들을 만나 이야기를 듣는 것은 흥미롭고 유익했습니다. 저희는 푸저우에서 하루를 지냈고, 일주일 이상 홍콩에 머물 것으로 예상합니다. 이곳에 있는 제 오랜 친구인 뉴 칼리지의 앤드루 우즈(Andrew Woods) 박사가 있는 칸톤을 방문할 예정입니다. 잘 지내시리라 믿습니다. 엘린우드 박사님.

진심을 담아,

W. O. 존슨

1902년 1월 15일

발신: 한국 대구
수신: F. F. 엘린우드 목사, 156 5번가, 뉴욕

친애하는 엘린우드 박사님께,

아버지와 여동생과 같이 상하이와 홍콩에 다녀온 후, 편지를 드렸는지 모르겠습니다. 저는 그 여행을 통해 평소의 건강을 되찾은 것 같습니다. 그리고 지금은 매우 건강하다는 소식을 전할 수 있어서 기쁩니다. 아버지와 여동생과 그의 친구는 가마와 조랑말을 타고 부산에서 올라와 3주 동안 대구를 방문했습니다. 아내와 저, 그리고 저희 선교부 사람들도 그들의 방문에 매우 즐거웠습니다. 가까운 절 몇 군데를 방문하였는데, 그곳에는 저의 친구들 여럿이 있었고, 승려 중에 저의 예전 환자가 제법 있어 큰 환대를 받았습니다. 또한, 왜란이 일어났을 때나 이 지방의 높은 관리들이 피난 가곤 했던 도피성을 방문했습니다. 그 도피성은 산 고원 정상에 있는데 높이 15피트, 길이 10마일의 벽이 세워져 있었습니다. 아버지는 한국인들이 매우 더럽지만, 호감이 가는 사람들이라고 하셨습니다.

그들이 이곳에 있을 때 관찰사(觀察使)가 저희를 방문하였는데, 아내와 여동생, 여동생 친구는 관찰사 부인을 접대했습니다. 관찰사 부인은 여러 면에서 매우 친절하고 제 아내와 여동생, 여동생 친구를 초청하기도 했습니다. 관찰사는 외국의 문화나 물건 등에

특별한 관심이 없었지만, 법으로 정해진 외국인들의 권리에 대하여 잘 알고 있었습니다. 예를 들어, 그들이 이곳에 거주할 권리를 갖고 있다는 것 말입니다.

저희는 이 도시에 잘 정착했고 이미 자리를 잡은 확실한 사실이 있으므로, 새 부지와 관련해 더는 문제가 생기지 않으리라고 예상합니다. 아담스 씨와 저와 도우미들이 이곳에 살고 있고, 브루엔 씨의 집은 현재 공사 중이며 그가 돌아오기 전까지는 아니더라도 그가 돌아온 후 곧 입주할 준비가 될 것입니다. 세 집 모두 가장 편안하고 적당한 집이라고 저희는 생각하고 있습니다. 바레트 씨는 시내에 있는 저의 예전 집에서 살고 있습니다. 브루엔 씨는 현재 혼자 집에서 지내지만, 그 집은 야외 운동을 하기도 좋고 친구들을 초대할 수도 있습니다. 건강을 해치거나 외롭지 않으리라고 생각합니다. 저희는 그를 자주 봅니다.

올가을과 겨울, 선교지부 구성원들의 건강은 대체로 양호합니다. 저의 자녀들, 특히 막내아들은 봄과 여름에 백일해를 심하게 앓아서 다소 약해졌습니다. 이 지방의 수백 명의 한국인 아이들이 그 병으로 죽었습니다. 제가 건강 문제로 일본에 간 사이에 저희 아이들이 전염되었습니다. 아담스 씨의 아이들이 무탈한 것은 세심한 보살핌 덕분인 것 같습니다. 아내는 한국에 온 후 중병을 앓은 적이 한 번도 없다고 자신 있게 말했었는데, 크리스마스 날 선교지부 사람들을 초대해 접대하느라 몸이 많이 상했습니다. 다음 날에는 침대에서 일어나지 못할 정도였습니다. 폐렴으로 판명되었는데 중증의 정도로 심했고, 3주가 지난 오늘에서야 아내는 침대에서 처음으로 일어나 앉을 수 있었습니다. 별다른 후유증은 없을 것 같습니다.

한국에 있는 모든 형제가 렉(Leck) 씨의 죽음에 몹시 슬퍼하고 있습니다. 저는 그를 만난 적이 없지만, 친구들은 그를 매우 높이 평가했습니다.

휴식과 홍콩 여행이 저의 회복에 큰 도움이 되어서 11월 중순쯤 진료소에서 정기 진료를 시작했고, 얼마 지나지 않아 만족할 만큼 많은 환자를 받았습니다. 오랜 투병 기간에, 그리고 또 바쁘게 집을 짓는 동안 많은 일이 있었습니다. 진료소가 문을 닫았음에도 불구하고 몇몇 신자들을 비롯해 복음에 관심을 갖게 된 사람들이 생긴 일이 제게 큰 힘이 되었습니다. 다른 여러 진료소에 비해 환자 수는 많지 않지만, 오히려 저는 처음부터 환자 수를 낮추기 위해 노력했습니다. 하루에 20~30명의 환자를 치료하는 것보다 그 반절 정도의 환자를 치료할 때 더 좋은 의료 사역을 할 수 있습니다. 전도하는 관점에서 볼 때, 수를 제한하는 것이 훨씬 더 만족스러운 결과를 얻을 수 있습니다. 많은 사람이 몰려들어 황급히 진료소를 들락날락하게 되면 환자들과 소통할 시간이 없게 됩니다.

저는 작년에 매일 아침 15장의 티켓을 배포하여 이 티켓을 소지한 사람만 검사와 치료를 받을 수 있게 했습니다. 물론 여기에는 사고나 긴급한 경우는 포함되지 않았습니다. 이 진료 방식은 아주 훌륭합니다. 제가 진료소에서 성경 읽기와 복음 전도에 더 많은 시간을 사용하고, 진료소 조수인 서 씨가 환자 한 명 한 명에게 더 많은 시간을 할애할 수 있게 해주었습니다. 이번 겨울에는 하루 평균 환자가 제가 원하는 수와 비슷해 티켓을 배포하지 않고 있습니다. 아마 환자 수가 늘어나게 되면, 티켓을 배포하는 계획을 다시 시도할 것입니다. 즉, 저는 하루의 절반 정도를 진료소 일에 할애하고 있습니다. 오전에는 여전히 어학 공부에 매진하고 있습니다. 1년 동안 집을 짓고 그다음 해에 중병을 앓은 덕분에 상당히 진도가 뒤처졌지만, 현재는 시간을 잘 할애하고 있어서 가을에 있는 마지막 언어 시험에 합격하기를 희망합니다.

　아내는 어린 소녀들의 수업을 맡기 시작했고 일주일에 한 번 독서, 성경 구절 학습, 노래를 가르칩니다. 그녀의 건강이 나빠져 이를 그만두어야 했지만, 머지않아 다시 아이들을 가르치며 브루엔 씨의 남학생들처럼 유망한 제자들을 갖게 되기를 희망합니다. 어린 여학생들의 수업은 노어스 양에 의해 시작되었습니다. 여성들 사이에서 좋은 사역이 시작되었는데 일이 중단되어 노어스 양의 부재가 더욱 크게 느껴집니다. 저희는 이사회가 저희의 상황, 즉 지리적으로 고립된 상황과 사역의 필요성을 고려하여 이곳에 두 명의 독신 여성을 파송해 노어스 양의 빈자리를 채워주기를 기대합니다. 아마도 이와 관련하여 브루엔 씨가 당신을 만나 개인적으로 대구에 관한 이야기를 했을 것으로 생각합니다. 당신에게 행복과 건강이 함께 하기를 간절히 기도합니다.

진심을 담아,
우드브리지 존슨

1902년 5월 27일

발신: 한국 대구
수신: F. F. 엘린우드 박사, 156 5번가, 뉴욕

친애하는 엘린우드 박사님께,

4월 15일에 보내주신 편지가 도착했습니다. 질문하신 내용에 대하여 답을 드리자면 첫째, 1901년 봄과 여름에 일본에 있는 동안 이사회가 제 건강 비용으로 승인한 200엔의 청구서에 관한 것입니다. 주요 항목은

12주 동안의 체류 * 매주 15엔	180.00
오사카와 가나자와행 R.R 요금과	
인력거(Jinricksha) 운임 및 기타	20.00
합계	200.00 엔

상세 기록이 없는 기타 항목은 2, 3엔을 넘지 않습니다. 저는 주치의인 월리스 테일러(Wallace Taylor) 박사를 만나기 위해 여러 번 오사카에 갔고, 고베의 더위와 주치의 선생님의 제안으로 가나자와로 여행을 떠났습니다. "어떤 측면에서 일반적이지 않은 청구서"라는 것이 높은 비용에 관한 것이라면, 실례지만 저의 생각은 다릅니다. 주당 15엔은 제가 방문한 고베나 동부의 항구에서는 평균적으로 높지 않은 요금입니다. 고베에 있는 우리 교회 선교사

님들 중 더 적은 비용으로 함께 숙박할 수 있는 분이 없었습니다. 다른 이사회의 선교사 친구는 더 적은 비용으로 숙소를 구할 수 있었지만, 화장실이나 편의시설이 없어 무용(無用)하였습니다. 추가 청구서와 관련하여, 일본에 있는 동안의 병원 진료와 약값 25엔은 여전히 이사회에 요청 중이며 아직 승인되지 않았습니다. 여기에는 두 가지 항목이 있습니다.

오사카의 윌리스 테일러 박사의 전문적인 서비스	15.00
A.C. Sim & Co. 고베의 포드 의약품	10.00
합계	25.00 엔

테일러 박사의 요금과 관련된 편지를 동봉합니다. 테일러 박사가 그의 선교부 이외의 모든 선교사들에게 봉사에 대한 보수를 요청하는 것이 변함없는 규칙이고, 그 규칙이 제게도 적용된다는 것을 알고 있었기 때문에 저는 우편 어음으로 15엔을 보내는 것이 최선이라고 생각했습니다. 그의 편지 밑에 적힌 빨간색의 메모는 이 편지가 부산의 시릴 로스 씨를 통해 전해졌음을 보여줍니다. 또한, 고베의 A.C. Sim & Co에서 보낸 17.10엔의 청구서를 동봉합니다. 저는 "일본에 있는 동안의 진료 및 약값"으로 선교부에 25엔을 요청하였는데, 이 청구서를 받기 전에 정확한 금액을 알지 못하여 가능한 한 낮게 10엔 정도로 추정했던 것이었습니다.

실제로는 7.10엔이 더해진 것을 아시겠지요. 25엔에 대한 이 요청은 200엔에 대한 첫 번째 요청에는 포함되지 않은 것입니다. 왜냐하면, 첫 번째 요청은 제가 일본에 가기 전에 선교부와 이사회에 요청한 것이지만, 전자의 의사 비용과 약값은 출국하여 체류가 끝날 때까지 알 수 없었기 때문입니다. 저는 일본에서 3개월의 요양 기간에 사용한 200엔의 지출을 경제적으로 사용한 것으로 생각하였습니다. 저는 오랜 투병으로 발생한 이사회의 추가 비용을 염두에 두지 않았으며, 편지에 썼듯이 대구에서 일본의 고베로 갔다가 돌아오는 여비 70엔을 모두 제가 지불하였습니다. 나중에 저의 건강 때문에 미국으로 돌아가야 할지도 모른다는 근거가 생겼을 때 저는 이사회에 아무 보고도 하지 않은 채 자비를 들여 상하이와 홍콩으로 긴 여정을 떠났고, 선교부에서는 저의 의료적 문제가 잘 해결될 때까지 이를 승인하여 주었습니다.

둘째, 어빈과 로스 부부의 부산 왕복 여비 두 건과 관련하여 영수증 세 장을 동봉합니다.

J.E. 아담스가 제게서 받아 어빈 박사가 부산에서 대구로 가는 여비를 지불하였음을 보여주는 양식 1개   41.66
H.N. 브루엔이 제게서 받아 로스 씨가 부산에서 대구로 가는 여비를 지불하였음을 보여주는 양식 1개   34.83

시릴 로스가 제게서 받아 로스 씨가 대구에서 부산으로 가는 여비를 지불하였음을 보여주는 양식 12개   23.36 엔

로스 씨가 동일한 금액을 수령하였음을 보여주는 수표 장부의 수표 끝부분을 첨부합니다. 로스 씨가 이 청구서에 "존슨 박사의 병환에 부수된 비용 청구서"라고 표시한 것을 보셨겠지만, 브루엔 씨가 이미 부산에서 대구로 가는 관련 여비 일체를 지불했고, 로스 씨가 대구에서 부산으로 돌아오는 비용만을 위한 것이라고 확언했기 때문에 저는 위와 같이 표시했습니다. 이제 문제의 항목은 제가 어빈 박사님께 지불한 것만 남았습니다.

대구로 보낸 어빈 박사의 옷	2.00
어빈 박사가 대구에서 부산으로 가는 여행 경비	1.95
상하이에서 브랜디	6.00
일본 체류 중 병원 진료비와 약값 (이미 설명함)	25.00
브랜디, 생수 및 진료소에 없는 기타 약품	25.60
————————————————————————————	
합계	엔 200.40

이를 통해 제가 실제로 총 200.40엔을 지출했음을 아실 수 있을 것입니다. "브랜디, 생수 및 진료소에 없는 기타 약품"을 제외한 모든 항목에 대한 영수증을 가지고 있거나 보여드릴 것입니다. 이 부분에 대한 영수증은 원한다면 물품을 구입한 부산의 일본인 상인들에게서 얻을 수 있지만 상당한 시간이 걸릴 것입니다. 저는 이미 어빈 박사에게 편지하여 그가 제게서 받은 금액에 대한 영수증을 보내달라고 요청하였습니다. 사이드보텀 씨의 어림에 따르면 어빈 박사와 로스 씨가 표시된 금액으로 지출을 줄였을 수 있

다고 생각하는 것이 분명합니다. 그들이 실제로 그러하였는지는 또 다른 문제이며, 사이드보텀 씨가 그것이 사실임을 보여줄 청구서나 영수증을 가지고 있지 않는 한 저는 아담스 씨와 브루엔 씨의 말에 무게를 더 두어야 합니다.

마지막으로, 제가 부재중일 때 대구지부의 병원 진료비 청구에 대한 것입니다. 저는 세부적인 것은 확실하게 알지 못합니다. 아담스 씨가 그에 대한 메모를 주기로 약속하였고, 그 메모는 그의 것과 함께 동봉할 것입니다. 말씀하지 않으신 부분이 하나 있는데, 이미 승인된 114.75엔의 예산에 요청한 109.40엔의 예산이 포함되어 있다는 점입니다. 저는 요양을 위하여 일본으로 가는 도중 부산에 머무는 동안 대구지부의 서기에게 저의 병과 관련된 비용으로 90.91엔을 선교부에 요청해 달라고 하였습니다. 주어진 항목은 이미 익숙한 것입니다.

로스 씨, 대구에서 부산으로	23.36
어빈 박사, 대구에서 부산으로	41.95
브랜디, 생수 및 진료소에 없는 기타 약품	25.60
————————————————————————————————	
합계	90.91

대구지부는 이 금액에 다른 항목을 더하여 1901년 5월 8일 자 114.75엔의 청구서를 선교부에 제출하였습니다. 그러나 현재 다른 지부에 소속된 서기는 이 청구서의 항목을 문서에 기록하는 것을 생략하였습니다. 이후 제가 이전에 설명한 대로 어빈 박사와

로스 씨로부터 추가 항목들을 받은 후, 10월에 상하이나 홍콩에서 이사회에 보낸 109.49엔의 청구서에 "일본에 있는 동안의 병원 진료와 약품"에 대한 25엔의 항목을 포함시켜 구체화하였습니다.

　저는 또한 그것을 당시 서울에서 열리고 있던 한국 선교부 연례 회의에 제출하기 위하여 보냈는데, 참석하지는 못했습니다. 이때 1901년 5월 9일에 대구지부에서 선교회에 보낸 회람편지에서 준비된 항목을 알지 못한 채로 진행했으며, 이후에도 대구지부의 전 서기의 부주의로 인해 114.75엔에 대한 해당 청구서 항목에 대한 정보를 알지 못한 채로 남아있었습니다. 1902년 당신이 제게 보내신 편지에 제시된 대로 선교부에 보낸 이 회람 편지의 사본을 앞에 두고서야 저는 이 실수를 알게 되었습니다. 그러나 당신은 제가 보낸 두 개의 청구서의 합을 보실 것입니다.

대구지부에서 제시한 것	엔	90.91
이사회와 선교부에 제시한 것		109.49
————————————————————————————		
합계		200.40

　이는 제가 영수증과 청구서를 보낸 금액입니다. 이와 관련하여 다른 어떤 종류의 청구서도 제시하지 않았습니다. 그러므로 발생한 오해에 대한 책임을 지지 않겠습니다. 이는 당시 대구지부의 서기의 부주의함과 제가 대구와 연례 회의에 불참해야 했던 비정상적인 상황 때문인 것 같습니다. 이제 문제는 다음과 같습니다.

<table>
<tr><td></td><td>엔</td></tr>
<tr><td>질병과 관련하여 발생한 비용에</td><td></td></tr>
<tr><td>존슨 박사가 지불한 금액</td><td>200.40</td></tr>
<tr><td>이미 이사회에서 승인한 금액</td><td>114.75</td></tr>
</table>

승인되어야 할 금액	85.65

지부에 있는 요양기관 기금에서 예상하지 못한 잔액이 발생하면,

이사회가 원할 경우 여기에 적용함	50.00
그렇게 될 경우 미사용 잔액	35.65
약품 미결제 잔액	7.10

합계	42.75

이 편지가 문제를 명료하게 할 것으로 믿습니다.

진심을 담아,

W. O. 존슨

1902년 6월 1일

발신: 한국 대구
수신: F. F. 엘린우드 박사, 156 5번가, 뉴욕

친애하는 엘린우드 박사님께,

대구병원 건립을 위하여 올해 이사회에서 6,000만 엔을 승인할 수 있게 되었다는 기쁜 소식이 담긴 4월 15일 자 편지가 제게 큰 기쁨을 주었습니다. 의료 사역에 투입된 시간과 노동력, 비용에 걸맞은 결과를 얻기 위해서는 병원이 필요했습니다. 저는 지난 몇 달 동안 그 어느 때보다 많은 사람이 복음을 친구로 삼고, 복음에 관심을 가지며 복음을 믿고 받아들이는 결과를 볼 수 있었습니다. 기독교인이 된 환자들도 있었고, 매우 많은 사람이 관심을 보였습니다. 사실 이번 봄에 아담스 씨와 그의 두 명의 조사가 인근 지역을 순회하는 동안, 진료소는 지방에서 온 기독교인들이 서로 만나 이야기를 나누고 조언을 구하는 장이 되었으며, 지방에서 온 사람들이 새로운 교리를 더 많이 배우고 아마도 더 많은 책을 사러 오는 곳이기도 합니다.

제 진료소 조수인 서 씨는 설교를 매우 잘하는 것은 아니지만, 제가 아는 가장 적절한 사역자 중 한 명입니다. 그는 대구에서 저희의 첫 번째 기독교인이었습니다. 이 작은 상인은 기독교인이 되기에 가장 큰 어려움이 주일 성수라는 것을 깨달았는데, 당신께서 아시다시피 이곳에서는 5일마다 열리는 시장이 주일에 열리는 경

우가 빈번하여서 상인이 최대한으로 참석하지 않으면 경제적 어려움을 겪을 수 있습니다. 4월 말과 5월 초, 저와 서 씨는 제가 한국에 온 이후 처음으로 순회 여행을 떠났습니다. 저희는 책과 약, 그리고 몇 가지 도구를 가져갔는데 치아를 뽑는 겸자도 있었습니다. 저희는 많은 책을 팔고 많은 환자를 치료하였으며 많은 이를 뽑았습니다. 한국에서 의료 사역이 성공하기 위하여 의료 순회 진료가 꼭 필요하다고 생각하지는 않지만, 진료소 방문이 저조한 경우, 필요하다면 환자를 모으는 데 큰 장점이 있습니다. 이는 또한 일에만 붙잡혀 환경의 변화가 필요한 의사에게 큰 도움이 되며, 선교지의 의사에게는 미국에서보다 더 큰 도움이 됩니다.

이번 봄에 수술하는 횟수가 많이 줄었습니다. 수술 후 며칠 또는 몇 주 만에 사망하는 환자들을 보면, 그들이 묵어야 했던 여관의 혼잡하고 연기로 가득 찬 술집의 상황이 떠오릅니다. 수술에 대해 다소 낙담하고 있었는데 병원 지원 소식에 기운이 솟았습니다. 그리고 이는 제가 최근에 관찰하고 있었으며 아마 당신께서도 잘 알고 계실 사실, 즉 순회가 선교사들에게 축복이라는 점을 상기시켜 줍니다. 제가 한국에서 본 이들은 열악한 음식과 힘든 여행, 벌레에도 불구하고 언제나 살을 찌우고 더 나은 체력과 기운을 얻어 돌아옵니다. 외부 활동과 신선한 공기, 그리고 환경의 변화는 고단함을 상쇄하는 것 이상입니다. 만약 선교사들의 아내들이 더 많은 지역을 돌아볼 수 있다면 그들이 가진 건강 문제가 줄어들 것이라고 확신합니다. 적어도 한국에서는 그렇습니다.

저는 곧 또 다른 여행을 떠날 예정입니다. 브루엔 부부는 지난

달에 왔고 현재 완공되어 가는 새 집의 완성된 방 두 개에서 생활하고 있습니다. 저희 모두가 브루엔 부인을 좋아하고 그녀가 사역뿐만 아니라 사회적으로도 큰 도움이 될 것으로 생각합니다. 그녀는 이미 아내를 도와 그녀의 수업에서 어린 소녀들을 가르치기 시작했습니다. 아내가 많은 관심을 두는 이 수업에는 현재 8세에서 15세 사이의 14명의 소녀가 성경과 교리문답을 읽고 노래하는 법과 바느질하는 법을 배우기 시작했습니다.

저는 당신이 선교부로 보낸 최근의 편지에서 토드(Todd) 박사가 서울의 병원에서 일하며 지부의 의사들이 아프거나 부재중일 때 대체할 수 있도록 임명된 것을 알았습니다. 불행하게도 지난 두 차례의 연례 회의에 참여하지 못하여 서울에서 두 명의 의사가 있는 병원의 현명함에 관한 토론에 대하여는 거의 알지 못하지만, 저는 의사가 휴가 중이거나 아플 때 대체할 의사가 있는 것이 선교사들의 안전과 사역에 큰 축복이 될 것이라는 신념이 확고해졌습니다. 저는 설교자 순회나 지부의 업무보다, 잘 확립된 의료 사역이 중단되는 것이 더욱 고통스럽다고 생각합니다. 대구와 선천에서는 일본인이나 다른 선교사 또는 민간 의사가 없기 때문에 휴가 중인 의사를 대체할 의사가 반드시, 그 외의 지역에도 필요합니다. 선교사들에게 의사 없이 선교지에 머물라고 하는 것은 안전하지도, 옳지도 않은 일입니다. 토즈 박사가 예상하는 근무 기간인 향후 8년 이내에 한국에는 4명의 의사가 있을 것이므로 그들의 휴가를 받아 주십시오. 각각 15개월의 현장 부재를 고려하면, 5년의 확실한 대체 업무가 있습니다. 이는 예상치 못한 질병으로 인한 대체 근무는 포함되지 않은 것입니다. 따라서 저는 적어도 서울 병원에 관한 문제에 대하여는 결정된 의견을 표현할 준비가 되어 있지 않습니다. 저는 토드 박사에게 대체 의사의 자리가 열려 있다고 생각합니다. 선교지부의 건강 상태는 일부 어린이가 경미한 질병이 있는 것으로 꽤 양호합니다. 넓은 부지와 신선한 공기가 있는 새로운 장소는 아이들에게 큰 축복입니다. 저희 모두는 동양에서 가장 좋고 편리한 위치에 있는 이곳을 매우 즐거워하고 있습니다.

진심을 담아,
W. O. 존슨

1903년 1월 31일

발신: 한국 대구
수신: F. F. 엘린우드 박사, 156 5번가, 뉴욕

친애하는 엘린우드 박사님께,

1월 16일에 열린 대구지부의 회의에서 회람 서한을 한국 선교 부원들에게 회람하는 안건이 통과되었습니다. 아담스 부인의 병환을 고려하여 아담스 씨 부부가 이전에 요청한 6월 15일이 아닌 3월 1일경에 휴직을 시작하도록 허락해 달라는 내용입니다. 이는 아담스 부인의 건강 상태를 고려할 때 가까운 시일 내에 미국 방문이 필요하다는 저의 의견을 고려하여 취해진 조치입니다.

아담스 부인의 경우, 2년 전 미국에서의 건강 휴직에서 돌아온 이후 1902년 5월 13일 임신 11주차에 유산을 할 때까지 그녀의 건강은 전반적으로 양호했습니다. 이후 세심한 치료에도 불구하고 왼쪽 골반에 염증성 삼출물을 동반한 골반 복막염이 발생하여 1902년 8월 27일까지 계속 침대에 누워 지내야 했습니다. 당시에는 시설 부족과 기타 상황으로 대구에서는 시도할 수 없는 대수술이 필요한 골반 농양의 가능성이 있었습니다. 11월 1일의 제 편지와 아마도 이전의 편지를 참조하십시오. 저는 갑자기 수술이 필요할 경우 일본이나 미국으로 갈 수 있다는 생각으로 아담스 부부와 함께 부산으로 동행하였습니다. 그러나 그녀는 장로교 호주 선교부의 휴 커렐(Hugh Currel) 박사와 꾸준히 연락을 취하여 상의한 끝

에 부산에서 치료를 계속하기로 결정하였습니다. 그녀는 커렐 박사의 보살핌 아래 10월 7일까지 그곳에 머물렀습니다. 그동안 저는 대구로 돌아왔습니다. 이 기간이 끝날 무렵 그녀는 커렐 박사의 동의를 얻어 서울에서 열린 선교부 연례 회의에 참석했던 남편과 아이들과 함께 대구로 돌아왔습니다. 이 시점에서 그녀는 완전하게 건강을 회복한 것처럼 보였습니다. 저는 그러한 병을 앓고 나서는 부산에서 더 오래 요양하는 것이 필요하다고 쓴 적이 있었지만, 그녀가 집에서 더 오래 떨어져 있는 것이 가능하거나 쉬워 보이지 않았습니다.

대구에 도착하자마자 그녀는 본격적으로 집안일을 다시 시작하고, 주일과 주중에 한국인 여성들을 가르치며, 전도부인[5]과 함께 한국 여성들의 가정을 방문하는 일을 관리하였습니다. 그녀가 힘을 과도하게 썼으며 곧 이전의 골반 질환이 간헐적으로 나타나기 시작했다는 것에 의심의 여지가 없지만, 그녀는 아무 말도 하지 않았고 꽤 괜찮은 것처럼 힘있게 활동을 하였습니다. 1902년 11월

---

5 전도부인(傳道夫人, a bible woman). 한국 개신교 초기에 유급으로 전도활동에 종사하던 한국 여성 사역자로, 여전도인, 여조사(女助事), 여전도사, 부인 전도사라고도 불렸다. 선교 개척기에 한국의 언어와 문화에 익숙하지 않은 선교사들이 한국 여성을 직접 만나 복음을 전하기 어려운 상황에서 선교사의 조력자 역할을 하였다. 전도부인은 바깥출입이 자유롭지 못했던 안방의 여성들을 찾아다니며 성경과 찬송가를 팔고 한글을 가르쳐주며 기독교복음을 전했던 권서인(勸書人)이자 복음전도자였다(한국학중앙연구원, 『한국민족문화대백과사전』, 2023). 『한국교회 전도부인 자료집』(한국기독교역사연구소, 1999)에 따르면 1895년부터 1945년 사이의 공식적인 전도부인의 수는 총 1,215명이며, 그중 장로교 소속은 209명으로 확인된다(김병희, 「초기 대구·경북지역 장로교의 전도부인 양성과 활동」, 『갱신과 부흥』 30권, 2022, 298쪽).

1일자 저의 편지를 보시면, 이 기간에 저는 그녀의 건강을 고무하는 편지를 보냈습니다. 그러나 11월 20일경 그녀는 왼쪽 골반의 통증, 요통, 두통 및 이전 상태의 재발을 나타내는 다양한 증상에 대한 저의 조언을 구하였습니다. 면담 과정에서 그녀는 부산에서 돌아온 뒤 2주가 지나지 않았을 때부터 간헐적으로 약간의 증상이 있었다고 시인하였습니다. 아담스 부인은 의사의 진찰을 받기 전에 오랜 시간 묵묵히 견디는 성향입니다. 그녀가 여기에서 이렇게 하였습니다.

치료가 시작되어 현재까지 계속되고 있지만 장기간의 휴식과 반 환자 생활 및 신중한 식사에도 불구하고 국소적인 골반 문제에는 현저한 차도가 보이지 않으며, 그녀는 약간 체중이 증가하고 전반적인 상태가 약간 좋아졌습니다. 검사 결과 자궁 부속기가 너무 많이 관여되어 있어 제거를 위한 수술 아니면 적어도 장기간의 전문적인 부인과 치료 과정이 필요할 것으로 생각합니다. 저는 미국에서 이 치료를 받아야 한다고 생각합니다. 일본의 여건은 그녀가 필요한 장기간의 치료에 알맞지 않으며, 수술이 필요할 경우 제가 그녀에게 상담할 것을 추천할 유일한 외과 의사인 발츠(Baelz) 박사가 이제 막 독일로 돌아간 시점에 저는 일본인 외과 의사를 추천하지는 않을 것입니다.

아담스 부부의 휴직 연기에 관한 위원회의 편지를 받았지만, 현재 상황에서는 위원회가 두 사람이 즉시 복귀할 것을 명할 것으로 생각합니다. 아담스 부인의 중대한 수술 가능성이 여전할 뿐만 아니라 저는 그녀의 남편이 필요하지 않다고 해도, 그녀가 남편 없이는 신체적으로 잘 해내리라고 생각하지 않습니다. 아내의 상태로 인해 지난겨울 동안 아담스 씨는 한두 번의 지역 순회도 하지 못하였습니다. 휴직 이후 아담스 부인의 한국으로의 귀국 시기는 그녀가 미국에 있을 동안의 담당의 또는 외과의의 의견에 따라 결정될 것임을 지금 말씀드리고 싶습니다. 하지만 저는 그녀의 너무 이른 복귀를 승인하는 것은 매우 신중해야 한다고 말씀드리고 싶습니다. 그녀가 2년 전 신경쇠약이었던 것에서 증명되었듯이, 그녀는 대다수의 여성만큼 신경을 쓸 힘을 가지고 있지 않습니다. 그녀는 몹시 많은 일에 대한 책임이 있으며 힘을 잘 아끼지 않습니다. 휴직 전까지 이곳 새 부지의 이전보다 더 상쾌하고 편리한 삶의 조건에서 그녀가 잘할 수 있으리라고 믿습니다. 그녀는 지난봄, 사고라고 할 수 있는 일이 있기 전까지 잘 지냈습니다. 그들의 조기 복귀의 필요성을 권고하는바 깊은 유감을 표합니다.

진심을 담아,

우드브리지 O. 존슨

추신. 아담스 씨가 1903년 3월 7일 코리아호[6]를 타고 고베를 떠나 샌프란시스코로 향할 예정입니다.

---

6 '코리아호'라는 태평양을 오가던 여객선이 20세기 초반 있었던 것으로 추정. http://newsroh.com/bbs/board.php?bo_table=cno&wr_id=432 관련 논문은 다음을 참고. Lee, Hyon Ju, "Rethinking the History of Smallpox in the Early Twentieth Century: The SS Korea and Uncertainty Surrounding the Diagnosis of Smallpox", Korean journal of medical history, 29(1), 2020, pp.311~346.

1903년 2월 23일

발신: 한국 대구
수신: F. F. 엘린우드 박사, 156 5번가, 뉴욕

친애하는 엘린우드 박사님께,

1월 27일에 J. E. 아담스 부인의 건강과 관련하여 편지를 쓴 이후로, 그녀와 관련하여 기록할 만한 것이 많지 않습니다. 때때로 그녀의 심각한 증상이 덜 나타났을 수는 있지만, 골반 부위의 염증 상태는 그대로입니다. 그녀는 거의 지속적인 두통이 있으며, 약물로는 증상을 완화할 수 없었습니다. 저는 아담스 씨에게 미국에 도착하는 즉시 그녀를 산부인과 전문의에게 데려가 치료받기를 권하였습니다. 수술이 필요하다는 것이 입증된다면 그녀가 장시간의 회복과 휴식을 가질 수 있도록 휴직 초기에 수술하는 것이 도움이 될 것입니다. 아담스 씨는 어떤 상황에서도 아내가 집에서 시간을 보내게 해야 합니다. 아마도 그녀가 모임이나 교회에 참석하기를 원하거나 심지어 회복된 이후에도요. 가능한 한 마을이나 도시에서의 삶보다 캠핑, 텐트, 야외 생활 등 원시적인 상태에 가까운 삶이 그녀에게 더 나을 것입니다.

아담스 씨는 2월 25일 부산을 경유하여 고베로 떠날 예정이었지만, 선교지부 사람 대부분이 한 번씩 걸린 유행성 감기가 있었습니다. 아담스 부인뿐만 아니라 세 명의 자녀도 여전히 고통스러워하며 출발을 연기할 수밖에 없는 상황입니다. 지난가을과 겨울

에 대구에서는 평소보다 더 많은 질병이 발생하였습니다. 저는 10월과 11월에 몸이 좋지 않았고 새해를 맞이한 이후로 두 차례 며칠씩 앓아누워, 몇 달 동안 의료 사역을 온전하게 수행할 수 없었습니다. 저는 신경과민, 불면증, 공부나 일에 집중할 수 없어서 1901년에 앓았던 발진티푸스의 영향에서 완전히 회복되지 못한 것은 아닌가 걱정을 했습니다. 아담스 씨의 아이들은 여러 번 아팠습니다. 바레트 씨는 북부를 장기간 여행하는 동안 말라리아에 걸렸고, 저의 큰딸은 심한 이질에 걸렸는데 지금은 회복 중이어서 위험에서 벗어난 것 같습니다. 이 편지가 당신의 건강에 도움이 되기를 바랍니다.

진심을 담아,
W. O. 존슨

1903년 2월 23일

발신: 한국 대구
수신: F. F. 엘린우드 박사, 156 5번가, 뉴욕

친애하는 엘린우드 박사님께,

대구지부와 한국 선교부에서 요구한 두 가지 예산 요청에 대하여 글을 씁니다. 다음과 같습니다.

    1. 작년 대비 증가한 현재 의료 사역   294.00 엔
    2. 대구 선교지부 부지 매입 완료   800.00

  첫 번째 요청 사항은 현재 의료 사역에 관한 증액입니다. 이는 병원 신축과 동시에 예상되는 업무의 대형화를 고려하여 필요하다고 판단한 것입니다. 회계 연도의 절반이 지나기 전에 병원 신축이 완료되어 사용될 것으로 예상합니다. 입원환자는 물론 외래 환자까지 수용할 수 있는 새로운 대형 건물의 경우에는 조명과 난방비, 보조 인력의 임금, 수술 드레싱 및 물품비와 같은 모든 경상비가 증가할 것입니다. 그러나 이 비용 증가는 일부를 제외하고는 영구적이지 않을 것으로 생각합니다. 이곳에서 의료 사역을 시작한 이래로 이사회에 약품 구입을 요청한 적이 없습니다. 이와 관련하여 대구지부의 작년 보고서에서 "8개월 만에 약품 판매 및 진료비 수입이 현장에서 모일 것으로 예상하는 금액의 80%에 달

했습니다."라고 한 것을 통해 알 수 있듯이, 약품들은 환자들에게 판매하여 얻은 수입과 진료비로 구입하였습니다. 병동 부족으로 인해 수술로 인한 수입은 모인 금액의 극히 일부에 불과했습니다. 입원환자들이 내는 진료비가 현지인들의 주요 수입원이라는 사실이 잘 알려져 있습니다. 새 병원이 정상적으로 운영되는 대로 현장에서 훨씬 더 많은 수익을 낼 수 있으리라고 믿습니다. 올해 요청한 증액은 추정치일 뿐입니다. 이는 저희가 추정할 수 있는 한 가장 정확한 금액이지만, 그중 일부는 조만간 현장에서 조달할 수 있으리라 확신합니다.

보조 인력에 관한 항목이 늘어난 것은 새 병원에 청소부나 관리인, 게이트맨이 추가로 필요하기 때문입니다. 또한, 보조 인력에 대한 급여도 이전보다 다소 인상할 예정입니다.

앞으로 5년 동안 저와 함께 일하기로 약속한 두 명의 의학생 조수를 소개해 드린 것 같습니다. 그들은 첫해에는 쌀값만 받는데, 한 사람의 경우 월 1엔, 다른 사람의 경우에는 월 2엔을 받게 됩니다. 그 후에는 2년, 3년, 4년, 5년 차에 각각 월 3엔, 4엔, 5엔, 7엔을 받게 됩니다. 이 조목은 평양의 웰스 박사가 그의 학생 조수에게 지급하는 것보다는 다소 높고, 서울의 에비슨 박사가 지급하는 것보다는 다소 적습니다. 이곳의 상황을 고려할 때 이렇게 하는 것이 최선인 것 같습니다. 제 학생 중 한 명은 저희 지역 교회의 부교역자로, 성실하고 열정적인 기독교인입니다. 다른 한 명은 열일곱 살의 어린 소년으로 제 전도 조사인 서 씨의 친구의 아들입니다. 이 소년은 고용될 당시에는 기독교인이 아니었지만,

이후에 기독교인이라고 고백하였습니다. 그는 매우 영리하고 장래가 촉망되는 학생으로 저희 학생이 되기 전에는 일본 학교에 다니면서 일본어는 부분적으로, 영어는 상당하게 익혔을 정도로 배움에 대한 갈망이 컸습니다. 저는 11월부터 이 학생들에게 일주일에 두 번 오전에는 저의 집에서 수업을 하고, 매일 오후에는 진료소에서 저를 보조하는 실습을 시키고 있습니다. 의사가 되기를 희망하는 다른 학생 몇 명을 맡아달라는 요청을 받았지만, 현재로서는 이 두 명이면 충분합니다.

올해 새로 요청한 "외국인용 의약품 100엔" 항목은 저희 지부의 선교사들이 사용할 수 있도록 질 좋은 약품을 적절하게 공급하는 것입니다. 한국인에게 제공하는 의약품은 좋은 품질의 약품을 구하는 것만큼이나 경제성을 고려하여 구입합니다. 그래서 종종 원료 형태로 되어 있으며, 먹기 편한 형태로 만들기 위해서는 기술과 설비를 갖춘 숙련된 약사가 필요합니다. 현재 가장 좋은 약들은 알약이나 가루약 형태이지만 한국인에게 처방하기에는 너무 비쌉니다. 덥고 비가 많이 오는 기후에서는 약들을 몇 년에 한 번씩 교체해야 하지만, 고립된 지역의 선교사 가정들에서 발생할 수 있는 모든 비상사태에 대비하여 상당한 양의 의약품을 구비해 두어야 합니다. 예를 들어 디프테리아 항독소라는 품목이 있습니다. 항독소를 사용하면 이 무서운 질병의 사망률을 낮출 수 있다는 것에 대부분의 전문가가 동의합니다. 여러 명의 어린이가 있는 대구 크기의 지부에는 약 8엔 상당의 항독소가 항상 준비되어 있어야 합니다. 이 중 절반은 매년 교체해야 합니다. 이에 대한 예산은 없지만, 저희는 항상 구비하고 있습니다. 그러므로 외국인용 의약품 항목 100엔이 필요하다고 생각합니다. 이는 몇 년 동안 충분하게 제공하기 위한 것이며, 매년 요청하지는 않을 것입니다.

두 번째 요청 사항은 "대구 선교지부 부지 매입 완료" 800엔에 관한 것입니다. 저는 지부의 다른 구성원들에게 장래에 매우 가능성 있는 건물 운영을 위하여 부지를 매입할 수 있는 금액을 이사회로부터 조달하는 것이 타당하다고 한동안 촉구해 왔습니다. 지난 연례회의 직전에 저는 부산-서울 간 철도의 완공이 임박했다는 점을 고려하여, 수년 내 필요할 추가 부지를 가격이 낮은 지금 구입해야 한다고 촉구하였습니다. 일본인들이 들어오면 모든 것이 상승할 것입니다. 지부의 다른 사람들은 유상 토지에 대한 정확한 용도가 결정되고 건물을 세울 준비가 되기 전에 그렇게 매입하는 것이 선교 정책에 위배된다고 생각하였습니다. 연례 선교 회의에서 서울과 평양의 지부원들은 그 지역의 부동산이 크게 올랐고 선교 목적에 적합한 토지를 구입하는 데 어려움을 겪고 있거나 겪었던 점을 고려하여, 대구지부에 향후 건축을 위한 적절한 부지를 구입하기에 충분한 금액을 요청할 것을 촉구하였습니다. 800엔을 제안한 위원도 있었습니다. 따라서 대구지부의 위원들은 이 주제에 대한 마음을 바꾸어 그 요청을 호의적으로 받아들였습니다. 개인적으로 저는 필요 이상의 금액이 책정되었다고 생각합니다. 만약 이사회가 부산을 포기하고 한국 남쪽의 대구에서의 선교지부와 사역에 집중하는 것이 현명하다고 여긴다면, 이 금액이 너무 크지 않을 수도 있습니다. 현재로서는 부지를 구매하는 데 500

엔이 책정되어야 하며 이는 매입하기에 충분하다고 생각하지만, 상술한 정도의 예산을 책정할 것을 권장합니다. 철도가 완공되기 전에 싸게 살 수 있을 때 지금 부동산을 구입하십시오. 바레트 씨는 이미 아직 부지가 없는 집을 구해달라고 요청했고, 선교부는 제 거주지에 인접한 공터 한 곳을 미혼 여성들을 위하여 마련하기로 결정하였습니다. 현재 세 곳의 거주지 근처에서 확보할 수 있는 유일한 공터이고, 미혼 여성들이 다른 거주지 근처에 있어야 하기 때문입니다. 물론 이제 대구에 "거주할 권리"가 있다는 것을 알고 계실 것입니다. 알렌 씨가 저희를 위하여 이를 확보하였습니다. 선교사들이 한국 내륙에서 거주하는 것을 이제 정부에서도 인정하고 있습니다. 부산-서울 간 철도가 완공되는 대로 일본인들이 이 노선을 따라 신속하고 영구적으로 정착할 것이라는 데는 의심의 여지가 없습니다.

진심을 담아,
우드브리지 O. 존슨

1903년 4월 6일

발신: 한국 대구
수신: F. F. 엘린우드 박사, 156 5번가, 뉴욕

친애하는 엘린우드 박사님께,

3월 4일 자로 보내주신 편지를 어제 받았습니다. 어빈 박사에 대한 조치의 배경을 알리지 않으려는 선교부의 태도와 관련하여, 당신께서 저의 입장을 충분하게 이해하지 못하신 것 같습니다. 이는 단순하게도, 조직적인 단체의 개인 구성원이 그 단체에 개인 정보를 요청하는 것이 [판독 불가] 입장입니다. 이전 서신에서 제가 위원회의 다른 구성원들과 동일한 비밀 유지 조건에 포함되기를 요청하였음을 아실 수 있으실 것입니다. 그러므로 제 요청이 받아들여져도 선교부의 다른 구성원들에게 영향을 미치거나 이 문제에 대하여 달리 논의할 수 없습니다.

저는 당신께서 말씀하셨듯이 그것이 조화로운 평화나 한국의 복음의 진전에 도움이 되지 않고 오히려 그 반대라는 것을 충분히 인식하고 있었기 때문에, 이 문제를 다시 제기할 의향이 없었습니다. 보내주신 편지와 위원회의 결정을 받은 후, 저는 더는 할 말이 없습니다.

저는 지난달 대구병원에 필요한 목재를 확보하기 위하여 어빈 박사 부부와 며칠을 함께 보냈습니다. 한국으로의 귀국에 관한 대화에서 어빈 박사는 매우 친절하고 자비로운 정신을 보여주었습

니다. 저는 그와 어빈 부인 모두 얼마나 깊은 상처를 받았는지 느낄 수 있었지만, 쓴소리나 불친절한 말은 한마디도 없었습니다. 어빈 부인은 연례 회의에서 선교부의 위원들과 다시는 얼굴을 맞댈 수 없겠다고 생각하지만, 시간이 지나면 이런 감정은 사라질 것이라고 생각합니다. 저는 선교부의 대다수가 지금 그들을 다시 만나 기뻐할 것이고, 소수의 사람은 세월이 지나 자신이 틀렸다는 것을 깨닫게 될 것이라고 믿는다며 그들을 위로하였습니다. 저는 해당 위원들의 만장일치 의견을 알게 된 선교부의 대다수가 이미 그들이 어떤 행동을 취했어야 한다고 느끼기 시작했다고 생각합니다. 어빈 박사는 작년 가을에 있었던 조치 외에는 선교부의 분위기에 대하여 알지 못했기 때문에 이 문제들이 다가오는 연례 회의에서 소개될 가능성이 높으며, 그가 이 문제를 끝까지 밀고 나가겠다는 결의와 의지를 표명했습니다. 저는 그에게 이 문제가 이미 묻혀져서 다시 환기되지 않을 것을 거의 확신한다고 말하며, 그가 그렇게 바라봐 줄 것을 촉구했습니다. 그는 미국을 떠나기 전에 어떤 식으로든 행동을 취하지 않기로 결심하고 저에게 그렇게 이야기했습니다. 이 문제에 대한 그의 모든 과정과 태도는 제가 그를 전보다 더 높이 생각하게 만들었습니다.

부산에 있는 동안 저는 사이드보텀 씨 집의 기초 공사를 도왔습니다. 그들은 빈턴(Vinton) 박사가 공사에 필요한 자금을 보내오는 대로 공사를 시작하고 싶어 했습니다. 그는 더이상의 선교 활동 없이 그렇게 하는 것에 대한 주저함을 나타냈습니다. 그러나 며칠 후 부산에서 온 편지는 그가 그렇게 하였으며 즉시 작업이 시작될 것을 알려주었습니다. 저는 지금쯤이면 공사가 잘 진행되고 있을 것으로 생각합니다. 스미스 씨는 체이스 양이 사용하던 오래된 방이 조금 비좁았는데, 어빈 박사가 그의 방 중 하나를 서재로 내어주어 조용히 책을 볼 수 있게 되었습니다.

대구지부에 관하여는, 브루엔 씨가 2주 전 순회 여행을 마치고 집에 돌아와서 토착 열병에 걸렸습니다. 토착 열병은 발진 티푸스와 유사하여 흔히 그렇게 불립니다. 그는 한동안 아팠지만 다행히 고비를 잘 넘기고 지금은 꾸준히 회복하고 있습니다. 나머지 사람들은 모두 건강합니다. 서울에서 오는 중국인 석공과 벽돌공들은 3월 25일 도착하여 병원의 석조 기초를 다지기 위하여 열심히 일하고 있습니다. 목재 대부분은 부산에서 조달할 예정입니다. 저는 병원 근처에서 벽돌과 타일을 굽고 있습니다. 저는 예기치 못한 일이 발생하지 않는다면 9월이나 10월에는 건물이 완공될 것으로 예상합니다.

진심을 담아,
W. O. 존슨

1903년 5월 8일

발신: 한국 대구

수신: F. F. 엘린우드 박사, 156 5번가, 뉴욕

친애하는 엘린우드 박사님께,

3월 4일과 4월 3일의 편지를 받았습니다. 저는 제 편지들이 도착하기 전에 선교부에 보내신 편지로 제가 사이드보텀 씨의 집을 책임질 위원회에 임명되었다는 것을 알았습니다. 그리고 최근에 저는 어빈 박사가 구성원을 늘린 위원회의 임무가 전킨기념병원에 대한 감독까지 확대되었다는 통지를 받았습니다. 저는 이사회와 선교부의 희망에 따라 이 건물들을 추진하기 위해 최선을 다해 왔고 앞으로도 노력할 것이지만, 이사회는 제가 위원회 업무에서 전권을 행사할 수 있는 위치에 있지 않다는 점을 이해해 주셔야 합니다. 현재 건축 중인 대구병원을 감독하는 일은 매우 힘들고 부단한 관심이 필요합니다. 부산까지 갔다가 돌아오는 데에는 최소 7일이 걸리는데, 이 기간에 대구지부의 다른 사람들이 갑작스러운 질병에 걸리면 아무런 의료 지원을 받지 못하게 됩니다. 그러므로 부산을 방문하는 일은 쉽지 않고 자주 할 수도 없습니다. 그러나 사이드보텀 씨의 집을 짓기 위한 위원회에 임명되었다는 통지를 받은 후 저는 부산으로 가서 스미스 씨를 만나 당시 위원회 앞으로 놓여 있던 일들에 대하여 의논하였습니다. 불행하게도 사이드보텀 씨는 시골에 있었고 집의 기초 공사가 막 시작되었기

때문에 저희에게는 시간이 많지 않았습니다. 지금은 기초 공사가 빠르게 마무리되고 있으며, 사이드보텀 씨는 9월 첫 주 연례 회의에 참석하기 전에 건물이 완공될 것으로 기대하고 있습니다.

저는 전킨기념병원의 예산안에서 난방을 포함한 설비에 1000엔 정도의 예산이 책정되었음을 알게 되었습니다. 이는 어빈 박사가 부재중일 때 선교부가 요청한 금액이었습니다. 이 금액은 대구병원에서 요청한 것과 같으며, 만약 돌을 사용한다면 충분할 것입니다. 그러나 병원의 돌들은 먼지가 많고 더러워서 방을 균일하게 유지하기 위하여 조절하기가 어렵습니다. 여기 한국에서는 벽돌이 비싸고 돌마다 굴뚝이 따로 필요합니다. 많은 수입 석탄 소모량과 관리인의 임금을 포함하는 이 비용을 고려하면 장기적으로 볼 때 돌은 난로나 아마 온수보다도 더 비쌀 것입니다.

저는 미국에서 난로나 온수 히터를 위해 이사회에 기금을 제공할 만한 친구를 알지 못하고, 전킨기념병원의 해당 설비를 공급하고자 하는 어빈 박사의 친구가 있다는 것을 알고 있기 때문에, 대구병원에 돌을 사용할 계획입니다. 그렇다면 난방비를 추가 예산으로 책정하고 난로나 온수 장치를 승인하는 것은 어떨까요? 보내주신 4월 3일 자의 편지에서 저는 추후 재정 위원회에서 대구병원의 증액 요청에 대하여 긍정적으로 고려하고 있음을 알게 되었습니다. 추가로 요청한 500엔이 없이는 내부 공사를 완료하기가 어려울 것 같습니다. 병원 건축이 빠르게 진행되고 있습니다. 완공되면 지금까지 지부에 세워진 건물 중 가장 클 것 같습니다. 이사회의 재정적 부담으로 인하여 가까운 시일 내로 필요할 현재 대구지부에 인접한 부지를 확보하지 못한 것이 유감입니다. 여러 소식에 의하면 서울-부산 간 철도가 숙소와 병원 바로 앞과 몇백 쯤 떨어진 곳에 놓일 가능성이 있다고 들었습니다. 이 자체만으로 특별히 문제 되는 것은 아니지만 철도와 함께 많은 일본인 상인들과 투기꾼들이 몰려올 것이며 인접한 모든 토지는 비록 법적으로 한국인의 이름으로 이루어지더라도 신속히 매입될 것이고, 매입되지 않은 토지는 현 소유자들이 높은 가격으로 보유하게 될 것입니다. 현재 주택 바로 맞은편에는 나무가 우거진 예쁜 구릉이 있는데, 저희는 이미 작은 보리밭 두 개를 구입했습니다. 몇백 엔이 있으면 아마도 남아 있는 대부분의 인접한 밭과 건물 한 채나 두 채를 더 지을 수 있는 충분한 부지를 확보할 수 있을 것입니다. 이 부지는 분명히 저희 근처에서 유일하게 편리하고 건강한 땅이며, 저희와 그 사이와 주변에는 낮은 논이 있습니다. 철도 완공 후 이곳에 지점을 설립할 생각으로 일본은행 다이이치긴코(第一銀行)[7]의 부산 지점장이 대구를 방문하여 저와 함께 하루를 보냈던

---

7 조선왕조가 1670년대 상평통보를 법화로 채택하여 유통시키기 시작한 이후 화폐경제의 단일법화유통체계가 안정적으로 이루어지다가, 1860년대 초에 집권한 대원군의 당백전 남발로 전근대적 명목화폐의 모순이 심각해졌다. 이에 시대적 요청에 따라 금·은본위화폐제도를 도입하고자 1882년(고종 19)에 금화·은화의 통용을 결정하고, 은표(銀標)를 주조 및 유통시켰으나 시험단계에 그쳤다. 1894년 갑오개혁의 추진과정에서 화폐권(貨幣權)에 대한 일본의 영향력 하에 일본의 화폐제도를 본뜬 〈신식화폐발행장정〉으로 은본위화폐제도가 실시되는데 국제정세의 혼란으로 1901년에 중지된다. 이에 정부는 화폐권의 자주독립성을 강화하기 위하여 1901년 2월에 금본위제를 채택하는 〈광무5년 화폐조례〉를 제정 및 공포하며, 이에 일제는 화폐조례의 공포에 대한 반발로 국가의 화폐권을 침해하는 불법적 행위로서 일본은행권(日本銀行券)의 국내통용을 시도한다. 이때 일본 다이이치은행(第一銀行)이 한국 정부

바 있습니다. 그가 자신이나 그의 일본인 친구들이 건물을 짓기에 가장 바람직한 장소로 보이는 상술한 구릉을 확보할 수 있을 것 같은지 제게 물었습니다. 저는 저희가 그 부지를 직접 확보하려고 한다고 말하지 않았습니다. 철도는 아마 지금부터 일 년 후에 대구까지 완공될 것입니다.

어제 대구지부의 회의에서 봄과 여름 동안 진료소 일을 중단할 것을 권고하는 안이 통과되었습니다. 제가 일을 계속할 수 없을 것 같고, 어빈 박사가 제 건강이 좋아질 때까지는 새 병원 건축을 감독하는 야외 업무에만 전념하라고 조언했기 때문입니다. 저는 매일의 대부분을 그곳에서 보낼 것입니다.

브루엔 씨는 열병에서 거의 완전히 회복되어 조만간 귀국할 수 있을 것으로 생각됩니다. 브루엔 부인의 아버지인 스콧 씨가 미국에서 와 그녀를 방문 중입니다.

아담스 씨가 자리를 비운 동안, 브루엔의 병과 바레트가 아직 준비되지 않은 상태에서 그의 자리를 대체할 수 없었기 때문에, 지역 모임을 감독하는 일은 대부분 김상주와 김득원 두 명의 조사에게 맡겨졌습니다. 이틀 밤 전 주중 기도회에서 이 두 사람은 순회 사역을 마치고 돌아와 사역 상황을 보고했습니다. 그들은 그들

의 허가 없이 〈주식회사다이이치은행권규칙〉을 제정, 1902년 5월부터 한국 내에 은행권을 발행하기 시작하며, 부산에서부터 시작해 목포·인천 및 서울 등지로 점점 은행권 발행지역이 확대되자 정부 당국과 상인을 비롯한 일반 대중의 은행권통용반대운동이 일어난다(한국학중앙연구원, 『한국민족문화대백과사전』, 2023). 바로 이 시기에 일본 다이이치은행의 부산 지점장이 대구를 방문하여 부지를 확보하고자 하였음을 존슨의 편지에서 확인할 수 있다.

에게 책임이 주어졌을 때 한국인들이 일어설 수 있음을 보여주고 격려를 받았습니다. 여기 지방 교회에서는 그 어느 때보다 더 많은 책임이 임원들에게 주어졌고, 저는 최고의 결과가 있다고 생각합니다.

아내는 그녀의 어린 소녀 반을 브루엔 부인에게 맡겼고, 아담스 부인이 떠난 뒤 여자 반을 돌보고 있습니다. 그녀는 그 일이 즐겁고 흥미롭다고 말합니다. 일주일 전에는 반의 20명이 저희 집에 초대되었는데 정말 즐거워하는 것 같았습니다. 음악, 성경 그림과 이야기, 게임, 다과가 준비되어 있었지요.

진심을 담아,
W. O. 존슨

1903년 6월 5일

발신: 한국 대구

수신: H.N. 알렌, 주한 미국 공사, 주한 미국 공사관, 서울[8]

친애하는 알렌 박사님께,

일본 서울-부산 간 철도 노선을 보여주는 장로교 선교부 부지의 대략적인 도식을 동봉합니다. 아직 확실하게 결정된 것은 아니지만, 주요 도로는 제가 표시한 노선 중 하나를 따를 가능성이 커 보입니다. 이 철도가 지나갈 수 있는 보리밭은 모두 저희가 고용하고 있는 한국인 기독교인 한 사람의 이름으로 지부에서 소유하고 있습니다. 저희는 어떤 경우에는 30년이나 40년 전으로 올라가는 증서를 가지고 있습니다. 이 증서들은 비공식적인 현지 종이에 적혀 있으며, 공식적인 표시가 전혀 없습니다. 저는 대부분의 현지 증서가 그러하다고 생각합니다.

만약 철도가 이러한 노선 중 하나를 따르게 된다면, 저희가 이 문제를 담당하는 일본인을 초청하여 밭의 손상에 대한 보상에 관하여 저희와 직접 조율해야 할까요, 아니면 저희가 증서를 가지고 있다는 것을 알리면서 한국인을 통해 거래해야 할까요? 보상에 관

---

8   존슨이 알렌에게 보내는 편지 두 통(1903년 6월 5일, 7월 29일)은 미국 국립 문서기록관리청(The U.S. National Archives and Records Administration)이 소장하는 '미국 무부 재외공관 문서(Records of the Foreign Service Posts of the Department of State, RG 84)'에 포함된 것이다.

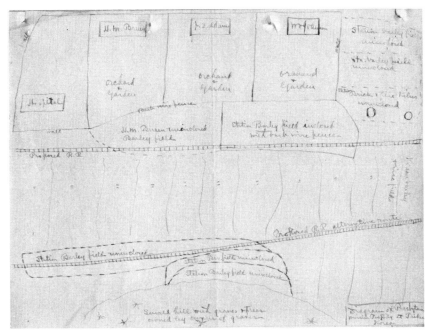

존슨이 그린 경부선 노선과 대구 북장로교 선교부 부지

하여, 선로 공간에 대한 실제 권리는 한국 정부가 추후 소유자와 합의할지를 정하는 것으로 알고 있습니다. 그렇다면 그 부분에 관하여는 아무것도 기대할 수 없을 것 같고, 부지 자체에 대하여 최소한 매입 가격을 요구할 수 있을 것 같습니다. 만약 철도청 관계자들이 철도를 놓기 위한 부지가 아니라 등급을 매길 목적으로 흙을 달라고 요청한다면 양심에 따라 판매를 허용하거나 거부할 수 있는 선례가 있는지요. 그리고 그러한 경우 어떻게 조언해주시겠습니까.

며칠 전 일본인 70~80명이 이곳에 도착해 말뚝 등을 박는 작업을 하고 있는데, 이는 대구 북쪽에 철도를 놓으려는 의도가 확실합니다. 그들의 선로 기사와 측량사들도 도시와 북쪽의 여러 가능한 경로에 라인을 설치하고 있습니다.

이곳의 미국인들은 잘 지내고 있습니다. 브루엔 부인의 아버지인 펜실베이니아 화이트헤븐의 제롬 스콧 씨가 이곳에 방문 중입니다. J.E. 아담스와 가족은 7월까지 휴직으로 미국에 머물 예정입니다. 연락을 기다리겠습니다.

진심을 담아,

W. O. 존슨

1903년 7월 29일

발신: 한국 대구

수신: H.N. 알렌, 미국 공사관, 서울

친애하는 알렌 박사님께,

저의 1년간의 미국 여행에 한국인 소년을 동반하기 위해 어떤 절차를 밟아야 하는지 알려주실 수 있으신지요? 어떤 한국 당국에서 어떤 서류를 확보해야 하는지요? 또한, 소년이 고용인으로 1년 이상 미국에 머물기를 원한다면 이를 염두에 두고 사전에 준비할 수 있을까요? 아니면 그를 학생으로 데려갈 수 있을까요?

저희 소유이지만 한국인 명의로 되어 있는 이곳의 토지를 일본 철도 당국에 매각하는 건과 관련하여 6월 6일 자 편지를 보내드렸었는데, 그 토지 증서의 소유권자로서 일본인과 공개적으로 거래하는 것이 좋을지 아니면 한국인을 통해 거래하는 것이 좋을지 모르겠습니다. 향후 저희가 건설을 고려하는 몇 개의 부지를 철도가 가로지르게 될 가능성이 있습니다. 이에 대한 답신을 받지 못하였으며, 우편물이 오배송되었을 수도 있다고 생각합니다.

2년 전 발진 티푸스가 심하게 발병한 이후 건강이 좋지 않아서, 선교부에 올가을 미국으로의 휴가를 요청할 예정입니다. 아직 공식화하지는 않았습니다.

저희 정원에서 자란 완벽해 보이는 과일을 먹은 뒤 가끔 뱃속에 문제가 생기는 것을 제외하고는 모두 잘 지내고 있습니다. 아직 설명을 못 한 부분입니다. 펜실베이니아 화이트헤븐의 제롬 스콧 씨는 사위인 브루엔 씨의 손님입니다. 새 병원 건물의 외벽은 아름답고, 거의 12일째 계속 비가 내리고 있습니다.

진심을 담아,

W. O. 존슨

미국에서 안식년(1903-1906)

1904년 3월 28일

발신: 필라델피아

수신: 아서 브라운 박사, 156 5번가, 뉴욕

친애하는 브라운 박사님께,

　한국 선교부 대구지부에 훈련된 간호사를 임명하는 것에 대하여 제안하고자 편지를 씁니다. 그곳의 새 병원은 16명의 입원환자를 수용할 수 있고, 원한다면 상층부에 16명을 더 수용할 수 있습니다. 그 정도 규모와 성격의 병원에는 의사 외에 다른 외국인들도 있어야 한다고 생각합니다. 한국인 간호사들을 감독하고 지시하며 린넨과 병동 의복을 관리하고, 준비를 지시하며 특별식을 책임질 사람, 즉 한마디로 미국 병원에서 수간호사가 맡은 일을 어느 정도 할 수 있는 사람 말입니다. 그런 유럽 여성은 일반 간호를 할 수도 없으며 해서는 안 됩니다. 이는 아마도 한국인이 맡을 것입니다. 중대한 수술에서 이러한 훈련된 간호사의 존재와 보조는 의사에게 매우 귀중합니다. 실제로 그러한 간호사 없이는 많은 수술이 시도되지 않을 것입니다. 헌터 웰스 박사가 고용한 한 사람을 제외하고는, 아직까지 한국인 보조 중 중대한 수술에서 간호사의 역할을 훌륭히 수행할 사람을 찾지 못하였습니다. O.R. 에비슨 박사는 세브란스병원에서 일하기 전에 이미 훈련된 유럽인, 혹은 거의 동일하게 유럽식 교육을 받은 훈련된 일본인 간호사를 자기 업무에 필수로 여겼습니다. 제 생각에, 어빈 박사도 같은 이유로 일본인 간호사를 고려하고 있습니다.

그러한 훈련된 간호사, 특히 미국이나 영국의 간호사는 의사의 의학적 기술이 필요하지 않은 막대한 양의 일상의 업무를 덜어주고, 그가 의료와 수술 및 이에 대한 이론을 학생들에게 교육하는 일에 전념할 수 있게 합니다. 만약 그가 의학 서적을 한국어로 번역할 수 있고, 그러한 번역의 부족과 필요성이 다른 분야의 번역보다 훨씬 더 크다면, 그는 그것에 전념할 시간을 가질 수 있을 것입니다. 저는 중국 내 대부분의 선교 병원에 유럽식 훈련을 받은 간호사가 있는지는 모르지만, 상당수의 간호사가 있으며, 한국과 중국 병원에서 개인적으로 관찰한 바에 의하면 중국인 간호사가 능력과 성실함, 끈기 면에서 한국 간호사보다 훨씬 뛰어나다고 확신합니다.

이것이 일반적입니다. 특히 대구병원의 경우, 지금뿐 아니라 아마도 장기적으로 미국식 훈련을 받은 간호사의 서비스가 종일 필요하지는 않을 것입니다. 물론 한국인 여성 환자들에 대한 공식 설교와 개인적인 복음 전도의 대화는 얼마든지 전개할 수 있지만, 훈련된 간호사로서 그녀의 고유한 임무는 아마도 그녀의 시간의 절반 정도만 차지할 것입니다. 나머지는 여성들을 대상으로 한 일반적인 전도 활동에 할애할 수 있을 것입니다. 그녀가 매일 병원에 있을 필요는 전혀 없을 것입니다. 그녀는 끊임없이 도시 여성들 사이를 다니며 일할 수 있고, 병원에서 접촉하는 선교사들 뿐 아니라 완전히 보수적인 대구 가족들 사이에서 병원 사역을 계속할 수 있습니다. 경상북도의 여성 사역은 이미 아담스 부인과 아내가 자라나는 가족들과 함께 노력하는 것을 뛰어넘어 더 나아가고 있습니다. 브루엔 부인은 이제 막 시작하여 아직 할 수 있는 일이 거의 없습니다. 겨울 성경 수업에 참석하기 위하여 지방에서 올라온 35명의 여성이 어떻게 계속 교육을 받고 성장해 나갈지는 말하기 어려울 정도입니다. 대구에서는 몇년 동안 두 명의 독신 여성을 요청해 왔습니다. 올해 보내는 사람 중 하나가 훈련받은 간호사이거나, 오직 한 명만 보낸다면 정기적인 전도 사역을 할 훈련받은 간호사를 보내지 않을 이유가 있을까요? 그녀가 일주일 중 하루의 아침만이라도 중증 환자들을 돌보면, 더 많고 중대한 수술이 가능해져 병원의 명성을 널리 알릴 수 있을 것입니다. 이외에도, 매우 귀중하고 때로는 거의 없어서는 안 될 훈련된 간호사는 심각한 질병을 앓고 있는 선교사들에게 도움을 줄 수 있습니다. 귀중한 선교사의 생명을 유능하지 못한 간호에 맡기는 것은 옳지 않습니다. 의사는 한 사람이 할 수 있는 모든 일을 합니다. 그는 간호를 보조하지만 발진 티푸스같이 중한 병은 의사 밑에서 잘 훈련된 간호사가 필요합니다. 다른 선교사들도 무엇이든 기꺼이 하고 자신을 아낌없이 헌신하지만, 훈련된 간호사와 훈련되지 않은 간호사가 얼마나 차이가 나는지요! 지난봄 브루엔 씨가 아팠을 때, 저희는 24살의 경험이 부족한 한국인 청년들을 고용하여 밤마다 정신착란 증세를 보이는 그를 간호하는 일을 맡길 수밖에 없었습니다. 바레트 씨는 처음에는 외부에 나가 있었습니다. 제가 같은 병에 걸렸을 때, 부산의 대부분인 대구지부의 전체가 저를 간호하였습니다. 훈련받은 간호사 한 명은 이들의 도움 없이, 그 중 몇 명이 중요한 업무를 계속할 수 있게 하였을 것입니다. 미국의 어떤 지적인 사람이 중대한 병에 걸린 자신에게 그의 의사가 훈련받은 간호사를 추천한다면, 그를 위해 신경을 쓰지 않을 수 있을까요? 지금은 병원이 훈련받은 간호사를 위한 준비가 되지 않았다고 말할 수 있습니다. 그러나 일반적인 복음 전도사역은 독신 여성을 위한 준비가 이미 완료된 상태이며, 그녀는 즉시 나가서 시작해야 합니다.

아내가 저먼타운에서 만난 한 여성이 한국에 가고 싶어 하는 숙련된 간호사를 높이 평가하는 글을 남겼습니다. 그녀의 이름이 크리스틴 캐머런인 것 같습니다. 아직 그녀를 만나보지는 못했습니다. 그녀가 이사회에 지원하였는지 알려주실 수 있으신지요? 이 사안을 검토하여 이사회에 상정해주시겠습니까? 몇 주 전에 이 편지를 썼어야 했는데 그때는 그럴 상황이 아니었습니다.

진심을 담아,
우드브리지 O. 존슨

1905년 4월 20일

발신: #3733 삼손 스트리트, 필라델피아

수신: 아서 J. 브라운 박사, 156 5번가, 뉴욕

친애하는 브라운 박사님께,

이곳 미국에서의 저의 휴가에 관하여 보내주신 4월 18일 자 편지를 받았습니다. 저의 휴가는 1904년 10월 23일까지였습니다. 그러나 이때 저는 한국으로의 복귀를 고려할 만큼 건강이 좋지 않았습니다. 몇 년 전에 앓았던 심한 티푸스 열병으로 인해 저의 건강이 심각하게 안 좋아진 것 같아서, 완전히 회복되기까지는 더욱 긴 휴가가 필요한 것으로 보입니다. 따라서 저는 필요하다면 고국에서 2년을 더 머물 것을 권고하였던 한국 선교부 의료 위원회의 조언을 고려하여 저의 휴가를 연장하여 주시기를 이사회에 요청합니다.

진심을 담아,
우드브리지 O. 존슨

1905년 8월 24일

발신: 45 맥카트니 스트리트, 이스턴, 펜실베이니아
수신: 아서 J. 브라운 박사, 156 5번가, 뉴욕

친애하는 브라운 박사님께,

7월 12일에 보낸 편지에서 아내의 해산이 예상되어 저의 휴가를 10월 23일까지 연장해 주시기를 요청한 바 있습니다. 당시 제 건강이 완벽하지 않았지만, 제가 건강해야 한다고 믿었기 때문에 그 편지에서 제 건강에 대해 언급하지 않았습니다. 그러나 현재 저는 제가 희망했던 것만큼 건강이 좋지 않고 회복하는데 두 달 이상이 더 필요할 것으로 생각됩니다. 이에 이사회에 저의 휴가를 3개월 더 연장해 주시기를 요청하기 위하여 이 편지를 씁니다. 1903년 12월 23일 미국에 도착한 이래로 저의 건강이 꾸준히 호전되어 저를 괴롭히던 불면증과 기타 신경 증상이 사라졌습니다. 하지만 저의 신경과 에너지는 아직 정상적인 상태가 아닙니다. 저는 완전히 건강한 사람에게는 영향을 미치지 않을 정도의 일에도 신경적으로나 육체적으로 너무 쉽게 피로함을 느낍니다.

저는 희망을 품고 10월에 복귀할 계획을 세웠지만, 많은 고민과 동료 의료진의 조언을 구한 끝에 그렇게 하는 것이 현명하지 않다는 결론을 내렸습니다. 지금 대구에 제가 필요하고 이 나라에 더 머무는 것이 재정적으로도 곤란하기 때문에 이러한 결론에 도달하기까지 매우 어려웠습니다. 이사회의 서기들은 제가 완벽하게 가능하다고 느끼기 전에는 공개 연설을 하지 말 것을 간곡하게 당부하였지만, 한국에서의 선교 사역에 대해 듣고 싶어 하는 오랜 친구들의 간곡한 요청과 선교적 관심이 없는 곳에 선교적 관심을 불러일으켜야 한다는 필요성이 저로 하여금 상당한 발언을 하도록 이끌었습니다. 이와 함께 거의 1년 동안의 의과 대학원 과정과 모든 귀국한 의료 선교사들이 이에 대하여 느끼는 필요성이 저의 건강 회복을 크게 지연시켰다고 의료 고문들이 말합니다. 저는 앞으로 5개월 동안 이사회의 휴가 연장 승인을 받아 모든 일에서 절대적으로 휴식을 취할 계획이며, 이것이 정상적인 신경 상태를 회복하는 데 필요한 전부라고 확신합니다.

한국에서 돌아온 이후 치료를 받고 있는 세 명의 의사 친구들에게 이사회에 의견을 보내달라고 편지를 보냈습니다. 첫째는 제가 10월에 복귀하는 것이 현명한지, 둘째는 10월 23일부터 3개월 정도 더 절대적인 휴식을 취하면 제가 원하는 만큼 건강한 상태로 대구에서 충분하게 사역할 수 있다고 생각하는지의 여부입니다. 저는 그들에게 이사회와 그들 사이의 기밀 사항인 의견을 브라운 박사에게 직접 보내 달라고 요청하였습니다.

1903년 10월 23일부터 저의 가정 수당이 지급되어 실제로 한국을 떠난 지 2년이 조금 넘었다는 사실을 고려할 때, 저는 1905년 10월 23일 이후에도 가정 수당을 계속 받을 것을 요청하지 않습니다. 만약 이사회가 제가 뉴욕에 있는 이사회의 의사에게 의학적으로 검사받기를 원한다면, 9월 8일 전에 시간을 갖기를 희망합니다. 그 날짜에는 아내와 함께 오하이오에 있는 그녀의 부모님 댁에 가야 할 필요가 있기 때문입니다.

진심을 담아,
우드브리지 O. 존슨

1906년 6월 6일

발신: 511 콜드웰 스트리트, 피쿠아, 오하이오

수신: 아서 J. 브라운 목사, 156 5번가, 뉴욕

친애하는 브라운 박사님께,

저는 어제 대구의 브루엔 씨로부터 그가 1906년 5월 3일 자로 당신께 보내드린 편지의 사본을 받았으며, 한국 선교부 위원회가 "대구병원을 철거하는 조치를 취하기로 결정했다."는 내용에 충격을 받았습니다. 3주 전, 브루엔 씨는 한국식 메인 지붕이 외국식 트러스에 비해 너무 무거워서 한 부분이 무너져내리고 있어 교체해야 할지도 모른다고 편지하여 저를 놀라게 하였습니다. 하지만 위에 언급된 비통한 소식을 저는 전혀 예상하지 못했습니다. 바레트 씨는 몇 달 전 "작년에 태풍으로 인한 피해가 복구되고 있고 조금 더 작업을 진행하면 건물을 사용할 준비가 될 것"이라고 편지를 보내왔습니다. 브루엔 씨는 5월 3일 날짜로 당신께 보내드린 편지에 아무 말도 덧붙이지 않았고, 저는 위원회 보고서가 어떤 근거를 기반으로 하고 있는지에 대하여는 전혀 알지 못합니다. 저는 해당 근거들이 설계 결함인지, 시공 결함인지, 아니면 둘 다에 기인한 것인지 알지 못합니다. 이 점에 대하여 알려주시지 않겠습니까?

저는 브루엔 씨가 건물을 철거해야만 하는 이유를 요약한 것에 주목합니다: 첫 번째 원인에 관하여, 저의 좋지 않은 건강이 잘못된 건축과 어떤 형태로든 연관성이 있다고 그는 상당하게 오해하고 있습니다. 반면에, 건강이 좋지 않아 진료소에서의 외과 및 의료 업무를 중단해야만 했던 저는 5월부터 9월까지의 모든 시간을 건축 작업 감독에 할애할 수 있었습니다. 저는 시간 대부분을 현장에서 보냈고, 기초를 파고 쌓고, 벽돌로 벽을 쌓고, 모든 목재를 배치하고, 말뚝을 박고 미장하고 바닥을 다지는 등 모든 것을 직접 감독하였습니다. 이렇게 야외에서 보낸 봄과 여름은 저와 잘 맞았습니다.

작업의 모든 단계에서는 건축가가 아닌 사람이 할 수 있는 한 건축가 고든 씨의 계획을 신중하고 정확하게 따랐습니다. 궁금한 부분은 건축 위원회의 다른 구성원인 브루엔 씨에게 상의하였습니다. 건축 진행의 중요한 시기에 일본인 업자가 직접 오거나 대타를 보내지 않아 트러스 작업이 중단되었을 때, 노련한 [판독 불가]인 제롬 스콧 씨와 상의하고 조언을 구했다고 덧붙여도 될까요? 그는 일반적인 건축업자는 아니지만 많은 댐과 탄광 갱도, 협궤 철도를 건설했으며 목조 건설 작업에 정통한 사람입니다. 스콧 씨는 몇 달 동안 브루엔 씨를 방문 중이었습니다. 당시 그 건물에 대해 완벽하게 안전하며, 이후에도 안전하다고 느낀 것은 스콧 씨의 존재와 조언 덕분이었습니다.

저는 병원 건물을 건설하는 동안 제가 저지른 무지의 오류를 변명하기에는 건물 운영에 대하여 충분히 알지 못합니다. 생각과 개인 감독 및 끊임없는 관리에 한하여, 저는 양심에 맡기고 있습니다. 고든 씨에게 맡긴 후 선교부가 승인한 설계도는 전체적으로 설계된 대로 시공되었다고 생각합니다. 브루엔 씨가 3주 전 편지에서 언급하였듯 무거운 지붕과 기와에 목재를 사용하여 한국 고유의 양식과 외국 양식을 결합하려 한 것이 실수였는지는 모르겠습니다. 저는 위원회의 조치에 대한 근거를 더욱 확실하게 알기 전까지는 확답을 드릴 준비가 되어 있지 않습니다.

이 소식에 대하여 제가 어떻게 느끼는지를 쓸 필요는 없을 것 같습니다. 당신께서 아시다시피 병원에 있는 동안 제 마음이 어떠했는지, 어떻게 일하였는지, 그리고 여기 미국에서 건강이 좋지 않던 어두운 날들 동안 제 마음에 끊임없이 떠올랐던 것을 알고 계시니 이 소식이 제 사적인 재산과 관련된 손실만큼이나 큰 의미가 있다는 것을 잘 알고 계실 것입니다.

이스턴에 있는 고향의 누군가가 라파예트 대학 졸업반 동창회에 참석하기 위한 제 경비의 절반을 지불하겠다고 제안하였습니다. 이 제안을 받아들일 계획은 없었지만, 대구병원과 관련하여 제가 이사회실을 방문하여 당신과 이사회를 볼 수 있도록 이사회가 나머지 절반을 기꺼이 지불할 의향이 있는지 지금 알고 싶습니다. 이 비용은 절반의 차비와 뉴욕에서 하룻밤을 더 묵게 될 경우의 숙박비입니다.

저는 매우 건강하며, 이번 더운 장마로 인해 8월까지는 대구로 돌아가지 못하는 것을 유감으로 생각합니다. 만약 이사회가 저의 오랜 건강 악화와 개인적인 출항 연기를 고려하여 이사회의 의사가 저를 살펴보기를 원한다면 기꺼이 허락할 것입니다. 이 문제에 대하여 조만간 연락이 오기를 기다리겠습니다.

진심을 담아,
우드브리지 O. 존슨

1906년 6월 16일

발신: 511 콜드웰 스트리트, 피쿠아, 오하이오
수신: 아서 J. 브라운 박사, 156 5번가, 뉴욕

친애하는 브라운 박사님께,

보내주신 11일 자 편지가 도착하였습니다. 경비 문제로 제가 뉴욕으로 가 대구병원과 관련하여 당신과 이야기할 수 없는 것을 유감스럽게 생각합니다. 대구병원에 대한 소식이 저를 매우 낙심하게 하였다는 것을 고백하지 않을 수 없습니다. 한국에서 수년 동안 충분히 계획하고 의료 사역에 적합한 장소로 고려하면서 대구병원이 거의 저의 일부가 되었을 뿐 아니라, 이곳 미국에서 휴가를 가지는 동안 병원을 정말 많이 생각하였고 친구들과 사람들이 한국의 대구와 해외 선교에 관심을 갖도록 노력하며 끊임없이 대화의 주제로 삼고자 하였기 때문입니다. 이제 제가 지부로 돌아가 진흙과 짚으로 만든 현지 가옥이 아닌 제대로 된 환경에서 의료 사역을 시작하기를 바랐던, 그래서 비용과 노동력과 정성을 들여세운 이 건물이 허물어져 있는 것을 보는 일은 참으로 씁쓸할 것입니다.

현재 상황에 대한 책임 대부분이 저에게 있다는 브루엔 씨 편지의 비난이 상황을 더 쉽게 만들지는 않습니다. 제가 5일 자 편지에서 충분히 자세하게 쓰지 않은 것은, 개인적으로 당신을 만나 대화하기를 희망했기 때문에 의도한 것입니다. 그러나 제가 그 편지에 쓴 것 외에도 아래의 사실에 대한 당신의 주의를 요합니다.

대구병원뿐만 아니라 대구의 모든 거주지의 벽은 한국식 가마로 구운 벽돌로 지어졌는데 약간 붉거나 노란빛을 띠고 있으며, 미국에서 일반적으로 사용하는 단단하고 어두운색의 붉은 벽돌에 비하면 다소 울퉁불퉁하고 확실히 열악합니다. 벽의 회반죽을 만들 때 사용한 석회는 모두 일본식 풍화석회(風化石灰)[1]로, 이 나라의 건축가들은 언제나 회반죽에 신선한 생석회(生石灰)를 지정하기 때문에 당신도 아시다시피 흰색입니다. 대구에 세 채의 집과 대구병원을 짓는 동안 그런 벽돌과 석회만을 확보할 수 있었는데 그 이유는 한국의 현지 벽돌 가마가 다른 벽돌은 구울 수 없고, 느린 강 수송으로 인해 일본 석회만 확보할 수 있었기 때문입니다.

저의 집은 지붕까지 완전히 현지식으로 지어졌습니다. 아담스 씨의 집은 한두 개의 외국식 트러스가 벽돌 벽의 전체 길이에 걸쳐 완전하게 지지가 됩니다. 브루엔 씨의 집은 세 개의 외국식 트러스가 비슷하게 지지가 되어 있습니다. 고든 씨는 대구병원을 설계하면서 다섯 개의 외국식 트러스를 배치하였는데, 그중 하나는 병원 너비인 33피트에 걸쳐 끝에서 완전하게 지지되지 않았습니다. 브루엔 씨가 제게 쓴 편지에서 건물이 무너질 조짐을 보인다고 한 부분이 바로 이 북쪽 트러스였습니다. 지름 6인치의 서까래들, 진흙, 무거운 기와로 이루어진 한국식 지붕의 구조와 그 엄청

---

1 공기 중에 오랫동안 노출된 산화칼슘이 공기 중의 수분을 흡수하여 부스러진 백색의 가루(국립국어원, 『표준국어대사전』, 2023).

난 무게에 대하여 당신께서 개인적으로 잘 알고 계실 것입니다. 건축가가 이 무게를 고려하지 않았는지 또는 대구에서 구할 수 있으며 사용 중인 벽돌과 석회의 특성을 몰랐는지는 말할 수 없습니다. 그러나 제가 가지고 있는 대구병원 설계 사본을 주의 깊게 검토한 결과 병원 북쪽 트러스가 무너져서 다른 트러스도 뒤따르지 않을까 하는 두려움에 병원이 철거되었다면, 위에서 언급한 사실 중 하나 또는 다른 것에 책임이 있을 수 있다는 결론에 도달하였습니다.

저는 건축가의 설계를 정확하게 따랐다고 생각하며, 병원 건축 기간에 개인적인 감독과 관리감독이 대구의 다른 건물들보다 더 잘 이루어졌다고 다시금 강조하고 싶습니다. 또한, 이 공사의 현지 기독교인 감독관인 정 씨는 이미 완공된 목조 주택을 관리해본 귀중한 경험이 있었습니다. 그는 계속 병원에 머물면서 저와 함께 건축의 모든 단계를 감독하였습니다.

저는 위원회가 그렇게 결정하게 된 이유에 대하여 아직도 잘 모르겠습니다. 그 이유가 무엇이었는지 이 씨의 편지에서 몇 문장을 인용해달라고 부탁드리면 너무 폐가 될까요?

재건을 위한 기금 확보를 위하여 지금부터 제가 항해하기까지 무엇이든 할 수 있는 일이 있다면 최선을 다하겠습니다. 저는 댄스빌에서 저의 주치의였던 E.L 우드 박사에게 편지를 보내어 저의 건강 상태에 대한 의견을 당신께 전해달라고 요청하였습니다. 저는 정말로 건강하며, 며칠 전 시애틀 워싱턴행 티켓을 위해 우리의 보물인 데이 씨에게 편지를 보냈습니다. 그곳은 여기 미국 동부에서보다 적은 비용으로 가족과 함께 지낼 수 있는 곳이어서, 한국으로 출발하기 전까지 남은 시간을 그곳에서 보내고 싶습니다.

진심을 담아,
우드브리지 O. 존슨

한국 선교 사역 Ⅱ(1906-1912)

1906년 9월 26일

발신: 한국 서울
수신: 아서 J. 브라운 박사, 156 5번가, 뉴욕

친애하는 브라운 박사님께,

다소 늦게 편지하는 것에 양해를 구하며, 저와 제 가족이 대구에 무사히 도착하였음을 알려드립니다. 저희는 시애틀 워싱턴에서 일본 요코하마까지 태평양을 횡단하는 순조로운 항해 끝에 1906년 9월 1일 부산에 상륙하였습니다. 저희는 일본 유센 카이샤 라인의 S.S. 시나노 마루를 타고 왔으며, 특히 어린이를 동반한 가족 여행객에게 매우 편안하고 훌륭한 서비스가 좋았습니다.

저희는 고베에서 H.M. 브루엔 씨 부부와 캐머런 양을 만났습니다. 캐머런 양은 저희와 함께 대구에 동행하였습니다. 저희는 눌(Null) 박사 부부가 연례 회의 이후 이사할 때까지 아담스 씨의 집을 사용하기로 했습니다. 예전 저희가 살던 집에서 나가시게 됩니다. 눌 박사는 건강이 좋지 않아서 지금 계신 중국에서 여름을 보냈습니다. 눌 부인은 대구에 있습니다. 한국인들과 한국은 미국보다 훨씬 더 "고향" 같습니다. 저의 6살짜리 큰아들이 부산에 도착하여 선박 계단을 내려오면서 "엄마! 엄마! 여기 와서 보세요, 배에 탔던 우리 한국 사람들이랑 다른 사람들이 손을 흔들어 주고 있어요!"라고 외쳐 저희를 놀라게 했습니다. 저희 아이들은 흰옷을 입은 현지인들과 단박에 친근한 사이가 되었습니다. 연례 회의가 진행 중입니다. 아담스의 가족은 일주일 전에 이곳에 도착하였습니다.

브루엔, 바레트, 캐머런 양과 제가 함께 올라왔고, 아내와 아이들, 브루엔 부인과 눌 부인은 대구에 남았습니다. 회의는 재정 문제를 제외하고는 매우 순조롭게 진행되고 있습니다. 재정 문제에 관하여는 "말-할-수-없소(mal-hal-so-upso)"입니다. "입에 담을 수 없는 말"이라는 뜻입니다. 선교부는 늘어나는 업무를 어떻게 하면 작년과 같은 수준으로 줄일 수 있을지의 문제를 매일같이 고심하고 있습니다. 이 문제는 아직 해결되지 않았습니다. 오늘 대구 지부는 다음 선교부 연례 회의에 참석하기 위한 경비 요청을 삭감하고 사비를 대기로 결정하였습니다. 저희는 이미 열흘의 회의 기간에 매일 1.75엔 달러씩 이사회에 지불하고 있습니다. 어빈 박사의 회의 참석을 촉구하는 초대장을 전보로 보내기 위한 결의안이 통과되었습니다. 이전에 거의 대부분 또는 적어도 과반수가 서명한 회람 서한으로 4년 전 어빈 박사에 관한 선교부의 조치를 철회하는 데 찬성하기로 결정한 바 있습니다. 어빈 박사가 등장하자 청중석에서 박수갈채가 쏟아졌습니다. 새로이 세례를 받은 신자들에 대한 보고는 앞선 몇 년과 마찬가지로 매우 놀라웠습니다. 하나님께서는 한국을 계속해서 축복하고 계십니다. 아내와 아이들은 잘 지내고 있습니다. 저희 부부는 한국에서 다시 활동할 수 있게 되어 깊이 감사하고 있습니다.

진심을 담아,
우드브리지 O. 존슨

1906년 9월 27일

발신: 한국 서울

수신: 아서 J. 브라운 박사, 156 5번가, 뉴욕

친애하는 브라운 박사님께,

서울에 오기 직전에 메리 H. 라이트 양에게 편지를 받았습니다. 그 편지에는 그녀가 이사회가 펜실베이니아주 저먼타운의 발레리 펜로즈(Valarie Penrose) 양이 대구기념병원 재건을 위한 기금을 모금하는 것을 승인했음을 알게 되었으며, 필요한 금액이 합리적인 한도 내에 있다면 그녀가 이 목적을 위하여 기부하고자 한다는 의사를 표한 편지를 당신께 보냈다고 쓰여 있었습니다. 대구지부는 즉시 이 문제를 한국 선교부에 전달하여, 병원의 재건과 필요한 금액 문제가 이사회에 즉시 전달되어 라이트 양이 제공하기 어려울 수도 있는 남은 금액을 펜로즈 양이 모금하도록 노력할 수 있도록 하였습니다. 먼저 선교부의 의료위원회에서 이 문제를 고려하여 대구에 시설이 잘 갖추어진 일류 1인 병원을 재건할 것을 권고하고, 요청된 최저 금액인 금 5000달러를 제안하였습니다. 그다음 재정위원회에서 이 문제를 검토하고 선교부에 다음과 같은 결의안을 보고하였습니다. 선교부는 대구지부의 병원 재건 요청과 선교부 재정위원회의 권고를 고려하여 자금 기부를 제안하는 사람들에게 우선권을 부여하고, 필요한 금액으로 약 1만 엔이 예상되며, 지부가 계획을 준비하여 견적을 받도록 지시하고, 이를 선교부 재정위원회에 제출하여 가능한 한 빨리 선교회에 중간 내용을 보고하도록 결정했습니다. 이에 빈튼 박사는 이사회가 라이트 양과 펜로즈 양에게 즉시 알릴 것을 기대하며 이사회에 전보하였습니다.

선교부가 요청한 많은 금액에 관하여는 이전 병원을 너무 경제적으로 건설하려고 노력하였고 그 이후로 건축 자재와 목수 및 석공 임금이 상승했기 때문에, 선교부가 금 5000달러를 최소한의 금액으로 결정했다고 말씀드리고 싶습니다. 또한, 이전 병원에서는 고려되지 않았던 난방 시설, 아마도 화로(온풍)와 물 공급이 현재 요청된 금 5000달러에 포함되어 있습니다. 현재 이전 병원 자리에 남아 있는 자재와 바레트 씨가 거주지를 세울 때 사용한 일부 자재는 모두 새 병원에 사용되어야 하지만, 요청한 금 5000달러는 이것들보다 더 많은 금액입니다.

눌 박사와 함께 이전 건물을 철거한 서울의 클라크 씨는 아마도 선교부에서 가장 뛰어난 건축가일 것입니다. 그는 가장 만족스러운 2층 벽돌 병원 건물을 새로이 짓는다면 옛 자재들을 다시 사용할 수 없을 것이라고 말합니다. 외국식 벽돌 건물을 주장하면서요. 클라크 씨는 남은 모든 자재의 가치를 약 금 1200달러로 추정합니다. 대구지부는 클라크 씨가 내년에 맡을 업무의 일환으로 그에게 대구의 건물 운영 감독을 맡겨달라고 선교부에 요청하였으며, 이 요청은 의심할 여지 없이 이루어질 것입니다. 맥파렌드 씨의 거주지가 지어지고 아마도 다른 중요한 건물도 세워질 것입니다. 저는 선천의 샤록스 박사와 휘팅 박사, 에비슨 박사와 이야기를 나누고 세브란스병원 건물을 주의 깊게 살펴보았습니다. 한국의 의사들 사이에서 병원이 잘 운영되고 실질적으로 시설이 잘 갖추어진 후에는 머지않아 미국으로부터의 자금 지원에서 자립할 수 있을 것이라는 의견이 퍼지고 있는 것 같습니다. 서울과 선천 병원의 보고를 통해 이것이 실현되고 있음을 아실 수 있을 것입니다. 대구에 병원이 잘 지어지고 시설이 잘 갖추어져 이와 같은 일이 이루어지기를 바라는 마음입니다.

캐머런 양과 저는 어제 현대식 간호사 양성 학교가 설립된 감리교 여성병원(Methodist Women's Hospital)[1]을 방문하였고, 저희가 본것에 매우 만족하였습니다. 경제적이면서도 효율성을 해치지 않는 것이 그곳의 규칙입니다. 에비슨 박사와 쉴즈 양은 이제 세브란스병원과 감리교 여성병원의 간호 부서를 절충하여 완벽하게 조정하고 있습니다. 아주 감탄할 만한 계획입니다. 감리교 여성병원에는 미국의 개인이 지원하는 병상이 많이 있습니다. 저는 병상, 병동 또는 병원 전체를 기부하는 이 계획이 병원 문제의 해결책이 될 수 있다는 결론에 도달하고 있습니다. 분명히, 어떤 해결책이 필요하게 될 것입니다. 직접적인 전도사역은 말할 것도 없

---

1 보구녀관(普救女館). 한국 감리교 의료선교의 관리자였던 스크랜튼(William B. Scranton)이 1887년 10월 서울에 설립한 한국 최초의 여성 전문 병원. 스크랜튼은 당시 남자병원에 갈 수 없었던 한국 여성을 위하여 미국 감리교 여성해외선교부에 기금을 요청하였고, 이 요청이 승인되어 미국 감리교 여의사인 하워드(Howard)가 내한하여 서울 정동(貞洞)의 이화학당 구내에서 여성환자를 치료한 것이 시초이다. 고종이 이 의료사업을 격려하는 뜻으로 '보구녀관'이라는 이름을 하사하였다. 1893년에 동대문분원이 설치되어 '볼드윈 진료소(Baldwin Dispensary)'라고 불렸다(한국학중앙연구원, 『한국민족문화대백과사전』, 2023).

고, 학교와 대학 사역이 한국에서 절실히 요구되는 상황에서 이사회의 기금이 이 부문에 더 많이 투입될 수 있는 방법을 찾아야 합니다. 현재 선교부가 이사회를 통해 의료 사역에 지원하는 금액은 교육 및 전도사역에 지원하는 금액과 비교하면 불균형적으로 많습니다. 그럼에도 불구하고 의료 사역을 전적으로 수행하기 위해서는 이러한 불균형이 절대적으로 필요한 것으로 보입니다. 지금 당장 이사회나 다른 곳에서 더 적은 금액으로 의료 사역을 계속할 방법은 찾을 수 없다는 점을 이해해 주시기를 부탁드립니다. 현재 예산이 분배되어 있으므로 올해는 어떤 경우에는 좋은 의료 업무를 수행하기가 매우 어려울 것입니다.

향후 현지인에게 제공되는 의약품과 진료에 대한 수입이 의사와 간호사의 급여를 포함한 전체 비용을 얼마나 충당할 수 있을지는 말할 수 없습니다. 그것은 아마도 각 병원의 위치에 따라 달라질 것입니다. 부유한 한국인들이 관심을 가질 수 있는 대도시에서는 시골보다 더 쉬울 수 있습니다. 시골의 경우 기독교인과 이교도 인구가 잘사는 지역은 토양과 천연자원이 열악한 지역보다 더 쉬울 것입니다. 그러나 미국에는 교회 안팎에 자비롭고 인정 많은 남녀가 많기 때문에 적어도 처음에는 이사회의 일반 기금이나 교육 또는 전도 사역에 대하여는 기부하지 않을지라도, 선교 병원의 전체 건물, 병동, 병상들을 자발적으로 지원하기를 권하거나 실제로 그렇게 할 수 있지 않겠습니까? 그리고 만약 그렇게 자선하는 사람들이 일단 선교 병원의 재정에 관심을 갖고 선교사와 그의 사역의 모든 면에 긴밀하게 연결되면, 그들이 전도와 교육 사업에도 점진적으로 관심을 가질 가능성이 크지 않겠습니까?

저는 이사회가 병원의 건물과 병동 또는 병상들을 유지하기 위한 기부 권유를 허용하는 것을 꺼린다는 사실을 알고 있지만, 한 나라가 너무 가난하고 자국민이 그러한 외국 기관을 지원하는 것을 허용할 경우 이 계획이 이사회의 기금 사용을 가능하게 함으로써 복음 전도와 교육 사업의 물질적 지원이 이루어지게 하지 않겠습니까. 병원과 기타 의료 사역을 위하여 기부된 돈이 반드시, 그렇지 않으면 이사회의 일반 자금에 속할 일반 기금에서 나와야 하는 것이 사실입니까? 저는 이사회가 이 점을 고려하고 있다고 생각하지만 앞선 경험들이 이를 전적으로 뒷받침하고 있는지요. 미국에서 이름만 기독교인이거나 기독교인이 아닌 얼마나 많은 사람이 많은 돈을 기부하고 때로는 병원을 기부하거나 세우는지 알고 계실 것입니다. 우리 교회들과 가정에서 이사회나 발표회 또는 외국인 선교사에 의해 이에 대한 강의가 이루어진다면 우리의 선교 병원들을 지원하는 데 큰 도움이 되지 않겠습니까? 물론 병원을 운영하는 데 학교나 대학보다 얼마나 많은 돈이 필요한지 아는 사람은 모두 알고 있습니다.

진심을 담아,
우드브리지 O. 존슨

1906년 10월 09일

발신: 한국 대구
수신: 아서 J. 브라운 박사, 156 5번가, 뉴욕

친애하는 브라운 박사님께,

W. M. 바레트 씨의 진단서를 동봉합니다. 9월 3일 대구에 도착하자마자 저는 바레트 씨의 기침과 쉰 목소리에 주목하였고, 그의 아내가 결핵으로 인해 미국으로 돌아간 상황을 고려할 때, 그가 그녀로부터 감염되었을 가능성이 있어 그의 가래로 검사하였습니다. 제게 결핵의 성공적 치료를 위해 필요한 현미경용 고배율 렌즈인 1/12인치 오일 반전 렌즈가 없어서, 연례 회의가 열리는 서울에 도착할 때까지 기다릴 수밖에 없었습니다. 저는 그곳에서 허스트 박사의 도움을 받았는데, 그의 현미경 검사에서 3일 동안 세 번의 가래에서 결핵균이 나왔음을 O.R. 에비슨 박사와 제가 확인하였습니다. 유감스럽게도 연례 회의가 끝날 때까지 진단이 내려지지 않아서, 다른 업무의 압박이 매우 큰 본 회의에 이 안건을 가져가기에는 너무 늦었습니다. 마지막 날 저녁에 열린 회의에서 연례 회의에 참여한 7명의 의사 중 6명이 모여 바레트 씨의 안건을 면밀하게 검토한 결과, 6명 중 5명의 의견은 즉시 미국으로 귀환해야 한다는 것이었습니다. 빈튼, 눌, 에비슨, 허스트 박사와 제가 그러하였고, 샤록스 박사도 비슷한 의견을 표명하였습니다. 다음날 개인적으로 휘팅 박사를 만났을 때 그는 한국에서 회복이

가능할 것으로 생각하였지만, 그는 한국에서 치료하면 바레트 씨가 야외에서 텐트 생활을 해야 하는 상황에 대해서는 알지 못하였습니다. 연례 회의가 종료된 다음 날 밤, 이미 돌아간 두세 명을 제외한 선교부의 남성 구성원들이 바레트 씨의 조속한 귀국을 고려하여 남쪽에서의 업무 재조정을 위한 회의를 열었습니다. 따라서 바레트 씨의 귀국 문제는 실제로 정기 회의에서 처리되지는 않았지만 사실상 전 선교부가 승인한 것입니다.

선교부의 모든 구성원과 특히 대구지부는 바레트 씨를 향한 연민으로 가득 차 있습니다. 그는 현장에서 열심히 사역하였으며 언제나 하나님 나라를 생각하며 성실하고 진실하며 충실한 선교사의 모습을 보여주었습니다. 6년 만에 그는 막 거주지를 완공하고 어린 아내와 함께 그곳에서의 오랜 가정생활을 고대하고 있었습니다. 그러다가 그것을 즉시 포기하고 미국으로 돌아가 두려운 결핵의 치료법을 찾아야 한다는 사실을 갑자기 알게 된 것은 정말로 큰 타격입니다. 지난 4년 동안 바레트 씨는 대구지부의 간사로 일하며 탁월한 업무를 수행해 왔습니다.

저는 지금 바레트 씨 부부의 귀국과 관련된 문제에 대하여 이사회의 주의를 환기하고자 합니다. 저는 그들이 다시 대구에서 저희와 함께할 수 있기를 굳게 믿고 진심으로 바라지만, 그것은 청렴한 의사들의 섬세하고 반복적인 검사 끝에 그들이 결핵으로부터 완전히 자유롭다고 판정될 때만 가능합니다.

저는 바레트 씨가 자신의 질병의 심각성, 특히 매일 접촉하는 사람들의 감염을 막기 위해 주치의인 저와 다른 사람들이 권고한 예방 조치를 하는 데 있어 무심하고 부주의한 태도를 보인 것을 유감스럽게 생각합니다. 그는 매우 엄격한 예방 조치와 필요성을 깨닫지 못하는 것 같습니다. 지부의 다른 구성원들부터 바레트 부인 때에도 마찬가지였다고 들었습니다. 눌 박사는 그녀가 다른 사람의 감염을 피하기 위해 자신의 지시를 따르는 것을 매우 싫어하고 부주의했다고 말합니다. 예를 들어, 그녀는 자신의 병이 진단되고 치료가 시작된 지 한참 후에도 [판독 불가] 그녀의 손수건으로 지부의 아이 한 명의 얼굴이나 코를 닦았다고 합니다. 물론 미국에서는 병에 걸린 사람을 멀리하고 격리하는 정책을 통해 이런 부주의한 행동을 인식하고 피할 수 있습니다. 그러나 저희의 작은 지부 공동체의 구성원에 대한 격리, 특히 만성 결핵의 경우처럼 [판독 불가] 계속되는 격리는 그리스도의 정신에 거의 반하는 것처럼 보일 것이며 그렇게 고통받는 사람들을 심각하게 소외시키지 않고는 성취하지 못할 것입니다.

바레트 씨가 아내로부터 감염되었다는 것에는 의심의 여지가 없습니다. 제가 그를 치료하거나 치료와 관련하여 조언한 이후로 그는 가래를 없애기 위하여 별도의 마시는 도구를 사용하고, 아직 감염되지 않은 새 거주지가 아닌 쉽게 소독할 수 있는 문간방에서 잠을 자며, 감염 가능성이 있는 주변의 책과 아내의 소지품 및 가구를 분류하고 포장하는 등의 노력을 게을리하지 않았습니다.

일시적으로 독감으로 고생하고 있는 아담스 부인과 캐머런 양을 제외한 나머지 대구의 구성원들은 모두 건강합니다. 시내와 지방에서의 사역은 계속해서 가장 고무적입니다. 바레트 씨가 없이는 다른 구성원들이 올해의 순회 설교에 어려움을 겪게 될 것입니다. 저는 매일 진료소에서 환자를 보며 시내로 의료 방문을 하고 있습니다. 3년의 공백 후 정착하는 데에는 어느 정도 시간이 걸리고, 눌 박사가 저희의 이전 숙소의 마지막 방에서 방금 가구를 옮겼기 때문에 저희는 여전히 상자를 풀고 가구를 배치하는 중입니다. 대구는 그 어느 때보다 쾌적한 집이 되었고, 한국과 한국인들은 미국과 이곳의 친구들만큼 친숙하게 느껴집니다.

진심을 담아,
우드브리지 O. 존슨

1907년 7월 11일

발신: 한국 대구

수신: 아서 J. 브라운 박사, 156 5번가, 뉴욕

친애하는 브라운 박사님께,

올해 초 이후로 선교부의 다른 구성원들이 저보다 더 자주 당신께 편지를 보내드렸기를 바랍니다. 아마도 전체적으로 볼 때, 저희는 그것이 목사님들의 의무라고 생각합니다. 저는 2년간의 공백 이후 다시 한국에 적응하는 것이 마치 1897년에 도착했을 때의 적응과 유사함을 알게 되었습니다. 그래서 편지하기에 어려움을 겪었습니다.

브루엔 부부가 휴가차 샌프란시스코와 시애틀을 경유하여 귀국하는 길에 있음을 이미 알고 계실 것입니다. 그들은 6월 22일쯤 대구를 떠났습니다. 브루엔 씨는 넓은 지역을 끊임없이 순회하면서 많은 선한 사역을 해왔으며, 육체적이고 정신적인 충전이 필요합니다. 그는 이 지역의 어떤 선교사보다 한국인들로부터 더 많은 사랑을 받고 있으며, 그 어떤 곳에서 브루엔 씨만큼 한국인들에게 강한 애정을 받는 선교사가 또 있을지 의심스럽습니다. 이곳의 한국인들은 그를 요한에, 아담스 씨를 베드로에 비유하며 브루엔 씨가 그들을 사랑으로 하나님의 나라로 이끌고 아담스 씨는 그들을 마신다고 말합니다. 그러나 이것이 아담스 씨를 칭찬하지 않는 것은 아닙니다. 그를 잘 알지 못하는 사람들에게는 그렇게 보일 수도 있지만 말입니다.

에드먼 씨는 아마도 남은 더운 날씨를 피해 일본으로 떠났습니다. 한 해 동안 그의 건강은 괜찮았습니다. 미국에 있었을 때와 마찬가지로 좋았다고 생각합니다. 그는 매우 적극적이고 언어를 빠르게 습득하고자 열망하며, 이와 더불어 많은 가정 서신으로 다소 과로한 것 같습니다. 그의 말하기 능력은 이미 한국인들에게 매우 유명하고 자주 주목받고 있습니다. 그가 의심의 여지 없이 육체적으로 가장 힘든 첫 2~3년을 견뎌낼 수 있을지의 여부는 아직 말할 수 없지만, 조금 더 천천히 일을 처리하고 열망을 어느 정도 잠재울 수 있다면 버틸 수 있으리라고 믿습니다. 올봄에 그와 함께 이 주제에 관하여 진지한 대화를 나누었습니다. 대구지부는 그를 매우 귀중한 사람으로 여기고 있으며 선교부 또한 그와 친해지면 그렇게 될 것입니다.

캐머런 양은 지난겨울 빙판에서 미끄러져 천골(薦骨)을 다친 이후로 대부분의 시간을 침대와 바퀴 달린 의자에 갇혀 지냈습니다. 그녀는 제가 주문한 침대에서 열흘 정도 휴식을 취한 뒤 다시 움직이기 시작했지만 별다른 효과가 없는 것 같습니다. 저는 어제 그녀에게 다른 의사 중 한 명과 치료에 대해 상담해야 한다고 말했고 아마도 그녀를 서울이나 부산에 보내어 에비슨이나 어빈 박사를 만나도록 할 것입니다. 일 년 동안 지부에 몇 차례의 병이 있었지만, 그녀는 항상 밝고 쾌활하며 삶과 영혼이 충만한 귀중한 존재임을 스스로 증명하였고, 병실에서의 그녀의 존재는 활력이 되어줍니다. 그녀는 저희 아기가 폐렴에, 제가 재귀열(再歸熱,

relapsing fever)에 걸렸을 때와 그녀가 연약한 작은 난 브루엔(Nan Bruen)을 장기간 보살펴 주며 그녀의 가치를 증명하였습니다. 그녀는 언어에 상당한 어려움을 겪었는데 부분적으로는 두 명의 [판독 불가] 선배로부터 받은 지도와 도움이 부족했기 때문이라는 그녀의 주장이 옳다고 생각합니다. 브루엔 씨는 심사위원회(선교위원회)의 위원이지만 지난해 동안 그와 아담스 씨 모두 너무 과로하였고, 너무 바빠 그녀를 도울 수 없었습니다. 간호사가 되어 생계를 꾸리기 전 그녀의 학교에서의 준비 기간은 다소 짧았습니다. 그녀가 교사가 되는 것이 얼마나 어려웠는지 상상하실 수 있으시겠지요. 영어를 한마디도 모르는 상태에서 다른 사람의 도움 없이 동양의 언어를 습득해야 했으니까요. 저희처럼 비교적 작은 지부에서 그러한 어려움은 아마도 누구의 잘못이라기보다는 새로운 선교사들에게 언어를 가르치는 시스템의 부족으로 인한 것일 수도 있습니다. 예를 들어, 아담스 씨는 한 해 동안 약 두 사람분의 일을 해냈습니다. 한국, 중국, 일본 선교부에서 중국 내륙선교회가 새로운 선교사들에게 언어를 가르치기 위하여 사용하는 것과 같은 계획의 실행 가능성에 대하여 생각해보신 적이 있으신지요? 제가 이해하기로는, 2년 동안 특정 장소를 숙소로 삼아 그곳에 모여 모든 시간에 언어를 공부하고 암송하는 데 전념하는 것으로 알고 있습니다. "언어 대학"에 다니면서 배운 다른 언어들은 그들이 여러 분야에 배정되는 동안 도움이 되었습니다.

저는 불행하게도 지난 5월 한 여성이 분만할 때 손에 눈에 띄지 않는 찰과상을 입었습니다. 이후 그녀는 "재발성(Relapsing)" 열병을 앓고 있는 것으로 판명되었습니다. 그 세균이 제 몸으로 들어와 같은 병을 일으켜 6주 반 동안 침대에 누워있었습니다. 저는 이제 집 안에서 돌아다닐 만하며 곧 나갈 수 있을 것으로 기대하고 있습니다. 의사는 적어도 태반을 손으로 분리하는 분만의 경우에는 고무로 된 장갑을 착용할 수 없기 때문에 여기에서 감염에 자주 노출됩니다.

여름철 폭우가 쏟아지기 전에 지붕과 바닥이 완공되었다는 소식을 전하게 되어 기쁩니다. 이는 대구에서 지금까지 지어진 건물 중 가장 멋진 건물이며, 그 목적에 잘 부합할 것으로 믿습니다. 모두가 감탄하고 있습니다. 맥팔랜드 씨의 집인 메리 T. [판독 불가] 기념 집도 매끈한 주택으로 내부가 정교하게 마감되어 있습니다. 이 집은 이전에 이곳에 지어진 어떤 건물보다도 빠른 시간에 세워졌습니다. 당신께서도 아시다시피 서울의 클라크 씨가 두 집의 시공을 담당했고 훌륭하게 일을 해냈습니다. 이번 봄에 그는 건물에 대부분의 시간과 무한한 생각과 에너지를 쏟았고, 대구지부의 모든 이들은 경제적 측면과 예술적 건축의 관점에서 그가 큰 성공을 거두었다고 생각합니다. 아직 모든 회계가 맞추어지지는 않았지만, 병원 자금에 바레트 씨가 보유한 약간의 자금과 제가 고국에 있는 동안 라이트 양에게서 받은 이전 병원과 관련된 특별한 물건들에 대한 선물을 더하면 금 3,000 달러로, 병원 건축 비용을 충당할 수 있을 것으로 생각합니다.

저희 모두가 새로 임명된 여러 선교사님의 소식에 기뻐하고 있습니다. 현재는 도시 교회가 저희의 마음을 무겁게 하고 있습니다. 도시 교회 건물 말입니다. 제가 9월에 이곳에 도착한 이후 이 건물이 엄청나게 확장되었습니다. 이 확장은 벽돌이나 돌, 회반죽으로 이루어진 것이 아닙니다. 심지어 평범한 한국식 진흙벽도 아닙니다. 바로 약간의 아연 도금된 철 매트로 지붕을 확장하고 갈대로 만든 매트로 보조하는 것입니다. 완전히 확장하고 나서 지금은 주일 아침이면 남녀 모두 마당에 앉아 창문을 가득 메웁니다. 아내는 지난주일 조금 늦게 도착하여, 사람들로 꽉 찬 교회의 바닥에서 너무 가깝게 앉아 있는 여성들 사이를 비집고 들어갈 수 없었다고 말했습니다. 그녀는 어쩔 수 없이 바깥에 남아 있어야 했습니다. 주일 아침 평균 출석 인원은 500명에서 600명 사이입니다. 주일마다 많은 새로운 사람들이 교회 안으로 들어가지 못하여 되돌아갑니다. 아시다시피 이 교회는 아담스 씨의 옛집을 탈바꿈시킨 것입니다. 천장은 평균 7피트 이하로 낮습니다. 저희가 처음으로 맞이할 진짜 추운 겨울은 어떻게 될지 모르겠습니다. 이 갈대 매트들은 찬 공기가 들어오는 틈으로 가득 차 있습니다. 지난겨울 예배 시간에 저희 선교사들은 모두 외투와 장갑, 목도리를 착용하였고 일부는 고무와 모자로 보온을 유지했습니다. 저희는 곧 새 교회를 지어야 합니다. 저희 대부분은 매우 가난해서 이후 교회를 세우기 위한 조건들을 알려드리고자 지금 이 편지를 씁니다. 적절한 교회를 짓기 위하여 고국에 약간의 도움을 요청해야 할 것 같습니다. [판독 불가] 박사가 한국인들이 교회를 세울 수 있도록 일 년에 한 번씩 모금해온 것 말입니다. 평양의 장대현교회(The large central church)[2]가 건축 자금의 일부를 미국에서 확보했던 일을 기억하시지요. 최근에 찍은 저희 지부의 사진 한 장을 보내드리겠습니다.

진심을 담아,
우드브리지 O. 존슨

---

2 장대현교회 사진은 다음을 참고.
   https://commons.ptsem.edu/id/oldkoreaimageskounse_exr

1908년 7월 19일

발신: 한국 대구

수신: 아서 J. 브라운 박사, 156 5번가, 뉴욕

친애하는 브라운 박사님께,

담당 서기로부터 캐머런 양에 대한 선교지부의 결정을 들으셨을 것입니다. 그 이후로 캐머런 양은 선교부 회계인 피터르 씨에게 편지하여 새로운 간호사가 올 때까지 병원 일을 돌보며 대구에 머물고 싶다고 사임 의사를 밝혔습니다. 이에 대하여 당신께 재가를 구하는 그녀의 편지를 제게도 보여주었습니다. 이사회의 생각도 같기를 바라고 있습니다. 캐머런 양은 이번 여름에 서서히 회복되어 정규적인 사역을 수행할 정도로 건강해진 것 같습니다. 실제로 캐머런 양은 서울에서 돌아온 이후 바느질, 침구 시트와 담요 등을 만들고, 다음 달부터 시작되는 외래환자 진료를 위한 병원의 작업복을 준비하느라 분주합니다.

아시다시피 지난가을에 병원의 외관이 완성되었지만, 난방기와 문, 하드웨어와 추가 배관 등이 4월에 도착하여 내부가 아직 마무리되지 않았습니다. 인부들이 꾸준히 일하여 거의 완성단계입니다. 서울에서 온 건축업자 클라크 씨 덕분에 병원 건물이 멋지게 완성되어 가고 있습니다. 외래진료 부서는 1년 내내 전면적으로 운영되고 있고 저는 이곳에서 그 어느 때보다 더 많은 환자를 진료하고 치료했으며, 수술하고 약품을 판매하여 이곳에서의 의료 사역을 한 이래로 가장 큰 수익을 올렸습니다.

한 해 동안 저는 다섯 명의 젊은 한국인 문하생을 학생 조수로 두었고, 그중에 한 명은 대구의 부자 정 씨의 아들입니다. [판독 불가] 한 해에 금 60달러를 수업료로 받고 과정을 마치면 수료증이나 졸업증서를 주기로 하고 5년 계약을 맺었습니다. 이는 지난달 서울에서 열린 세브란스병원 의학전문학교의 제1회 졸업식을 떠올리게 하는데, 저는 그때 졸업식에 참석해서 에비슨 박사의 사역에 놀랐습니다. 일곱 명의 졸업생들은 미국의 많은 의과대학에서만큼 우수했습니다. 마지막 시험은 어떤 면에서 봐도 제가 미국에서 보았던 것만큼이나 어려웠고, 전체 과정은 일본 수련의 과정의 공식 인정으로 홍보가 되었습니다. 많은 저명한 한국인들이 에비슨 박사와 그의 아내에게 표현한 큰 애정과 존경은 한국 교육역사에 남을 것이며, 이는 우리 장로교 학교의 모든 학교와 대학, 병원과 의료 사역에 지속적인 유익이 될 것이라고 확신합니다. 일본에서 그랬던 것처럼 에비슨 박사의 능력과 기지(機智)는 주목되어야 합니다. 이 인장은 학생들의 졸업장을 위한 것이며 그들은 졸업식에 적극적으로 참여하였고, 이토 후작이 직접 졸업생들에게 수여한 것입니다.

대구지부에서는 이번 봄에 아담스 가족의 후원으로 젊은 남성을 위한 학원을 다시 건립하고 있습니다. 지붕을 올리고 있는데, 아름다운 건물이며 이 지역의 축복이 될 것입니다. 에드먼 씨의 집은 기초가 놓이고 있습니다. 에드먼 씨는 건강이 좋아졌습니다. 그는 3년의 선교사 경험을 최대로 활용하고 있습니다. 저는 그가 너무 야심만만하지 않고 많은 것을 시도하여 건강을 해치지 않는다면 [판독 불가] 대구에서 완전한 선교 사역을 할 것으로 생각합니다. 그러나 그의 잘못은 기술한 바와 같습니다. 작은 리타 맥파렌드는 모든 일을 많이 불안해하여 저는 거의 매일 그녀를 만나러 갑니다. 지난 두 달 동안 그녀는 산양유를 먹고 많이 회복되어 지금은 온종일 행복하게 뛰어다니고 있습니다. 그녀의 어머니는 강인하지는 않지만 가장 훌륭한 환자이며, 그녀는 연례 회의에서 선교사 아내들에게 매우 유익한 변화와 휴식과 자극을 받게 될 것입니다.

　캐머런 양의 사임 문제로 다시 돌아가면, 아시다시피 그녀는 아직 첫 번째 시험을 통과하지 못했습니다. 오랜 병으로 약 1년 4개월 동안 침대에 누워있어야 했고, 특히 학업에 관한 도움이나 지도를 거의 받지 못했다는 사실이 매우 불리했습니다. 그녀는 자신이 의료 사역을 거의 하지 못하였음에 매우 실망하였고, 떠나기 전에 이곳에서 선교지부와 선교부가 입원 진료 부서를 시작해야 한다고 생각하였습니다. 그래서 그녀는 저희의 젊은 학생 조수들에게 환자를 돌보는 훈련을 하기 전에 그녀가 떠난다면 일이 엉망이 될 것을 깨달았습니다. 이곳에는 환자를 돌보는 일에 대하여 아는 한국 여성이 없습니다. 당시 캐머런 양은 한국말을 꽤 잘 이해하였습니다. 이제 그녀가 한국어를 모르는 새로운 간호사에게 일을 넘기지 않고 직접 할 수 있다는 것은 훌륭한 일입니다. 언제까지 그녀가 "새 간호사가 올 때까지" 남아있는 것이 자기의 의무라고 생각할지 모르겠습니다마는, 그녀가 합리적인 기간을 제시했다고 생각합니다. 적절한 간호사를 찾는 일은 언제나 쉽지 않으므로, 이사회가 즉시 조치하여 그때까지 남아있겠다는 캐머런 양의 관대한 제안을 받아들이시기를 바랍니다. 에비슨 박사는 휴가 중에 병원과 의과대학을 방문할 예정이며, 이사회를 돕기 위하여 무엇이든 할 수 있는 일을 할 것이라고 확신합니다.

이사회에서 대구지부의 구성원에게 보내는 편지 주소에 대하여, 저와 아담스 씨, 그리고 지부의 다른 구성원들에게 오는 편지의 꽤 많은 양이 아직도 부산으로 가고 있습니다. 우체국 주소가 대구−한국이 된 지 수년이 되었는데도 오류가 있습니다. 부산에 도착한 편지들을 받기는 하지만 매우 지연이 됩니다. 따라서 이 지부 구성원의 모든 이전 주소를 한국의 대구로만 변경해주시기를 요청합니다.

진심을 담아,
우드브리지 O. 존슨

1908년 10월 11일

발신: 한국 대구
수신: 아서 J. 브라운 박사, 156 5번가, 뉴욕

친애하는 브라운 박사님께,

크리스틴 캐머런 양의 사임에 대하여 9월 초에 한국 선교부로 보내신 편지를 얼마 전에 받았습니다. 선교부의 실행위원회가 날짜를 정하면 회계연도 종료 전에 이사회가 그녀의 사임을 받아들이게 됩니다. 이러한 이사회의 조치와 집행 위원회가 1월까지 열리지 않는 점을 고려하여 대구지부는 다음의 결의안을 통과시켰습니다 (사실상 그렇게 표현되지는 않음). "9월의 편지에 기록된 이사회의 조치와 한국 선교부의 집행 위원회가 1월까지 열리지 않는 것을 고려하여 크리스틴 캐머런 양의 사임이 1909년 1월 30일 또는 그 전에 발효되기로 결의함." 이 결의안은 현재 여러 지부에 회람되고 있습니다.

결과가 포함된 회람 편지는 이사회로 전달됩니다. 저는 이사회가 캐머런 양이 현장에 더 머물 방법을 찾지 못한 것이 아쉽습니다. 그러나 새로운 선교사가 사역지에 도착하여 공석을 채울 때까지 사임한 선교사가 남아있을 수 없다는 점도 이해합니다. 양쪽 당사자가 각각 여행하는 데에는 어느 정도의 시간이 경과해야 합니다. 대구지부에서 대체자가 올 때까지 캐머런 양이 머물도록 이사회에 요청하였을 때 이 점을 염두에 두고 있었으며, 이사회의 일반적인 절차에 대하여 알고 있었습니다. 이사회가 적격한 간호사에 대한 이전의 서신을 모두 검토하여 그녀의 대체자를 결정할 때까지는 시간이 매우 많이 소요되기에, 캐머런 양이 남아있는 것은 선교지부의 의료 사역에 매우 가치가 크고 결국 이사회에 경제적 도움이 크게 될 것이므로 안도하였습니다. 아직 저희에게는 이곳에서 여성 간호사를 훈련할 충분한 시간이 없으며 다른 곳에서 여성 간호사를 확보하는 것이 불가능하여서, 수간호사이면서 가정부이자 총감독인 유일한 간호사의 사임이 경제적, 외과적, 전도적 관점에서 병원의 효율적인 관리에 좋지 않다는 것을 당신께서도 판별하실 것입니다.

지난 연례 회의에서 한국 선교부가 현대식으로 건설되었거나 운영되는 한국의 각 병원에 미국에서 훈련된 간호사를 임명해달라고 이사회에 요청한 것을 기억하실 것입니다. 이는 아마도 한국에서 진행되는 일본의 의료 사업이 병원을 현대식으로 갖추고 관리하며 그 수를 늘려가는 것을 관찰한 결과일 것입니다. 저희 병원은 한국인과 일본인들의 눈에 현대 의학에 뒤떨어진다고 보여 그 명성을 잃기에는 너무나 가치 있는 전도 기관입니다. 이는 우리 기관의 사역에 유효합니다. 저희는 거의 두 달 동안 남성 환자들을 받아왔지만, 아직 여성 진료는 개설되지 않았습니다. 최근 지부 모임에서 저는 캐머런 양의 빠른 복귀와 외국인의 감독 없이 몇 개월밖에 훈련하지 않은 여성 간호사들로 여성과를 운영하는 것이 실행 불가능하다는 것을 고려하여 지부의 다른 구성원들에게 여성 병동의 개설이 현명한 일인지 물었습니다. 몇 달 안에 문을 닫을 것을 확신하며 여성 병동을 열고, 한국의 젊은 여성들과 간호사 계약을 맺고, 고통받는 여성들을 받을 것을 준비한다는 소식이 지방 끝까지 전해져 그다음 몇 달 동안 수백 마일을 걸어온 여성들의 입원을 거절해야 하는 것은 옳지 않은 것 같습니다.

저는 이사회가 캐머런 양의 사임으로 발생한 공석을 채우기 위하여 노력하며 이를 고려할 것이라 믿습니다. L.B. 리핀코트(Lipppencott)의 "미국 간호학지" 7월호의 "항목" 공지에서 한국 대구에서 근무할 숙련된 간호사 구인(求人) 공고를 보았습니다. 이에 대하여 저는 어떠한 책임이 없으므로 대가를 치를 필요는 없습니다. 해외 선교 사역에 적합한 간호사는 여성 위원회를 통해 확보하는 것이 가장 적합하다는 것을 알고 있습니다. 하지만 이 공지의 결과로 숙련된 간호사들의 연락이 있었을지도 모르겠습니다. 이곳에서 사역하기에 적합한 사람을 찾기를 바랍니다.

브루엔 씨 부부는 9월 15일에 돌아왔고 R. R. 지부의 수백 명의 도시 기독교인들이 그들을 매우 환영하였습니다. 브루엔 씨는 가을에 시골에 머물 예정입니다. 아담스 씨와 맥파렌드 씨는 몇 달 동안 학원에 있을 예정입니다. 학원 건물은 멋지고 그 목적에 걸맞다고 생각합니다. 특별히 그와 그의 선교 사역에 대한 존경심을 담은 아담스 씨의 가족과 친척들이 선물한 것으로, 저는 이 건물이 매우 자랑스럽습니다.

에드먼 부인은 맹장 수술 이후 빠르고 꾸준하게 회복되고 있습니다. 에드먼 씨는 지금 시골에 머물고 있는데 지난가을보다 더 건강해진 것 같습니다. 맥파렌드 씨의 아기 루스는 여전히 약하지만 자라면서 단단해질 것이라 믿습니다. 메리 엘리자베스 쏘텔은 8월 19일에 태어난 저희 지부의 가장 새로운 구성원입니다. 제 생각에는 이 지부에서 [판독 불가] 결국 새로운 지부를 세우기 위하여 그를 안동으로 보낼 것 같습니다. 현재 휴식을 위한 건축을 계획하고 있는데 아담스 씨와 청주의 카긴(Kagin) 씨가 이번 겨울에 올라와 부지를 선정할 예정입니다. 제 생각에는 쏘텔이 이 일에 잘 맞을 것 같습니다. 그는 개척에 중요한 야외 농장 생활에 경험이 있는 능숙한 사람이며 힘이 넘칩니다. 선교지부의 건강 상태는 현재 양호합니다.

이곳에 새로운 일본인 거주자가 왔습니다. 워싱턴주 시애틀에서 6년 동안 총영사로 재직한 사부로 히사미츠(久水三郞) 씨입니다. 그는 아내와 함께 친근감을 보였으며, 저희와 사회적으로 가까워지기를 원하는 것 같습니다. 몇 번 안부와 과일 선물 등을 주고받았습니다. 저희도 그와의 교제가 즐겁고 현명하다고 생각합니다.

진심을 담아,
우드브리지 O. 존슨

1909년 1월 6일

발신: 한국 대구
수신: 아서 J. 브라운 박사, 156 5번가, 뉴욕

친애하는 브라운 박사님께,

1908년 11월 12일 자 편지를 받았습니다. 제 건강에 대하여 물어보셨지요. 제작년에 재귀열이 발병한 것 외에는 꽤 좋습니다. 건강하다고 생각하는 다른 선교사들보다 적어도 신체적으로 더 많은 사역을 감당할 수 있습니다. 당신의 편지를 받기 하루 전에 캐머런 양과 산후관리 시설의 환자를 돌보러 갔습니다. 환자는 가로 6피트, 세로 5와 ½피트, 높이 5피트 6인치 규모의 보통의 열악한 한국식 방에 있었습니다. 가로 1과 ½피트, 세로 2와 ½피트 크기의 문으로 드나들며, 창문은 없습니다. 너무 추워서 문을 열어 놓을 수가 없습니다. 1시부터 6시까지 환기가 안 되는 이 작은 방에 있었고, 3시간 동안 클로로폼이나 다른 약을 제가 투약했고 조수 두 명이 최대한 노력했습니다. 저녁도 거르고 이어진 치료가 끝날 때 즈음에는 저도 다른 사람들처럼 땀범벅이 되었습니다. 캐머런 양은 많은 양의 마취를 가까이에서 시행하면서 자신도 부분적으로 마취가 되어 다음 날 내내 어지러워했습니다. 무릎을 꿇고 치료하느라 치료를 마친 후에는 저희 중 누구도 한동안 똑바로 서 있을 수가 없었습니다. 다음 날은 멍한 하루가 될 것으로 예상하였는데, 플레처 씨의 조언에 따라 가벼운 저녁을 먹고 잤더니다음 날 상쾌하고 유연하게 일어나 병원 일을 잘했습니다. 이번 케이스는 수술 전, 수술 중 또는 수술 후에 패혈증 감염이 있었습니다. 일반적으로는 당연히 사망하는 것이었지만 사망하지 않았으며 어제 의학생 조수가 그녀가 저녁 식사를 준비하는 것을 확인하였습니다. 남편은 가난한 사람이고 저는 그에게 3달러를 청구하였습니다.

이제 병원에는 14명의 입원환자가 있습니다. 서울에서 대구를 방문한 미국 치과의사 D.E 한(Hahn) 박사가 오늘 간농양 수술을 도와주었습니다. 환자는 수년간 고전을 가르쳐 이곳에서 꽤 유명한 고령의 유학자입니다. 그의 사위와 딸이 기독교인이지만, 그는 그들의 진지한 설교를 들으려 하지 않았습니다. 그는 어제 매우 쇠약하고 열이 난 채로 병원으로 이송되었습니다. 수술 중 살아남을지 의문이었지만 그의 사위와 아내, 딸이 수술실 복도에서 무릎을 꿇고 간절히 기도하였습니다. 수술은 매우 성공적이었고 저는 그가 속히 회복될 것이라고 확신했습니다.

서 씨는 여전히 병원의 전도자이며 재치 있는 설교자입니다. 그는 매일 오후 남성 병동에서 30분 동안 신약성경을 별 설명 없이 읽습니다. 환자들은 정기적인 아침 기도회와 찬양을 많이 부르는 주일 오후를 좋아하는 것 같습니다. 이는 매우 위중한 환자들에게도 유익한 것 같습니다. 환자들의 아픈 것을 잊게 만듭니다.

저희는 아직 여성 병동을 열지 못했습니다. 캐머런 양이 가까운 시일 내로 떠나게 되어 이 일이 불가능할 것 같아 유감입니다. 캐머런 양이 떠난 후의 병원 운영이 심히 걱정됩니다. 아시는 바와 같이 대구지부는 선교부에 캐머런 양의 사임이 1월 30일에 발효되기를 서신으로 요청하였고, 긍정적으로 의결되었습니다.

그녀가 떠난 후 어떻게 하는 것이 최선일지 잘 모르겠습니다. 지부의 여성들은 그야말로 복음 전도사역과 가정일 때문에 시간이 없는 것 같습니다. 캐머런 양은 병원을 개원할 때부터 이른 아침부터 늦은 밤까지 자신의 시간 전부를 병원에서 보냈습니다. 운동이나 신선한 공기를 마시기 위한 여가조차 가지지 않았습니다. 저는 열의에 찬 학생 조수 6명과 함께 임상 실습뿐만 아니라 이론 교육으로 바쁩니다. 그래서 시설 관리와 세탁 등을 물어볼 기회가 없었습니다.

이제 저희 병원은 깨끗하고 현대적이며 모든 것을 잘 갖추고 있습니다. 유럽이나 미국에서 사람들이 원하는 그런 종류 말입니다. 좋고 깨끗한 의료와 외과 의술이 이루어지고 있다고 생각합니다. 이같이 병원이 이방인에게 청결과 경건의 실물 교훈이 되는 지금의 상태가 된 것은 대부분 미국 간호사 덕분입니다. 지난주에 평양에서 이곳으로 와 겨울 수업에 참여한 스월렌 씨는 저희 병원이 한국에서 본 가장 깨끗하고 좋은 병원이라고 말했습니다.

평양에서 환자를 방바닥에 눕혀 치료하는 한국식으로 병원을 운영하는 I. 헌터 웰스 박사는 현대식 건물과 침대가 있으면 좋겠다고 말했습니다. 미국식 병원을 세균과 해충과 먼지 없이 유지하는 것은 매우 어렵습니다. 모든 환자와 그들이 데려오는 수많은 친구가 함께 있는 한국식 병원을 청결하게 유지하는 것은 훨씬 더 어렵다는 것을 상상하실 수 있을 것입니다. 한국 전통식 병원에서는 불가능합니다. 제 학생 조수들은 열심이 있고 신실한 기독교 소년들이지만 병원 일에 대하여는 캐머런 양이 두 달 동안 가르친 만큼만 알고 있습니다. 캐머런 양이 떠난 후 그들이 그녀가 했던 일을 감당하기는 어렵습니다. 한국에서 가장 큰 외국 병원과 연결된 간호사가 잠시 자리를 비웠을 때, 그녀의 자리는 채워지지 않았고 안타깝게도 그 병원의 해당 부서는 제대로 운영될 수 없었습니다. 간호사가 돌아온 지 1년 후에 개인실에 입원한 환자는 청소가 제대로 이루어지지 않았고 빈대가 많아 빈대를 계속 잡아야만 잠을 잘 수 있었다고 제게 말했습니다.

당신께서 선교부로 보내신 최근의 편지에 수많은 선교 간호사 지원자 중 원하는 자격을 갖춘 사람이 없다고 하셨고, 저 또한 선교 간호사들이 선교 의사들이 하는 만큼의 동일한 선교 전도 사역을 해야 하고 할 수 있어야 한다는 의견에 동의합니다. 지금쯤이면 위원회가 캐머런 양의 사임으로 생긴 공석을 채울 적임자를 찾았기를 바랍니다. 하지만 새로운 간호사가 대구에 도착할 때까지 몇 주 어쩌면 몇 달 동안 무엇을 해야 할까요?

저는 이 사역이 잘 유지되기 위해서 캐머런 양의 후임자가 도착할 때까지나 아니면 적어도 후임자가 임명되고 파송 날짜가 정해질 때까지 캐머런 양이 자리에 남아있어야 한다고 생각했습니다. 그래서 이사회가 제안한 회계 연도 말에 그녀의 사임이 발효되기를 지부에 촉구하였습니다. 그러나 지부는 그렇게 하지 않았고 이제 저는 병원을 닫아야 할지, 아니면 의료 및 외과 진료가 제대로 이루어지지 않고 다른 진료의 과부하로 인해 전도 효율성의 악화가 불가피함에도 운영을 해야 할지, 아니면 캐머런 양의 후임이 올 때까지 외국 여성이나 일본 간호사로 자리를 채워서 진료를 계속할지 고민하고 있습니다. 캐머런 양의 후임을 찾을 때까지 현장을 채울 임시 간호사에 대한 비용을 위원회가 지불할 수 있는지 조언을 구합니다. 병원문을 닫는 것보다는 제 사비로라도 감당하는 것을 진지하게 고려하기도 했지만, 건강 때문에 3년간 휴직을 하며 미국에서 네 명의 자녀들과 가족이 큰 비용을 지출하였기에 다시 재정적 부담을 주는 것은 옳지 않은 것 같습니다.

이제 캐머런 양의 건강이 훨씬 나아졌고, 그녀 또한 더 오래 머물기를 원하기 때문에 이를 허락하지 않는 것은 모든 면에서 열악한 정책으로 보입니다. 그녀는 모든 부서에서 일을 잘하고 있고 그녀 덕분에 대수술을 할 수 있기에 그녀가 떠나면 전체 의료 사역이 매우 심각하게 마비될지도 모르겠습니다. 수년 전에 쉴즈 양이 병으로 세브란스병원에서 부재중일 때에 에비슨 박사가 이사회의 재정으로 일본 간호사들을 고용하여 진료를 이어간 것을 기억하시는지요? 이번 경우에도 동일하게 이루어질 수 있을까요? 아직 본격적으로 문의하지는 않았지만 이제 일본 의과대학과 병원이 서울에 개설되어 훈련된 일본 간호사를 확보하는 것이 가능할 것 같습니다. 한국의 여성 간호사들은 아직 그러한 책임을 맡을 만큼 훈련되지는 않았습니다. 하지만 나중에는 그들도 가능하리라 생각합니다.

쏘텔 부인을 제외하고 대구지부 구성원들의 건강은 꽤 좋습니다. 쏘텔 부인은 임신 초기에 하인 없이 너무 열심히 일하며 공부했고, 쏘텔 씨가 저를 불렀을 때 매우 위험한 상태였습니다. 그녀는 몇 달 동안 악성 구토에 가까운 임신성 구토를 겪었습니다. 격리는 꽤 일반적이었지만 기력을 잃고 가끔 구토와 설사를 했습니다. 그녀는 서울을 방문하여 허스트(Hirst) 박사 댁에서 10일 동안 머물며 치료를 받았습니다. 박사님은 열대병이 의심되며, 호전되지 않을 경우 본국으로의 귀환 가능성에 대해 제게 편지하였습니다. 저는 이전에 그녀의 위궤양을 치료했고, 그녀는 간헐적으로 피를 토했고 본국에서도 그러한 분명한 병력이 있었습니다. 그러나 서울로 가기 전에 그녀는 회복되고 기분이 좋아져서 치료를 중단하기를 원했습니다. 그녀가 서울에서 돌아온 후 저는 쏘텔 씨에게 쏘텔 부인의 건강이 불안해서 제가 할 수 있는 모든 것을 하고 싶다고 이야기하였지만 쏘텔 씨는 아직 제게 진료를 요청하지 않았으며, 제 판단에는 그가 자신의 세심한 간호와 관심이면 충분하다고 믿는 것 같습니다. 반쯤 병약한 생활을 하는 그녀는 아기 젖을 뗐고 최근에는 조금 나아 보입니다.

맥파렌드 가의 아기는 최근에 살이 붙고 있어 매우 만족하고 있습니다. 피트거스 양은 방금 서울로 갔습니다. 서울 여학교에 그녀가 꼭 필요하기에 대구지부는 마지못해 그녀를 보냈습니다. 오닐스 양이 이곳으로 올 예정입니다.

진심을 담아,
우드브리지 O. 존슨

1909년 3월 10일

발신: 한국 대구

수신: 아서 J. 브라운 박사, 156 5번가, 뉴욕

친애하는 브라운 박사님께,

캐머런 양을 대신할 새로운 간호사가 임명되었다는 소식을 간절히 기다리고 있습니다. 남성 병동은 꽉 찼고 여자 병동은 절반 이상 차 있으며 한국인 별관에는 평소와 같이 6~8명의 환자가 있습니다.

최근 보내주신 편지에서 모든 선교 병원에 훈련된 간호사를 배치하는 것이 불가능하다고 말씀하셨습니다. 많은 선교 병원은 현지식으로 지어지고 개조됩니다. 저희 대구병원은 그렇지 않아서 다행입니다. 미국에서와 마찬가지로 한국에서도 사방이 흙먼지로 뒤덮여 세균이 질병을 일으키는 [판독 불가] 비슷한 환경에서 좋은 의료 및 수술이 이루어질 수 있다고 믿기 때문입니다. 한국에서도 유럽과 마찬가지로 무균과 소독이 질병 치료에서 고려해야 할 가장 큰 요소로 자리 잡고 있습니다. 저희 선교지 곳곳의 현지식으로 운영되는 병원에서 복음이 효과적으로 전파되고 수천 명이 육체적으로 치유되고 있지만, 박사님이 받으시는 의사 선교사들의 편지들을 보면 그런 병원의 모든 분이 현대 의학에 따라 지어진 병원을 원하며, 그래야만 최선의 사역을 할 수 있다는 사실을 아실 수 있으리라 생각합니다.

선교 병원은 현지인 여성 간호사에게 전적으로 의존해야 하는데, 이 현지인 여성들을 누가 교육해야 하는지에 대하여 저는 박사님께 동의하지 않습니다. 의사는 간호사가 아니므로 교육할 수 없습니다. 그는 간호학이 아닌 의학을 공부한 것입니다. 확실히 훈련받은 간호사의 직업을 별도의 독립된 명칭으로 부를 필요는 없습니다. 우리 의사들은 약학을 조금 공부하여 약사 역할을 어설프게나마 할 수 있지만, 간호학은 공부한 적이 없습니다. 훈련된 간호사 가까이에 있었으므로 간호학을 가르치는 데 적합하다는 주장은 근거가 없습니다. 당신께서는 속기사와 어느 정도 지속해서 접촉하셨겠지만, 속기나 타자를 가르치려고 하지는 않으실 것입니다. 저는 유럽식으로 훈련받은 간호사들이 먼저 선교지에서 현지인 간호사들을 가르치는 데 필요하다고 믿습니다. 나중에는 그들이 교사가 될 것이기 때문입니다. 한국에 이미 세워진 여섯 개의 병원과 곧 세워질 충주, 강계, 원주의 세 병원 중 훈련된 간호사는 한 명뿐입니다. 분명하게도 한국 선교부의 이 부분에 인력이 부족합니다.

아시다시피 캐머런 양은 1월 30일부터 월급을 받지 않았습니다. 5월 1일까지 그녀의 자리가 채워지지 않을까요? 워싱턴 DC 장로회 집행위원회 위원에게서 들은 바에 따르면, 그들은 캐머런 양을 대신할 다른 간호사를 즉시 지원하고자 하는 의지와 열의가 있다고 합니다. 그렇다면 3개월이 지나면 캐머런 양이 받지 않은 급여의 누적분이 쌓여 집으로 돌아갈 여비를 지급할 수 있을 것입니다. 그 날짜에 후임자를 파송하는 것이 대구의 의료 사업과 워싱턴 노회에도 옳고 공평하지 않겠습니까?

선교사 간호사로 적합한 여성을 확보하기가 쉽지 않고 실수를 하기보다는 천천히 가는 것이 낫다는 것을 알고 있습니다마는, 캐머런 양이 사임한 지 벌써 몇 달이 지났습니다. 지난 6월이었지 않습니까? 제가 판단하기에, 적합한 후보자가 대기 명단에 있어야 합니다.

지금 당장 우리 젊은 여성들에게 간호학을 가르칠 사람이 필요합니다. 캐머런 양은 아직 그다지 건강하지 않습니다. 처음부터 활발하게 운영되던 병원을 개원하면서부터 그녀는 매우 심하게 피곤해져서 가르칠 시간과 힘이 없습니다. 그녀와 저는 이른 아침부터 밤늦게까지 일하고 있습니다. 지난 4개월 동안은 병원에서 지냈습니다. 저는 지금 7명의 학생을 가르치고 있는데, 이 학생들은 몇 권 되지 않는 미흡한 의학 서적의 도움을 받아 의학 교육을 위해 노력하고 있습니다. 이들을 가르치는 일과 엄격한 의료 및 수술 업무, 그리고 병원의 재정 및 기타 일반 감독 업무 [판독 불가] 저의 모든 시간과 힘 이상을 다 쏟고 있습니다. 간호사보다 약 두 배의 급여를 받는 제가 현지인 여성 간호사 교육에 시간을 투자하는 것은 경제적으로 맞지 않습니다.

이 병원이 널리 알려지면서 환자들이 먼 거리에서 찾아오는 등 호평이 이어지고 있습니다. 오늘도 거의 100마일 떨어진 곳에서 환자가 왔습니다. 2주 전에 위를 치료한 일을 말씀드렸던가요? 25마일 정도 떨어진 곳에 사는 오 씨입니다. 그의 소화불량이 심해지자 그의 친구가 2.5피트짜리 갈대를 준비해 끝에 천 뭉치를 묶어 목구멍으로 최대한 밀어 넣었습니다. 막혔던 음식물을 내려가게 할 생각으로요. 불행히도 갈대가 부러져 1.5인치 정도만 남았고, 천 뭉치는 뱃속에 남았습니다. 5일간의 고통 끝에 그는 의자에 실려 들어왔습니다. 그는 먹거나 마시지도 못하고 대부분의 시간 동안 반쯤 정신이 나간 상태로 누워있었습니다. 저희는 그에게 클로로폼을 투여하고 중앙 절개로 복부와 위를 열었습니다. 위 속에서 천이 붙은 갈대 조각을 발견해 뽑아냈고, 오 씨는 건강하게 회복했습니다. 오늘 그는 밥 한 그릇을 가득 먹고 집에 가고 싶다고 말했습니다.

오늘 어머니로부터 편지를 받았습니다. 그녀는 내년 가을에 박사님이 한국을 방문하실 수 있을 것 같다고 이사회실로부터 전화를 받았다고 하셨어요. 그렇게 되기를 진심으로 바랍니다. 간호사에 대한 소식도 곧 들려오기를 기대합니다.

진심을 담아,
우드브리지 O. 존슨

1910년 4월 5일

발신: 한국 대구

수신: 아서 J. 브라운 박사, 156 5번가, 뉴욕

친애하는 브라운 박사님께,

한국 선교부 집행위원회에서 대구의 J.E. 아담스 목사님의 급여와 관련하여 이 공문을 보내 드리라고 요청이 와서 동봉합니다. 아시겠지만 대구지부와 한국 선교부 집행위원회는 아담스 씨가 현재 홀아비이지만 유부남의 봉급을 계속 받아야 한다고 생각합니다. 한국 선교부 집행위원회의 마지막 회의에서 이 같은 권고를 하였는데 박사님께서 이미 받으신 보고서를 통해 그들의 결정을 알고 계실 것입니다.

루스 맥파렌드 – 당신께서는 이미 이 어린 소녀의 부모로부터 저와 플레처 박사님이 즉시 미국으로 돌아갈 것을 권고하는 진단서에 서명하였다는 사실을 알고 계실 것입니다. 어린 루스는 대구로 돌아온 이후 지난 3년 동안 매우 예민한 상태였고, 저는 그 기간에 평균 이틀에 한 번 정도 의사로서 그녀를 살펴보았습니다. 그렇게 잦은 방문이 꼭 필요한 것은 아니었지만, 맥파렌드 부부가 옆집에 살고 있어서 루스의 건강 회복을 매우 염려해 왔습니다. 맥파렌드 부인은 매우 총명하고 안정적인 어머니로서 루스에게 숙련된 간호사의 보살핌을 제공하였지만 헛된 일이었습니다. 지난 몇 달 동안 루스의 체온은 99도에서 101도[3] 사이를 오갔습니다. 영양 섭취 상태가 좋아 겉으로는 건강해 보였기 때문에 진단이 어려웠습니다. 저와 플레처 박사는 아마도 복부 쪽의 결핵이라고 생각했습니다. 지난여름 즈푸학교의 호그 박사가 루스를 즉시 미국으로 보내라고 했다는 이야기를 듣고 저는 충주의 퍼비언스(Purviance) 박사님께 연락했고, 그와 저는 이곳 대구에서 겨울을 한 번 더 보내는 것이 현명하다는 데 동의했습니다. 그래서 그렇게 된 것입니다. 최적의 기후 지역인 남 캘리포니아에서 몇 년 동안 사는 것으로 그녀의 건강이 완전히 회복될지는 예측할 수 없습니다. 그녀는 이제 세 살이 조금 넘었습니다. 그녀가 병을 이겨내는 것이 우리 선교지부의 간절한 기도이고, 한국으로 돌아오기 전, 이 기도가 이루어지도록 큰 주의를 기울여야 할 것입니다. 맥파렌드 부인은 아담스 부인이 죽은 이후 그녀의 빈 자리를 채우고자 연약한 몸으로 한국 여성 사역을 위해 노력했습니다. 맥파렌드 씨는 헌신적인 선교사로서 훌륭한 순회 사역을 해왔습니다. 2년 후 정기 안식년 기간이 될 때까지, 또는 그쯤까지 그는 이곳에 남아 있기로 결정했습니다. 맥파렌드 부인은 5월 9일 루스와 함께 고베를 떠나 고향으로 귀국할 예정입니다.

맥켄지 양 – 선교지부가 그녀에게 매일 3시간의 병원 근무를 배정하였지만, 언어가 너무 큰 부담이 되었기 때문에 저는 그녀에게 그렇게 많은 시간을 할애하라고 고집하지 않았습니다. 1월 이후 그녀는 병원에서 거의 아무 일도 하지 않았습니다. 그녀의 마음은

---

3   화씨(Fahrenheit) 99° F에서 101° F는 섭씨(Celsius) 약 37.2° C에서 37.8° C이다.

의료 업무에는 전혀 없는 것 같습니다. 실제로 그녀는 미국을 떠나기 전 간호사로 선교지에 오는 것을 매우 꺼리며 전도 사역자로 임명되기를 원했습니다. 이를 요청하였지만 이사회와 의견이 일치되지 않았고, 이와 관련하여 자신의 의무에 대한 우유부단함으로 인해 지금의 상황이 되었습니다. 그녀는 개인 간호 업무를 가장 싫어하며, 그 때문에 5~6년 전에 일을 그만두고 위튼대학교와 무디성서학교에 진학하였습니다. 그녀는 여전히 의료 사역이 자신의 소명인지 아니면 전도 활동에 전념해야 할지 헷갈리고 있습니다. 며칠 전 또 다른 독신 여성 선교사 중 한 분이 맥켄지 양이 간호사의 임무를 영구적으로 할지를 결정하기 위하여 6개월을 더 원한다고 제게 알려주었습니다. 그녀가 병원 일에 겁에 질려 도망갈 것이 너무 두려워서 저는 말을 별로 하지 않았습니다. 물론 선교 현장에 도착했는데 자신의 임무를 결정할 수 없었던 것은 불행한 일이며, 특히 저희 선교지부의 의료 업무 상황을 생각할 때 더욱 그렇습니다. 저희의 작은 현대식 병원은 숙련된 간호사의 사역이 절실히 필요합니다. 저의 사역과 함께 제가 그 일을 감당하기에는 너무 벅찹니다. 맥켄지 양의 능력과 근무에 관하여는, 그의 간호를 받았던 브루엔 부인과 아담스 부인이 모두 그녀를 높이 평가했습니다. 야간 근무를 할 만큼 강해 보이지 않다는 것을 제외하고는 개인 병실에서의 그녀의 도움에 만족한다고 말하고 싶습니다. 수술실에서 그의 업무는 훌륭하고 만족스러웠습니다. 하지만 의무적으로 일하고 직업에 대한 호감이 없어 보이기 때문에 제가 불안해하는 것입니다. 아마도 제가 작년 병원 보고서를 보내드린 것 같은데 기억이 나지 않습니다. 플레처 박사는 겨울 동안 저희와 함께 몇 달을 보냈는데 수술할 때 저에게 많은 도움을 주었습니다. 그는 훌륭한 의사이자 외과 의사입니다. 신중하고 다소 보수적이며 선한 사역을 할, 진지하고 영적인 사람입니다.

진료소 – 저희는 새로운 진료소의 필요성을 절실히 느끼고 있습니다. 현재의 진흙벽과 짚으로 덮인 철제 건물은 세균으로 가득 차 있어 소독제를 지속적으로 많이 사용해도 환자에게 처참한 결과를 초래하지 않고는 수술을 할 수 없어 깨끗한 현대식 병원에 오히려 장애가 되고 있습니다. 별도의 약품실이 없어 진열대에 값비싼 약품이 진열되어 있는데 학생들과 도우미들이 자신과 지인들을 위해 가져가서 사용하려는 유혹에 계속 노출됩니다. 상류층 조선인들은 이같이 불결하고 냄새나는 방에 들어가서 기다리기를 꺼리고 있으며, 이곳의 새 일본 병원과 좋지 않게 비교가 됩니다. 집행위원회는 서적 판매실, 설교실, 대기실 등을 포함한 상설 진료소 건설을 위해 2,500달러를 요청했습니다. 또한, 병원 정문과 정문 관리실도 포함해야 합니다. 저희는 이웃의 염소, 돼지, 나귀가 돌아다니기 때문에 꽃이나 나무를 심을 수 없습니다. 아내와 아이들은 아주 잘 지내고 있습니다. 사모님께 안부 전해주십시오.

진심을 담아,
우드브리지 O. 존슨

1910년 6월 10일

발신: 한국 대구

수신: 아서 J. 브라운 박사, 156 5번가, 뉴욕

친애하는 브라운 박사님께,

대구에 있는 전문간호사 메리 맥켄지 양이 의료 사역을 그만두고 복음 전도 사역만 하기로 결심한 것에 대하여 글을 씁니다. 맥켄지 양이 이곳 선교지부와 다른 선교지부의 여러 구성원에게 반복해서 말한 바에 따르면 그녀는 간호사로서 사역지에 오는 것을 전혀 원하지 않았고 이를 이사회에 표명하였지만, 결국 이 방법만이 그녀가 선교 현장에 갈 수 있는 유일한 방법이라고 생각했기 때문에 압박을 느끼며 수락한 것입니다.

그녀는 미국을 떠날 때부터 선교지에서 간호사로 사역해야 한다는 생각에 마음이 불편했습니다. 그녀는 5~6년 전에 간호 일이 싫어서 직업을 포기했었는데, 다시 그 일을 하기로 동의한 후 느꼈던 불안과 걱정이 한국에 오는 배에 같이 탔던 동료들에게 너무 분명하게 느껴졌다고 합니다. 그녀가 도착했던 평양에 있는 몇몇 여성 선교사들은 저에게 그녀와 대화를 나누라고 조언하였습니다. 그리고 갑자기 병원 일을 시키기보다는 가능한 한 서서히 쉽게 시작할 수 있도록 하라고 했습니다. 그래서 저는 연례 회의에서 그렇게 하였습니다.

대구로 온 후 선교지부에서는 맥켄지 양이 하루에 3시간만 병원 근무하는 것으로 결정하였습니다. 예를 들면 오후 2시에서 5시까지입니다. 모든 선교지부 구성원이 가능한 한 배려하기로 동의하였고 그렇게 하였습니다. 저도 병원과의 관계를 가능한 한 쉽고 즐겁게 만들기 위해 노력하였습니다. 그러나 그럼에도 불구하고, 전도 사역만 하겠다는 결심을 올봄에 분명하게 밝히기 전까지 그녀는 매우 불행해 보였습니다. 그 후 그녀는 어깨에서 큰 짐을 내려놓은 것 같았습니다.

2월에 신입선교사들을 위한 게일 선생님의 어학 수업이 열리기 전까지 그녀는 병원에서 정기적으로 3시간을 보냈습니다. 그 시간 중 어학 선생님과 함께 공부하느라 늦게 온 적이 많았습니다. 저는 언제까지나 그를 기다릴 수 없어 저 혼자서 병원 일을 해야 할 때가 많았습니다. 2월경에 의료 업무를 그만두기로 결정한 이후부터 그녀는 병원에 출근하지 않았고 거의 도움을 주지 않았습니다. 선교지부가 아직 그녀와 병원과의 관계를 중단할 것을 동의하지 않았음에도 불구하고, 그녀는 스스로 결정하였으므로 의료 업무에서 벗어나도 된다고 생각한 것 같습니다. 저는 그녀에게 맡은 업무를 계속해달라고 말할 수 없었습니다.

병원과 관련된 일을 하는 것이 그녀에게 너무 큰 시련과 불행으로 보여 저는 가장 간단한 일조차도 부탁하고 싶지 않았습니다. 병원 세탁물을 보내고 받는 것만이 그가 계속하는 일이 되었고, 그마저도 그는 학생 조수에게 일을 넘기려고 했습니다. 겨울 동안 그녀는 선교지부의 여러 구성원에게 의료 업무에 대하여 "싫어요."라고 표현했습니다. 외국인을 간호하는 것에 대해서도 똑같이 말했으며, 미국에서 간호사를 포기한 이유 중 하나는 야간 근무를 견딜 수 없었기 때문이라고 말했습니다. 저는 매우 주저하고 고민한 끝에 그녀와 의료 사역을 위해 그녀가 완전히 그만두는 것이 최선이라는 결론을 내렸습니다.

이 결론은 다음의 사항에 최대한 많은 비중을 두지 않고 내린 것입니다. 그의 의료 업무에 대한 혐오감은 더러운 현지인과 밀접하게 접촉하는 것에서 비롯된 일시적인 것일 수 있습니다. 잘 아시겠지만 이러한 혐오감은 외국 선교 현장 첫해에 드물지 않습니다. 게다가 그녀가 5년이라는 긴 시간 동안 간호를 쉬었기 때문에 다시 정상 근무에 들어가기가 쉽지 않았습니다. 또한, 그녀에게 언어가 비정상적으로 어렵다는 사실과 매년 치러지는 언어 시험이 그녀를 얽매고 그녀의 영혼을 비정상적으로 짓눌렀습니다. 아마도 이로 인해 그녀가 어학 공부에 집중하지 못하게 하는 다른 업무를 싫어하게 되었다고 생각합니다. 맥켄지 양은 매우 성실하고 외국인들 사이에서 그가 한 사역은 참으로 훌륭했습니다. 그녀는 브루엔 부인, 아담스 부인, 소텔 부인이 환자였을 때 훌륭하게 도왔고, 모두 그녀와 같이 있는 것을 즐거워했습니다. 그녀는 능숙하고 조용하며 차분했습니다. 저는 그녀가 일을 싫어하고 의무감으로만 일했음에도 불구하고 꽤 유능하고 즐겁게 일할 수 있다는 것을 알았습니다. 가을과 겨울에 그녀가 오후 2시에서 5시 사이에 정기적으로 수술을 보조했을 때, 저는 그녀가 수술실에서 일하는 것에 만족했고 실제로 그의 임무 수행에 대하여 조금도 불평하지 않았습니다. 하지만 문제의 핵심은 "싫어하는 마음을 단호하게 물리치고 그 일을 사랑하도록 결심하지 않는 한, 싫어하는 일에서 어떻게 성공할 수 있는가?"입니다. 불행히도 맥켄지 양은 지금까지 그렇게 할 의지가 전혀 없어 보입니다. 그녀가 그렇게 할 수 있는지는 모르겠지만, 의심스럽습니다.

쉽지 않은 한 해를 보냈습니다. 잘 아시겠지만, 의사 선교사는 현지식의 병원은 현지인들의 도움을 받아 잘 운영할 수 있지만, 외국식의 병원에서는 그렇게 할 수 없습니다. 다른 외국인의 도움 없이 제 소임을 다하기 위하여 노력해왔지만, 병원은 꾸준히 위축 되고 있습니다. 저희 병원에 한국인 여성 간호사가 없다는 것을 기억하실 것입니다. 세브란스병원에서는 한국인 여성 간호사가 외국인 수간호사로부터 수년간 교육받은 후 최소한의 감독을 받 으며 업무를 수행할 수 있습니다.

저의 6명의 학생 조수들은 모두 수련 중이며 외국 교육을 받기 위하여 지속적으로 수업받고 있습니다. 예를 들어 현대 의사들은 간호학을 교육받았습니다. 그들은 모두 진지한 크리스천 청년들이 며 밝고 기회를 최대한 활용하기를 열망하지만, 외국에서 훈련받 은 간호사의 감독을 받아야 합니다. 불과 한 시간 전에 병원에서 야간 간호사로 일하는 그들 중 한 명이 저의 서재로 찾아와 말했습 니다. "박사님, 큰 유혹에 빠져 있습니다. 병원에서 나쁜 일이 생길 까 두렵습니다. 밤에 일하지 않으면 좋겠습니다. 견딜 수 없습니 다." 물어보니 아편과 흙을 먹는 두 가지 습관을 끊는 치료를 위해 여성 병실에 있는 춤추는 여자가 원인이라고 말했습니다. 그녀는 팔과 다리의 근육 경련으로 심각한 고통을 겪고 있으며, 고통을 완화하기 위해 팔다리를 때리고 주무르도록 그에게 간청했다고 했습니다. 그녀가 진정 나쁜 마음으로 유혹하려고 하였는지 그에게 물었습니다. 그는 "그녀의 마음은 모릅니다, 단지 유혹이 제안에 있습니다."라고 답했습니다. "그녀의 여자 하인은 바닥에 잠들어 있고 병원에서 깨어 있는 사람은 우리 둘뿐이었어요."

브라운 박사님, 당신께서는 이제 "신뢰할 수 있는 여성 간호사가 밤낮으로 감독할 수 없는데 왜 여성 환자를 병원에 입원시켜 학생들을 그런 유혹에 노출시키느냐"라고 말씀하실 것 같습니다. 저는 이 환자를 병원에 데려온 것이 실수였으며 이를 반복하지 않으리라 생각하지만, 아편과 모르핀 중독 환자들 여럿을 성공적으로 치료한 후 한 어머니가 자신의 딸을 이 끔찍한 습관에서 구해달라고 애원하며 찾아온다면 뭐라고 말해야 할까요? 다른 곳에서는 적절한 치료를 받을 수 없고 이곳에서는 그녀를 치료할 수 있음이 확실하다면요. 그녀를 돌려보내고 예수님을 따르는 병원이 곧 멸망할 그녀를 구하기 위해 아무런 노력도 하지 않을 것이라고 말해야 합니까? 이 경우, 어머니가 병원에 들어와서 딸과 같은 방에서 밤낮으로 3주 동안 머무르는 것은 불가능합니다. 중독자의 하인이나 친구가 약을 전달하지 않도록 함께 엄중하게 감금되는 것을 이해하셔야만 합니다. 훈련되고 신뢰할 수 있는 여성 간호사가 여성 병동을 관리한다고 가정할 때, 외국인 여성 감독이 없다면 학생이나 남성 환자 또는 병원 직원 사이에 스캔들이 발생하기까지 얼마나 오래 걸리겠습니까? 여성 환자가 입원하였는데 수간호사나 다른 여성 감독관이 없는 미국 병원을 개인적으로 관찰한 결과, 이 같은 일이 일어날 것이라고 확신합니다. 만약 제가 여성 환자들의 입원을 전면 거부한다면, 병에 걸린 우리 기독교인 여성들은 어떻게 될 것이며 그들 중 일부는 선교사 의사의 도움 없이 죽어야만 하는 것인지요? 지난 일 년 동안 저는 한국인 별관에서 여성 환자들을 입원시키고 치료하였습니다. 그들의 친구와 친척들이 와서 함께 지내지만, 아편 환자나 다른 많은 심각한 환자들은 그곳에서 치료할 수 없습니다.

선교부 집행위원회가 다음 연례 회의에서 직접적인 전도 업무로 옮겨달라는 맥켄지 양의 요청에 반대하지 않겠다는 의사를 사적으로 표명하였으므로, 저는 그녀를 대신할 다른 간호사를 구하기 위하여 조치해야 할 의무가 있다고 느꼈습니다. 저는 의무감뿐 아니라 외국인 간호사 없이 병원을 운영할 수 있을지에 대한 의구심도 들었습니다. 플레처 박사가 올해 몇 달 동안 수술 업무에 큰 도움을 주었지만, 이제 저는 상당히 지쳐 있어서 적어도 여름의 가장 더운 기간 동안 본관 건물은 문을 닫아야 할 것 같습니다. 소텔 부인에게는 오마하 종합병원에서 수련을 받은 오라 크래프트 양이라는 친구가 있는데, 그녀는 캐나다 피터스버그에 거주하고 있습니다. 맥켄지 양이 임명되기 전에 두 사람은 자주 연락을 주고받았고, 저는 대구병원에 다시 공석이 생길 것 같다고 크래프트 양에게 편지하였습니다. 또한, 저는 그녀에게 당신의 주소를 주며, 그녀가 이미 대구병원에 대해 많은 것을 알고 있으므로 박사님 앞으로 편지를 쓰라고 했습니다. 그녀가 곧 지원서를 보내도 저는 놀라지 않을 것입니다. 소텔 부인의 말로는 그녀가 좋은 집안 출신이라고 합니다. 그녀는 네브래스카주 스크라이브너에 의사인 오빠가 있고, 동기 중에 가장 유능하고 신뢰받는 간호사 중한 명이었습니다. 그녀가 지원하여 임명되면 가능한 한 빨리 보내주셨으면 좋겠습니다. 만약 그녀가 지원하지 않는다면 다른 사람을 즉시 확보하도록 노력해주시지 않겠습니까? 맥켄지 양이 이 편지와 함께 동봉해 달라는 편지를 보내왔는데, 저는 그녀가 이미 마음을 굳힌 것으로 알고 있습니다.

선교지부의 건강은 양호합니다. 웰본 부부와 가족은 지난주 안동으로 가는 길에 이곳을 지나갔습니다. 플레처 박사는 이틀 전에 평양에서 도착해서 웰본 가정을 따라 곧바로 간 것으로 알고 있습니다.

진심을 담아,
우드브리지 O. 존슨

1910년 7월 17일

발신: 한국 대구
수신: 아서 J. 브라운 박사, 156 5번가, 뉴욕

친애하는 브라운 박사님께,

대구병원에 필요한 진료소에 관하여 글을 씁니다.

진료소와 관련하여 – 대구병원 건립과 관련된 상황을 기억하실 것입니다. 필라델피아의 메리 H. 라이트 양이 병원 전체 건물을 지을 수 있다는 조건으로 3000달러를 기부했습니다. 그녀는 이 돈이 병원 완공을 위한 일부분의 자금으로 들어가는 것을 꺼렸습니다. 선교부는 금 5000달러가 확보되지 않는 한 대구병원을 건립해서는 안 된다고 권고하는 조치를 취했었습니다. 그래서 당신께서 "그 금액으로 기념 병원 건물 전체를 건축할 수 없다면 라이트 양이 3,000달러를 주지 않을 것이어서, 할 수 있는 유일한 일은 비용을 줄이는 것뿐입니다."라고 선교지부에 알려주셨습니다. 대구지부는 선교부의 승인을 받아 가능한 3,000달러로 건물을 완공하기로 결정하였지만 건축업자 클라크 씨는 그 금액으로는 진료소까지 지을 수 없다고 판단하여 진료소를 빼기로 했습니다. 그래서 대구병원은 완전한 병원 건물을 세웠지만 외부의 임시 건물을 진료소로 사용해 왔습니다. 당신께서 새 건물과 부지에 대한 선교부의 요청 목록을 검토하실 때, 그리고 그 목록에서 홍보위원회(Propaganda Committee)가 교회들 앞으로 제출할 "긴급한 필요" 목록 항목을 선정할 때 대구병원 진료소 항목이 생략된 이유는 당신께서 적으신 대로 "존슨 박사의 건강이 좋지 않아 새 병원을 감독하는 일만으로도 현재 감당하기에 충분하다."는 것이었습니다.

 "한국 홍보(The Korea Propaganda)" 기간 동안 진료소를 위한 자금은 받지 못했고, 이를 확보하기 위한 고향 친구들의 노력은 아직 성공하지 못했습니다. 지금 이 글을 쓰게 된 이유는 장마가 시작되면서 현재의 임시 진료소가 가진 부적절함이 가장 명백하고 불편하게 드러났기 때문입니다. 건물 일부가 짚으로 덮였는데 일부는 아연 도금된 철로 덮여 있다는 것을 기억하실 것입니다. 이 불행한 조합으로 인해 지붕이 심하게 새고 있습니다. 비가 올 때마다 천장의 큰 진흙 덩어리가 약품, 탁자, 수술대 및 다른 가구 위로 떨어지고, 기구는 녹슬고 처방전 파일과 책은 물에 젖어 있습니다. 약 18피트 × 10피트[4]에 불과한 큰방은 용도에 비해 너무 작고 부적절합니다. 이를 수술실, 탈의실, 상담실, 약국 및 조제실로 사용하고 있습니다. 의사의 시각으로서는 거친 나무 바닥과 진흙 벽으로 되어 있어 청결하게 유지하는 것이 불가능합니다. 상류층 환자들은 그곳에 들어가는 것을 좋아하지 않습니다. 때때로 너무 붐비기 때문에 환자들이 기구나 약품을 훔칠 기회가 많고, 무엇보다도 별도의 약품실이 없기 때문에 병원 도우미들과 학생들이 항상 접근할 수 있는 개방형 선반에 값비싼 약들이 진열되어 있습니다. 그들은 모두 몇 년 안에 의사가 될 것인데 지금이나 미

4　18ft x 10ft는 약 5.4m x 3m이다.

래에 사용하기 위하려 소량을 가져가려는 유혹이 매우 큽니다. 약을 가져가려고 마음만 먹으면 적발이 거의 불가능하기 때문에 저는 젊은 기독교인들을 그런 유혹에 지속적으로 노출시키는 것이 매우 잘못된 일이라고 생각합니다. 진료 대기실은 약 14피트 × 14피트[5] 진흙 벽과 6피트 4인치[6] 천장으로 되어 있습니다. 남녀 공용이라 상류층 여성들은 들어오려고 하지 않습니다. 그들은 날씨가 좋으면 마당에서 기다리다가 비가 오거나 너무 추우면 의사를 만나지 않고 집으로 돌아갑니다.

집행위원회에서 승인한 대구의 현재와 미래를 위한 필요 목록에 새로운 진료소를 위해 4000엔을 요청한 것을 보실 수 있으실 것입니다. 1000엔은 병원 정문 숙소와 병원 창고에 필요합니다. 기부할 가능성이 있는 분들에게 이곳의 의료 활동의 필요성을 설명할 때 대구병원의 영구적인 진료소와 정문 숙소를 합쳐 5000엔을 제시하는 것이 더 좋을 것 같습니다. 이 두 가지를 창고와 함께 한 지붕 아래에 모두 지을 수 있을 것입니다.

열악한 진료소임에도 불구하고 지난 한 해 그 건물에서는 좋은 일이 있었습니다. 곧 1909년~1910년 전체 의료 사역에 대한 보고서를 보내드리겠습니다. 핵심은 건물이 거의 유용성의 한계에 도달했다는 것입니다. 400엔에서 500엔을 모아서 수리하는 것이 최선일까요, 아니면 새 건물을 지을 때까지 기다리는 것이 최선일까

---

5   14ft x 14ft는 약 4m x 4m이다.

6   약 2m.

요? 아직 지어지지 않은 병원 외부 현관을 위해 기부한 미국에 있는 친구들에게 편지를 보내 그 돈을 더 급한 진료소에 기부하도록 설득할 수도 있습니다. 병원 바로 앞, 큰길로 이어지는 곳에 좋은 땅이 있어 새 진료소를 지을 수 있습니다. 이보다 더 좋은 부지는 없을 것입니다.

봄과 여름 초까지 대구 선교지부의 건강 상태는 매우 좋았습니다. 이번 달 14일 조지 윈(Winn)과 에씩(Essick) 양의 결혼식이 이곳 대구에서 조지의 부친의 주례로 있었습니다. 굴드 미국 부 공사님과 겐소(Genso) 부부가 서울에 와 참석하였고, 어빈 박사님 부부를 제외한 부산 선교지부의 구성원들도 참석했습니다. 매우 즐거운 행사였습니다. 그들은 가루이자와[7]로 곧바로 떠났고 에드먼 부부와 토마스 윈 부부도 따라서 떠났습니다. 존스 부부는 사이드보텀 씨 댁에서 잠시 지내기 위해 부산으로 갑니다. 맥켄지 양은 여름 동안 충주에 갔습니다. 브루엔 부부는 부산에 갈 예정인데, 아마 캠핑도 할 것 같습니다. 맥파렌드 씨는 두 달 동안 부산 교회를 맡아서 그곳에서 상당한 시간을 보낼 예정입니다. 아담스 씨는 아들들과 함께 시간을 보내기 위해 즈푸로 갔습니다. 저는 너무 지쳐서 아내와 아이들만을 이곳 대구에 남겨두는 것을 매우 싫어함에도 불구하고 곧 중국으로 가서 휴식을 취하기로 결정했습니다. 가끔 고향에 있는 몇몇 친구들이 의료활동비로 자유롭게 쓰라고

---

7 가루이자와(karuizawa, 軽井沢). 일본 혼슈[本州] 나가노현[長野縣]에 있는 휴양지로, 19세기 말엽부터 일본을 대표하는 국제적인 피서지로 알려졌다(『두산백과』, 2023).

적은 액수를 보내주고 있습니다. 중국이나 일본 여행 경비를 재정적으로 감당할 수 없으며 순전히 건강을 위한 여행이기에 이사회에 비용을 요청하거나 아니면 병원의 "긴급 및 자선 기금"을 사용하는 방법이 있습니다. 저는 후자로 결정했습니다.

당신의 아시아 여행에 대한 보고서를 받았습니다. 감사합니다. 얼핏 보기에도 매우 흥미롭습니다. 아내는 한국에서의 무분별한 모르핀과 아편 판매에 관한 박사님의 소견을 읽고 이 보고서의 사본을 구해 이곳 대구에 거주하는 일본인 노세 씨에게 전달할 것을 제안했습니다. 저는 그동안 그가 대구의 일본인 약국에서 약을 판매하는 것을 중단하도록 노력해왔지만, 성과는 없었습니다. 그는 그럴 의지는 있어 보였지만 그렇게 할 수 없는 것 같았습니다. 저의 대리인들이 이곳 시장에서 구매한 모든 주사기와 샘플병을 서울로 가져갔음에도 불구하고, 그가 돌아온 후에도 이전과 같이 판매가 계속되었습니다. 저는 병원에서 점점 더 많은 마약 피해자들을 치료하고 있습니다. 한국의학회[8] 가을 정기총회에서 이 문제를 논의할 예정입니다.

진심을 담아,
우드브리지 O. 존슨

---

8 1908년 11월 15일 한국의사연구회(韓國醫師硏究會)의 명칭으로 창립되었는데, 일제강점으로 1910년 강제로 해산되었다.

1910년 9월 21일

발신: 한국 대구

수신: 아서 J. 브라운 박사, 156 5번가, 뉴욕

친애하는 브라운 박사님께,

보내주신 8월 22일 자 편지를 받았습니다. 진료실과 맥켄지 양을 대신할 간호사에 관심을 가져주셔서 감사합니다. 대구병원의 변화에 대해 더는 박사님을 귀찮게 할 필요가 없었으면 좋겠습니다. 그러나 안타깝게도 또 다른 변화에 관하여 편지를 써야만 합니다.

지난번 보낸 편지는 제가 휴가를 제대로 즐기기도 전에 부산에서 브루엔 씨로부터 그의 부인이 매우 아프다는 전보와 편지를 받고 다시 돌아와야 했던 중국 페이현에서 썼습니다. 그녀는 이번 달 하순에 격리 입원할 예정이고 증세가 심각합니다. 그러나 제가 서울에서 도착하기 전에 그녀는 스크랜튼 박사의 요양소로 이송될 수 있을 정도로 호전되었고, 그곳에서 빠르게 회복했으며 곧 격리 생활을 무사히 마칠 것으로 믿습니다.

저는 대구로 돌아와 아내와 아이들을 데리고 연례 회의에 참석했습니다. 회기 중 저는 선교부 의료위원회에 대구병원의 수술 업무로부터 빼 달라고 요청하기로 결정하고 그렇게 하였습니다. 위원회에서는 대구 선교지부에 그 문제에 대한 권고를 요청하였고, 대구 선교지부는 저에게 "대구 선교지부의 전도 업무로 전임할 것"을 권고하였습니다. 선교부 의료위원회는 이를 받아들여 몇 가지 사항을 추가하여 배분위원회에 회부했고, 배분위원회(Apportionment Committee)는 최종적으로 다음과 같이 보고하였습니다.

"존슨 박사를 대구 선교지부의 전도 사역으로 전근할 것을 권고합니다. 플레처 박사를 안동에서 대구의 의료 사역 담당으로 변경하고, 존슨 박사는 올해 또는 새로운 의사가 도착할 때까지 안동의 의료 업무를 담당할 것을 권고합니다. 이사회는 즉시 안동의 의료 업무를 맡을 새로운 의사를 파견하도록 요청할 것을 권고합니다."

이 보고는 선교부 회의 현장에서 충분히 논의되어 채택되었습니다. 또한, 의료진 파견 요청 목록에 안동을 가장 우선으로 넣기로 결정했습니다. 제가 수술 업무에서 벗어나게 해달라고 한 이유는 오로지 건강 때문이었습니다. 작년 가을 초에 대구의 상급 구성원들에게 다소 비슷하게 의사를 표현한 적이 있었는데, 저희 선교지부의 브루엔 부인, 아담스 부인, 소텔 씨 세 명이 중병을 앓기 전입니다. 그 결과 저희는 약 3개월 동안 플레처 박사의 도움을 받았고, 그가 그 기간 수술을 담당했습니다. 그러나 이것은 상황을 영구적으로 완화시키지 못했고 저는 연례 회의에서 그렇게 행동해야 할 의무를 느꼈습니다.

가벼운 수술은 항상 어느 정도 편안하고 불안감 없이 해왔지만 큰 수술, 즉 대수술은 저에게 언제나 매우 어려웠습니다. 수술 전

후에 잠을 잘 수 없었고, 긴장감과 허리 통증은 수술 중 도움을 받는 정도에 따라 어느 정도 증상이 있었습니다. 결국, 저는 의사 100명 중 90명이 해당하는 수술보다는 진료에 더 적합한 의사라는 결론에 도달했습니다.

수술과 구별되는 의료 업무에 관하여는 당연히 그 일을 계속하고 싶었습니다. 그러나 이사회가 저와 업무를 분담할 다른 의사를 이곳으로 보내어 수술을 맡기지 않는 한 대구에서의 사역은 불가능해 보였습니다. 선교부와 선교지부는 과거의 경험에 비추어 볼 때 대구병원을 두 명의 의사가 근무하는 병원으로 만드는 것이 현명한지 의심하였습니다. 그들은 이사회가 그것을 승인할 것이라고 믿지 않았고 또 계획을 승인하지 않았습니다. 아시겠지만 대구병원은 최고의 외과 수술을 할 수 있는 시설을 갖추고 있습니다. 현대식 건물이며 세브란스와 함께 재령-선천-강계 병원의 주요 수술을 분담합니다. 평양도 건물이 현지식에 가까워서 대수술에는 적합하지 않습니다. 저는 이전과 같이 계속할 수는 있겠지만, 대수술 환자들을 돌려보내야만 할 것 같았습니다. 그 환자들은 대부분 제가 기차비를 지불하겠다고 제안해도 멀리 있는 서울까지 가기를 거부하는 경우가 많기 때문에, 결국 집으로 돌아가 죽게 될 것입니다. 이는 선교부와 이사회 그리고 병원 기부자에게 옳지 않으며 병원의 평판에 해가 될 것입니다.

의료위원회는 샤록스 박사를 대신해 저를 선천으로 옮겨 신성학교에서 사역하는 것이 바람직한지에 대하여 한동안 심의했습니다. 선천 선교지부에서는 그러한 조치가 이루어지기를 간절히 바랐다고 합니다. 그러나 대구 선교지부는 적어도 현재로서는 제가 남아 복음 전도 활동을 하기를 매우 원했습니다. 대구병원 일을 포기하기로 한 결정은 제가 지금까지 내린 결정 중 가장 어려웠습니다. 많은 기도와 숙고 끝에 내린 결정이었고, 저는 그 결정이 옳았다고 생각합니다.

이제 저는 내일 안동으로 떠나 4개월 정도 그곳에 머물 준비를 하고 있습니다. 웰본 씨 집 가까이 임시 숙소가 있는데 부분적으로 리모델링을 한 한국식 집이며, 아내와 아이들은 그곳에서 지낼 수 없어 이곳에 남기로 했습니다. 플레처 박사는 이미 대구로 와서 일을 시작했습니다. 저희는 2월 1일경에 선교지부를 바꿀 것이지만, 이사회에서 그때까지 안동을 위해 사역자를 보내주셨으면 합니다. 그곳에서 가족과 함께 있는 것은 불가능할 것 같고 이사 비용도 너무 많이 들 것입니다. 이틀 반 거리, 즉 70마일 정도 떨어져 있습니다. 저는 플레처 박사님이 이곳 일에 매우 적합한 사람이라고 생각합니다. 물론 그와의 친분은 짧지만, 그는 수술하는 것을 좋아합니다. 그는 성실하고 철저한 일꾼이자 깊은 영성을 가진 사람으로 보입니다.

"순회 의사(itinerating doctor)"를 요청한 것을 보셨을 것입니다. 순회 의사는 여러 선교지부를 순회하며 정규 의사가 안식년으로 고향에 가 있는 동안 그들의 의료 업무를 돌보는 의사를 의미합니다. 휘팅 박사는 1911년 7월에 귀국하고 웰스 박사와 감리교 선교부의 폴웰 박사는 1912년 봄에 안식년으로 평양을 떠납니다. 이들 진료소에는 의사가 부재중인 동안 상주할 의료진이 있어야 합니다. 물론 의료위원회와 선교부는 이런 식으로 옮겨 다니며 다른 사람들을 대신할 의사를 구하는 것이 어렵다는 것을 알고 있습니다. 그러나 적어도 의료위원회에서 의사에게 불편하고 힘든 선교지의 특성들을 선교 임명 전에 충분히 설명하여 그가 현장에 대하여 정확히 알 수 있다면, 적어도 1년에서 10년의 주어진 기간에 만족할 그러한 사람을 찾을 수 있을 것입니다. 아프리카처럼 환경이 열악한 곳에서도 봉사할 의료인들을 찾을 수 있는데, 힘들더라도 한국을 위해 올 의료인을 왜 찾지 못할까 하는 생각이 들었습니다. 물론 독신 남성도 생각했습니다. 합의된 기간이 만료되기 전에 결혼을 하면 아내를 데리고 와야 하는데, 가족 수가 아주 적다면 전혀 불가능하지는 않습니다.

밀스 박사를 세브란스병원 의학전문학교와 연계하여 서울로 옮기려는 계획은 훌륭하다고 생각합니다. 의학대학교는 숙련된 기독교인 의사를 배출함으로써 이 땅의 힘이 될 것입니다. 기독교 목사와 교사 및 기타 지도자들과 같이 기독교인 의사도 필요하지 않습니까? 오닐 박사는 훌륭한 외과 의사라는 점 외에도 제가 아는 그 누구보다 그곳에서 가르치는 일에 더 적합한 유능한 젊은이인 것 같습니다.

작년 대구병원의 보고서를 동봉합니다. 선교 회의록에 인쇄될 통계를 보면 모든 부서에서 완전한 업무가 수행되었음을 알 수 있습니다. 한 해의 사업은 매우 만족스러웠고 병원의 명성과 우리 복음의 명성이 이 지방 전역에서 높아졌습니다.

저는 진료소에 대한 이사회의 조치 소식을 애타게 기다리고 있습니다. 이것은 정말 반드시 필요한 일입니다. 서울에 있는 동안 저와 에비슨 박사와 플레처 박사는 맥켄지 양을 그와 그의 친구의 요청에 따라 매우 주의 깊게 진찰하였습니다. 추가 검사 없이는 확실하지 않지만, 폐 한쪽이 결핵의 가능성이 있을 정도로 충분히 비정상적입니다. 늦봄과 여름 동안 그녀의 건강은 처참했습니다. 하지만 플레처 박사가 현재 그녀를 돌보고 있으며 치료에 필요한 모든 조치를 할 것입니다. 그러나 이제 그녀가 대구병원에 더 이상의 도움을 줄 수 있을 것 같지는 않습니다. 이전에 선교부는 맥켄지 양에게 매일 5시간의 일을 할당하였습니다.

진심을 담아,
우드브리지 O. 존슨

추신. 박사님의 최근 여행에 대한 5개의 추가 보고서를 보내주셔서 감사합니다. 유용하게 사용할 수 있을 것 같습니다.

1910년 11월 26일

발신: 한국 안동

수신: 아서 J. 브라운 박사, 156 5번가, 뉴욕

친애하는 브라운 박사님께,

저는 9월 22일에 대구를 떠나 안동으로 왔고, 이제 이곳에 익숙해졌습니다. 안동은 제가 가본 가장 깨끗하고 쾌적한 도시 중 하나입니다. 수백 미터 앞에 낙동강이 있는 언덕 경사면에 지어졌고 사방이 화강암으로 이루어진 토양으로 배수가 훌륭합니다. 안동은 동학농민혁명의 중심지였기 때문에 청일전쟁 직후 도시의 약 3분의 1이 일본인에 의해 건설되었습니다. 당시 성벽이 허물어졌고 일본인들이 한국인을 혹독하게 대했기 때문에 그 이후로 외국인을 두려워하게 되었습니다. 이것이 약 1년 전 "예수교(Yasu Kyo)"를 향한 광범위한 움직임이 있었던 이유 중 하나입니다. 불과 몇 마일 떨어진 곳에 약 400명의 사람이 기독교 교회의 신자라며 정기적으로 모여들었습니다. 이제는 그 그룹 중 30명이 남아있지만, 그 30명은 본질이 무엇인지, "누구를 믿는지 안다"고 할 수 있는 사람들입니다. 웰본 씨, 브루엔 씨, 에드만 씨, 그리고 그들의 경험 많은 조사들의 노력으로 진리가 전파되었습니다. 그리고 일본에 대항하는 방법으로 미국 선교사에게 향한 일종의 반(半) 정치적 운동이 무너졌습니다. 형성된 지 얼마 지나지 않아 산산조각이 난 대부분의 그룹에서 진정한 핵심 신자들이 발견되었고, 그 위에 현재 성장하는 젊은 교회가 자리 잡고 있습니다. 웰본 씨는 현재 안동 지역에서 110개의 그룹이 그의 관리를 받고 있다고 말합니다. 하지만 모두 새로 조직된 것은 아니고, 일부는 브루엔 씨와 에드만이 수년 전에 대구에 있을 때 조직한 것이라고 합니다. 제가 도착했을 때 안동 교회에는 70~80명의 교인이 등록되어 있었습니다. 도시 교회입니다. 지난 한 주간의 전도 집회와 부흥회 기간에 94명의 이름이 명부에 추가되었습니다. 평양의 길선주 목사님이 그 일을 주도하였고, 우리 선교사들이 큰 감명을 받았습니다. 아시다시피 그는 시력이 좋지 않지만 좋은 목소리와 존재감, 품위 있는 태도, 풍부한 예화를 통해 선교사들은 물론 현지인 청중을 매료시켰습니다. 그는 그리스도와 죄인들을 향한 하나님의 사랑과 복음의 진리를 전했고, 그의 말씀과 교회 형제들의 사역은 안동 시내에 깊은 인상을 남겼습니다. 길 목사님이 떠난 다음 날 흰 수염을 기른 양반 한 명이 제 진료소로 찾아왔습니다. 제가 "우리 교회 예배에 대해 어떻게 생각하십니까?"라고 그에게 물었습니다. "글쎄요, 길 목사님 같은 분은 안동에서 처음 봤습니다. 그는 훌륭합니다." "복음은 어떻습니까? 믿기로 결심하셨습니까?" 그는 "우리 유교 학자 중 두 사람이 집회에서 일어나 그리스도를 고백한 것을 모르십니까?"라고 답했습니다. "하지만 당신은 어떻습니까?" 저는 그를 압박했습니다. "네, 네. 우리 중 두 사람이 믿었고 이제 나머지 사람들과 이야기하면 차차(cha cha cha cha), 서서히 모두 그리스도인이 될 것입니다."라고 말했습니다. 이 답은 매우 의심스럽지만, 복음이 그들에게 깊은 인상을 남겼음을 알 수 있습니다. 그리스도에 대한 믿음과 그분을 받아들이기로 결심했다고 공개적으로 고백한 두 학자는 잘 알려진 인물들이었습니다.

　집회가 시작되기 전에 각 지방 그룹에 소식이 전해졌고, 대부분 각 교회의 지도자와 직분자로 구성된 150여 명의 형제들이 와서 기도와 성경 공부, 불신자들을 위한 전도 사역으로 한 주를 보냈습니다. 매일 아침 6시에는 기도회가 열렸고 9시에는 성경 공부가, 11시에는 기독교인들을 위한 설교나 강연이 있었습니다. 1시에는 불신자들을 위한 예배를 드리고 매일 오후 시간 대부분은 도시와 지방에서 온 형제들이 집마다 방문하고 노방전도를 하며 보냈습니다. 붐비는 시장을 지나갈 때면, 빨간색 또는 노란색 손 성경을 여러 개 들고 진지하게 손짓하는 남자가 십자가에 못 박히신 그리스도를 설교하며 사람들의 시선을 붙잡고 있는 모습이 사방에서 보였습니다. 종종 인파가 너무 많아 아무도 이 그리스도인을 듣고 싶어 하지 않을 때도 그들은 청취자 한 사람을 찾아 구석이나 장애물 뒤로 데려가서 듣지 않을 수밖에 없도록 했습니다. 5일마다 열리는 안동 시장은 매우 큰 시장으로 항상 수천 명의 구매자와 판매자로 붐빈다는 것을 알고 계실 것입니다. 큰 장날, 150여 명의 열정적인 한국인 그리스도인들이 성경과 찬송가, 전도지 한 뭉치를 들고 군중 속으로 들어가 복음을 전하는 모습은 정말 볼만한 광경이었고 함께할 만한 가치가 있었습니다. 그들은 자신이 하는 말을 믿고 확신하는 사람들이었고, 그들의 진지함과 불같은 열정과 반대에도 굴하지 않는 선량한 끈기는 깊은 인상을 남겼습니다. 그들은 설교를 통해 지금이 안동이 구원을 받는 날이니 당장 믿으라고 촉구했습니다. 많은 사람이 저녁 예배에 참석했고, 비가 온 날을 제외하고는 매일 밤 교회가 꽉 찼으며 밖에도 많은 사람이 모였습니다. 저희 선교사들과 한국인 그리스도인들도 모두 이 지역 전체가 큰 축복을 받았다고 생각했습니다. 성경 공부와 기도를 위한 모임은 마음을 찾는 시간으로 가득했고 새로운 헌신을 이끌어냈습니다.

안동과 그 지역에서 사역한 지는 몇 년 되지 않았기 때문에 이 운동은 부흥회보다는 전도사역의 성격이 강했습니다. 또한, 대구, 서울, 평양 및 다른 오래된 선교지부가 있는 곳처럼 회심자 수가 수백 명에 달할 것이라고 예상하지 않았습니다. 실제로 그런 것은 이곳에서는 유익하지 않았을 것입니다. 성장이 느리다는 것은 복음을 진정으로 알게 된다는 것을 의미합니다.

레니크(Renich) 부부는 11월 15일 대구에서 올라와 웰본 부부가 마련한 편안한 집에서 지내고 있습니다. 안동의 집들은 대부분 기와지붕인데 웰본 씨가 임시 숙소로 확보한 집은 대구에 있는 저희 집보다 훨씬 더 좋은 수준입니다. 웰본 부부는 영구 거주지를 짓는 동안 필요하다면 여름을 더 지낼 수 있다고 말합니다. 레니크는 훌륭한 사람이고 훌륭한 선교사가 될 것입니다. 웰본 씨는 어제 새로운 현장에서 86명의 인력을 투입해 토지 정리 작업을 진행하였습니다. 일본 쪽과 반대로 한국인 마을 끝쪽에 자리한 높고 건강한 부지 위치가 마음에 들었습니다. 그러나 평평한 부지를 확보하기 위해서는 엄청난 양의 작업을 해야 합니다. 하지만 웰본 씨는 치밀하게 계산해서 예산을 초과하지 않겠다고 말했습니다.

저는 도착하자마자 진료소를 열었습니다. 플레처 박사는 지난

봄과 여름에는 이곳에서 의료 활동을 시작하지 않았습니다. 제가 살고 있는 한국식 주택의 큰 방을 활용하고 있고 대구병원의 의학생 중 한 명이 와서 저를 도와주고 있습니다. 처음부터 환자가 꽤 많았습니다. 불쌍한 이곳 사람들이 어떤 무지 속에서 살고 있는지 상상하기 어렵습니다. 어제는 두 명의 젊은 여성 환자가 왔는데, 두 사람 모두 지난 3년 동안 말라리아가 반복적으로 재발해 극심한 고통을 겪어왔습니다. 그들은 퀴닌에 대해 들어 본 적이 없었고 그동안 아무런 도움을 얻지 못했습니다. 하지만 안동 사람들은 대구 사람들보다 다소 더 빠르고 밝고 기민하다는 것을 알 수 있었습니다. 70마일밖에 안 되는 가까운 거리입니다. 확실히 우리의 진료소 설교에서 그들은 대구의 평범한 환자들보다 종교에 대해 더 잘 듣고 지적으로 이야기합니다. 저는 그들을 좋아합니다. 도 북쪽 끝에 있는 이 지역 사역에 큰 미래가 있습니다.

아시겠지만 저는 두 달 후 대구로 돌아갈 예정이고 플레처 박사는 이곳에서 예전의 자리를 맡게 될 것입니다. 하지만 영구적으로 교체될 가능성이 있을까요? 플레처 박사가 대구병원의 책임을 맡았기 때문에 선교부에서 안동에 영구적인 의사를 요청했다는 것을 기억할 것입니다. 저는 대구의 전도사역을 맡게 되었지만, 플레처 박사가 대구병원에서 수술을 계속할 수 있도록 임시로 안동 의료 사역을 맡게 되었습니다. 이사 비용이 많이 들지 않더라도 이곳은 가족을 데리고 와 살 수 있는 집이 없습니다. 2월에 출산을 앞둔 레니크 부인과 이곳 선교지부의 네 명의 어린 아이들을 두고 떠날 수는 없습니다. 크리스마스에 제 가족에게 가는 것도 힘들 것 같습니다. 대구에 가족을 두고 이 곳에 한 해를 보내는 것이 점점 더 어려워지는 것 같습니다. 플레처 박사가 안동에서 얼마나 오래 머무를지는 연례 회의에서 배분위원회의 결정에 따라 안동과 대구 두 선교지부 간의 합의에 맡겨진 문제이며, 배분위원회는 합의에 대한 모든 것을 두 지부의 손에 넘겨주었습니다. 그러나 하루빨리 새로운 의사가 와서 안동에서 영구적으로 자리를 잡아야만 사태가 만족스럽게 해결될 수 있다고 생각하지 않으십니까? 물론 수술에 관한 부분을 제외하고는 제가 대구의 의료 상황을 일시적으로 메울 수 있습니다. 그러나 이것은 중요한 항목이고 저는 작년에 해당 부서의 모든 작업을 완전하게 수행하였지만 더는 수술할 수 있다고 생각하지 않으며 선교부에서도 그렇게 결정하였습니다. 곧 안동에 인력을 파견해주시리라 믿습니다. 이후 부산을 포함하여 한국이 요청하고 필요로 하는 많은 의료 인력 중에서는 이곳에 가장 먼저 보내져야 하고, 그래서 이 요청이 선교부의 우선순위 목록에 올라있습니다.

중국, 일본 및 한국 여행 보고서 2부를 보내 주셔서 감사합니다. 한 부는 대구 거주지에 두었고 다른 한 부는 이곳 우리 사무실에 두겠습니다. 기혼 의사가 곧 안동으로 파견되면 현재 선교지부가 소유하고 있는 기와지붕의 큰 건물 중 하나를 임시 외국인 가옥으로 쉽게 마련할 수 있습니다.

진심을 담아,
우드브리지 O. 존슨

1911년 5월 31일

발신: 한국 대구

수신: 아서 J. 브라운 박사, 156 5번가, 뉴욕

친애하는 브라운 박사님께,

경상북도 내 시골교회 제직들을 위한 연례 강습회가 6일간의 일정을 마치고 이제 막 폐회하였습니다. 지도자, 집사, 학교 교사들에게 얼마나 실용적인 수업이었는지 알 수 있는 프로그램 사본을 동봉합니다. 2~3백 명이 참석했으며, 세심한 필기, 뛰어난 집중력, 그리고 시간 마지막에 지적인 질문으로 회기가 마무리되었습니다.

재령의 쿤스(Koons) 씨는 저희와 지내며 훌륭한 사역을 하고 있습니다. 남성 성도들은 황해도에서 교회 조직 등이 어떤 방식으로 이루어지고 있는지 알고 싶어 했는데, 쿤스 씨의 불같은 열정이 그들의 마음을 사로잡았습니다. 어젯밤 그는 참석자 전원에게 선물을 주고 싶다는 생각이 들었습니다. 옛날식 동물원인 야생 동물 전시회가 마을을 방문하고 있는데, 쿤스 씨는 먼저 주인에게 가서 200명 이상이 참석하면 반값에 입장할 수 있게 해달라고 부탁했습니다. 그런 다음 그는 각 반의 구성원에게 동물과 관련된 성경 구절 목록을 종이에 적어서 가져오라고 공지하였습니다. 오후 정규 수업이 끝나자 이 성경 구절들을 읽고 여러 동물에 대해 언급한 후 휴회하고 쿤스 씨의 인솔하에 동물원을 방문하여 즐거운 시간을 보냈습니다. 물론 대부분의 사람들은 사자, 낙타, 곰을 본 적이 없었기 때문에 동물원 관람을 매우 즐거워했습니다.

모레부터 선교사 조사들을 위한 수업이 최소 2주간 계속됩니다. 이 수업은 몇 년에 걸쳐 세심하게 등급이 매겨진 공부로 이루어지며, 조사들이 한 해 동안 한 일을 복습하고 대구에서 몇 주 동안 진행된 공부에 대해 점검합니다. 올해는 마가복음을 가르칠 예정입니다.

오늘 우리 남학교 졸업반을 위한 졸업식이 있었습니다. 13명의 똑똑한 젊은 친구들이 4년간의 학업을 마치고 졸업장을 받았습니다. 졸업식은 아카데미 교정의 거대한 텐트 아래에서 열렸으며 수많은 친지들과 친구들, 구경꾼들이 참석했습니다. 아담스 씨의 뒤를 이어 학교를 맡은 라이너 씨는 올 한해 대구에서 훌륭한 업적을 남겼습니다. 그는 힘과 야망으로 가득 차 있으며 학생들에게 인기가 많습니다. 지난주 체육대회는 성황리에 마쳤습니다. 라이너 씨가 시 당국으로부터 박사님도 기억하실 "달성공원(Moon-Wall Park)"을 확보해 주었기 때문입니다. 도시에 인접한 아름다운 자연 원형극장으로 수천 명이 나무와 꽃 사이에서 피크닉이나 휴가를 즐길 수 있는 곳입니다. 저희 학교와 인근 기독교 지방 학교에서 온 수백 명의 청년과 소년들이 대회에 참가했고, 기독교 학교 여학생들의 행진과 찬양이 특징적이었습니다. 숟가락에 한 걸음 내디딜 때마다 쏟아질 것 같은 달걀을 얹고, 불이 꺼지면 패배를 의미하는 촛불이 들어 있는 종이 등불을 들고, 코스 한쪽 끝에서 급히 슬레이트와 연필을 집어 들고 한자 격언을 쓴 후 골인

지점을 향해 잔디밭을 미친 듯이 달려가는 한국인 어린 소녀들을 보는 것은 우리 선교단 어른들에게 낯설었습니다. 이상하게도 4~5년 전만 해도 이런 어린 소녀들은 달성공원에서 가리개를 쓰지 않고는 걸어 다닐 수 없었을 것입니다. 체육대회는 도시 기독교인들에게 큰 축제의 날이었으며, 이전에는 누려보지 못했던 진정한 기독교 휴일이었습니다.

몇 달 전에도 말씀드렸듯이 저는 2월 1일 안동에서 돌아와서 이곳 대구의 의료 업무를 담당하고 있습니다. 진료소 이용객은 꾸준히 증가하고 있으며, 일본 병원이 여전히 무료 진료와 치료를 제공하고 있음에도 불구하고 많은 사람이 비용을 지불하면서도 저희 진료소를 선호하고 있습니다. 본관 병원 건물은 제가 아직 많은 수술 작업을 수행할 준비가 되지 않았기 때문에 개원하지 않았습니다. 진료소에서는 평소처럼 경미한 수술을 하는데, 이전만큼은 아닙니다. 케네디 기금에서 새 진료소를 위한 예산을 배정했다는 소식에 매우 기뻤습니다. 꼭 필요한 일이었고 우리 자산을 크게 향상시킬 것입니다.

대구의 새 전문간호사 E. 맥기(McGee) 양이 얼마 전에 무사히 도착한 것을 물론 알고 계실 것입니다. 그녀는 이미 두 건의 심각한 병을 앓는 환자를 도우며 큰 도움을 주었습니다. 첫 번째는 3월에 폐렴 발작을 일으킨 펜실베이니아 이스턴에서 오신 저의 어머니 N. 존슨 여사입니다. 두 번째는 W.C. 에드만 부인의 악성 인후염 사례였습니다. 두 사람 모두 잘 회복되었지만, 에드만 부인은 안식년을 떠날 때가 되었을 때 여전히 너무 약해서 한동안 배를 타지 못할 것 같았습니다. 하지만 모두가 나서서 도와주었고 에드만 부부는 제시간에 떠나는 데 성공했습니다.

어머니 N. 존슨 여사와 저의 두 여동생 줄리아와 루스 존슨이 펜실베이니아 이스턴에서 3월 10일 대구에 도착했는데, 방문했던 어떤 나라보다도 한국이 좋다고 합니다. 이들은 오는 길에 인도에 있는 우리 선교지부 여러 군데를 방문했습니다. 도착한 이후 두 자매는 시골을 순회하는 여행을 하고 있습니다. 두 자매 모두 한국 조랑말을 타는데, 한국 조랑말이 한국 가마보다 훨씬 편하다고 말합니다. 여동생 루스는 아내와 저의 큰딸 메리 파커와 함께 대구에서 동쪽으로 60마일 떨어진 신라 왕국의 옛 수도 경주에서 열흘간 성경학교를 진행하러 떠나 있습니다. 가족들의 방문이 제게 가장 큰 기쁨이 되는 것은 말할 필요도 없습니다. 그들은 아마도 연례 회의가 끝날 때까지 머물 것으로 예상하고 있습니다.

이미 언급한 두 사례를 제외하고 대구 지부의 건강은 겨울 동안 꽤 좋았습니다. 어린 해리엇 브루엔은 유모를 구하기 전까지는 매우 쇠약해 보였지만, 그 이후로는 활기차게 지내고 있습니다. 저는 좋아지고 있지만 당분간 수술을 하지 않는 것이 현명하다고 생각합니다. 물론 일부는 여전히 할 수밖에 없는 상황입니다. 안동에서 몇 주를 보낼 때 멜본 부인의 유산 수술을 해야 했습니다. 하지만 모든 것이 잘 됐습니다. 플레처 박사가 이곳에 와서 새 진료소를 열었습니다.

지난 몇 달 동안 미국에서 여러 방문자가 있었습니다. 마퀴스 목사 부부와 딸 그리고 록아일랜드 출신 조카가 며칠 동안 방문했습니다. 라이너 부인의 친구인 캘리포니아 버클리 출신의 페이지 양과 웰즐리대학교 출신이며 내년도 Y.M.C.A. 총무인 그레이스 킬본 양이 얼마 전에 떠났습니다. 둘 다 열흘간의 지방 순회 여행을 떠났습니다.

제칠일안식일예수재림교회가 대구에 와서 기독교인들 사이에서 활동을 시작했습니다. 그들이 지도자로 임명한 한국인은 저의 전 환자이자 변절한 기독교인이며 모르핀 사용자로, 이 도시에서 가장 나쁜 인물 중 한 명인 문(E, Nay, Moon)이라는 사람입니다. 그들은 그 사실을 모르는 것 같습니다. 언어가 부족하고 그들처럼 모두에게 두 팔 벌리면 속는 것은 당연합니다.

진심을 담아,
우드브리지 O. 존슨

1911년 9월 17일

발신: 한국 대구
수신: 아서 J. 브라운 박사, 156 5번가, 뉴욕

친애하는 브라운 박사님께,

이미 연례회의록을 받으셨을 것이며, 건강상의 이유로 저에게 휴직을 부여하라는 조치 권고에 대하여 아시리라 생각합니다. 이 조치는 제가 직접 주도한 결과였습니다. 1년 전 연례 회의에서 저는 대구병원과 관련된 의료 업무가 너무 과중하다고 의료위원회에 알려야 했습니다. 미국에서 안식년을 보낸 후 돌아왔을 때 저는 제 역량을 과대평가했고, 미국에서 훈련된 간호사나 다른 의사들의 충분한 도움 없이 현대식 병원을 조직하고 관리하며 의과 학생 교육에 너무 많은 일을 맡았습니다.

병원은 너무 잘 조직되어 있었고 거의 3년 동안 성공적으로 운영되었지만 저는 그 안에서 무너졌습니다. 저는 의료위원회에 전근을 요청했고, 선교부는 저를 전도사역에 배치하였습니다. 그러나 의사 부족으로 인해 저는 의료 업무에 1년 더 머무르기로 동의하였습니다. 제가 수술 업무에서 벗어나면 필요한 휴식을 취할 수 있다고 생각했기 때문이었습니다. 그 결정은 실수였습니다. 의료 직업과 관련된 불안과 긴장을 떨쳐버리고 신체적으로 더 건강한 야외 생활인 시골 순회 여행에 임했어야 했습니다. 이번 여름 가루이자와에서 고도의 영향을 받았는지 모르겠지만, 저는 그렇게 높은 곳에 머물렀던 적이 없었기 때문에 불면증, 신경과민, 운동 시 요통이 심해져서 제가 대구에서 전임전도자로 사역하는 것이 저의 미래의 건강이나 이사회와 선교부에 합당한 일인지 고민하기 시작했습니다. 이렇게 몇 달 혹은 한해를 지속한다면 저는 영구적으로 건강에 해가 될 수 있습니다. 또한, 대구 선교지부가 고려한 임무를 수락하고 아담스 씨의 시골 사역 자리를 채우려다 중반에 포기하여 실패하게 된다면 선교지부 업무에 처참한 불행이 될 수 있습니다. 다른 선교지부의 도움을 받기가 거의 불가능한 상황입니다. 도쿄 성누가병원의 블리스 박사와 상담한 결과 그는 그가 관찰할 수 있는 한 제게 기질적인 질병은 없다고 말하며 미국으로 가서 1년간 휴식을 취하는 것이 좋겠다고 조언하였습니다.

일본에 있는 동안에도 저는 의료 업무에서 벗어날 수 없었습니다. 약간의 중병이라고 생각되는 몇몇 환자들의 치료를 맡게 되었는데 나중에 알고 보니 매우 심각한 병이라서 제가 피하고자 하였던 신경 긴장과 불안에 시달리게 되었습니다. 그들은 우리 일본 선교부의 친구들이어서 치료를 거절할 수 없었습니다. 당신께서도 상황을 아시지 않습니까. 의사는 아파서 누워있지 않는 한 그의 직업적 의무가 매우 분명하게 있습니다.

평양에서 의료위원회는 여러 명의 의사를 임명해 저를 진찰해달라는 저의 요청을 받아들였으며 대구 선교지부의 권고에 따라 제게 1년의 휴가를 주기로 하였습니다. 박사 에비슨, 밀러, 퍼비언스, 샤록스가 저를 진찰했고, 미국으로 돌아간 이후의 저의 호전 정도에 따른 무기한 휴가를 권고하였습니다.

의료든 어떤 사역이든 필요가 생기면 선교지부를 위해 참여해야 하는 것이 제게 유익하지 않아 저는 미루지 않고 대구를 떠나기로 하고 즉시 휴직을 신청했습니다. 의료위원회는 이사회의 결정을 전보로 보내주신다면 서신 교환에 소요되는 한 달의 시간을 단축할 수 있다고 판단하여 이를 권고했습니다.

회의 후반에 의사 한 명이 제게로 와 현장에서 이루어지는 저의 회복을 위한 모든 조치가 만족스럽지 않다며 귀국하기 전에 세브란스병원에서 그곳 의사들의 지속적인 치료와 관찰을 받으며 한두 달 정도 머물렀으면 좋겠다고 말했습니다. 사실은 아직 치료를 거의 받지 못했기 때문에 저는 기꺼이 그렇게 하겠다고 대답했습니다. 작년에도 몇 가지 제안이 있었지만, 선교지부에 의사가 혼자라면 그는 의료 업무를 해야 하고 또한 그가 업무를 잘 해내면 그는 다른 의사로부터 받는 치료가 중단됩니다.

이것이 저에 관한 상황입니다. 담당 의사들은 제가 충분히 호전되면 휴직이 필요하지 않을 것으로 생각하는 것 같습니다. 확실히 가루이자와를 떠난 후 제 증상이 현저하게 호전되었고, 아마도 충분한 휴식과 책임감으로부터의 자유를 통해 의료 이외의 다른 일을 할 수 있을 것입니다. 의학을 포기하고 싶다는 생각은 신체적으로 감당하지 못하겠다는 것 외에는 없었습니다. 준비와 투자한 많은 돈은 말할 것도 없고, 자신이 좋아하고 적성에 맞는다고 믿는 직업을 포기하는 것은 한 사람의 자존심에 큰 타격을 주는 일입니다.

건강 휴직과 관련하여 저는 당분간 한국에 남아있어야 할 것 같습니다. 제 아이들이 아직 미국에서 학교에 다닐 준비가 되지 않았고 이스턴의 저의 본가는 최근 아버지의 죽음으로 해체되었으며, 아내의 아버지인 에디슨 파커 목사님은 작은 교회의 작은 사택에 계셔서 제 가족이 그곳에 가 있을 수 없습니다. 미국으로 돌아간다면 혼자여야 할 것 같습니다. 저는 전문가의 의학적 조언을 구하고 가족과 떨어져 요양원에서 시간을 보내야 하며, 월급 외에는 아무것도 없는 상황에서 막대한 의료비를 감당해야 할 것입니다. 건강상의 이유뿐만 아니라 재정적으로도 저의 미래가 매우 어두워 보입니다. 그래서 저는 대구 선교지부에 아내와 아이들이 현재 저의 대구 집에 머물 수 있게 해달라고 요청했습니다. 아담스 씨가 미국 안식년에 있는 동안 대구에는 집이 충분하기 때문입니다. 맥파렌드 부인의 부재로 그 집도 역시 부분적으로 비어 있습니다. 저의 큰아이가 이번 달부터 즈푸에 있는 C.J.M. 학교에 다니기 시작했습니다. 그 아이가 없기 때문에 아내는 저희 아이들을 가르치는 데 할애해야 하는 시간이 줄고 한국인 여성들 사이에서 더 많은 일을 할 수 있을 것입니다. 밀스는 이곳에서 혼자서 많은 여성을 가르치고 있기 때문에 아내가 그녀의 시골 교육 사역을 도울 수 있을 것이라는 전망에 기뻐하고 있습니다. 제 여동생 중 한 명이 제가 미국으로 돌아가면 봄까지 이곳에 남아서 저희 아이들을 가르치고 아내의 말벗이 되어주겠다고 제의하여 아내가 한국인 여성 사역을 위한 시간을 가질 수 있게 됩니다.

저는 안식년이 필요하지 않기를 바라고 있으며, 4~6개월의 휴식과 후반부에 약간의 전도사역만 있으면 된다고 생각합니다. 저는 지난 한 해 동안 안동에서 주요 수술을 제외한 모든 의료 업무와 상당한 목회 업무를 수행하였습니다. 이곳 대구 진료소에서는 모든 의료 업무를 수행하였습니다. 병원은 개원하지 않았습니다. 물론 저는 의료위원회의 손에 저 자신을 전적으로 맡겼고, 미래가 불확실해 보이는 상황에서도 믿음으로 걸어가려고 노력하고 있습니다. 어머니와 여동생들은 평양 회의를 매우 즐거워했습니다. 그들은 번하이슬 부부 집에 여전히 머물고 있으며 특별한 환대를 즐겼습니다. 오늘 저희 노회가 열렸는데 약 150명의 한국인과 50명의 외국인 회원들이 참석하였으며, 이는 공식적인 수치는 아닙니다. 한국인 노회원들은 참으로 훌륭한 분들입니다. 마펫 박사와 클라크 박사는 저희집에 계십니다. 마펫 박사는 제가 본 그 어느 때보다 몸무게도 무겁고 건강해 보입니다. 의사들의 후자의 조치로 인해 전보가 필요하지 않은 것 같으니 곧 편지로 연락드리겠습니다.

진심을 담아,
우드브리지 O. 존슨

− 선교부의 의사 부족 문제와 관련하여 −

저는 의료위원회의 한 사람이었고 평양과 다른 모든 감리교 선교사들을 포함하여 조사한 끝에, 감리교 형제들은 저희 의료 사역의 비상사태를 극복하기 위하여 에반스버거 박사를 고용하는 것에 반대하지 않기로 결론을 내렸습니다. 그녀는 유능한 의사이자 웰본 부인의 개인적인 친구이지만, 감리교 서울병원 건축가 로버 씨를 강경하게 옹호하였기 때문에 감리교 이사회에서 사임하였습니다. 그녀는 10월 1일부터 안동에서 근무를 시작할 예정입니다. 스미스 박사는 세브란스 인턴십에서 떠나지 못하고 있습니다. 밀스 박사는 몇 주 간격으로 복통 발작을 일으켜 완전히 엎드러지곤 합니다. 그는 강계로 돌아가고 싶다는 의사를 밝혔지만 강계의 다른 선교사들은 아픈 의사가 있는 것에 부담을 느끼고 있었기 때문에 위원회는 그를 즉시 서울로 이송할 것을 권유했습니다. 그를 진찰한 의사들은 맹장염이라는 의견과 알 수 없는 병이라는 의견으로 서로 달랐습니다. 맥클레어한 박사가 사임한 지금, 저희는 많은 혼란을 겪고 있습니다.

이곳 대구에서 모인 노회에서 모든 선교사는 어제 오후 이 문제를 논의했지만 합의에 이르지 못하였습니다. 회의록에 드러나듯 밀스 박사가 5월에 안식년이 될 때까지 부산으로 가는 것에 찬성하는 것 같습니다. 비거는 강계에, 간호사인 맥기 양은 재령에 남기로 하였는데, 재령에는 작년 연례 회의의 결정에 따라 한국인 의사인 주[9] 박사가 서울이나 평양에서 필요할 때 외국인 의사의 도움을 받아 효율적인 의료 원조를 하기로 하였습니다. 이 제안에 반대 4표가 나왔고 나머지 약 20명은 투표하지 않았습니다. 플레처 박사가 강계로 가는 제안이 있었습니다. 한국인 사역을 위해 대구병원이 조속히 개원되어야 하므로 이 안이 강력하게 주장되지 않기를 바라고 있습니다. 개원이 빨리 이루어지지 않으면 저희 의료 사역이 어려움을 겪을 것이므로 회복하는 데 수년이 걸릴 수 있습니다. 일본인 병원은 재작년에 우리 병원이 차지했던 자리를 빠르게 차지하고 있습니다. 저는 부산에 외국인 의사를 두지 않거나 밀스 박사를 그곳에 두는 것이 더 낫다고 생각합니다.

---

9 원본에는 주(Chu) 또는 진(Chin)으로 보인다.

필요하다면 대구에서 부산을 돌볼 수 있습니다. 이곳에서 매일 5편의 기차가 운행됩니다. 급행은 2시간 30분이면 도착합니다. 나머지는 4시간이 걸립니다. 그곳에는 상당히 유능한 일본인 의사들이 있는 오래된 일본 병원도 있습니다. 비거 박사가 부산에 머문다고 해도 언어 공부로 인해 병원을 개원할 수 있을지는 의문입니다. 밀스 박사는 안식년이 될 때, 다시 문을 닫아야 할 때까지 일할 수 있습니다. 이사회가 맥클레어한 박사를 대신할 의사를 확보하기 위한 노력을 중단하지 않기를 바랍니다. 혹시라도 플레처 박사가 강계에 배정된다면 이곳 우리의 모든 의료 활동이 사실상 중단될 것이라는 점을 언급하는 것을 잊었습니다. 제 학생 중 3명은 올가을에 세브란스에서 공부하기 위해 서울로 갈 것이고, 다른 학생들은 한국인들 사이에서 약국 실무를 시작할 것입니다. 진료소도 문을 닫아야 할 수도 있습니다. 개인적으로 밀스 박사가 5월까지는 서울에 있는 것만큼이나 부산에 있을 수 있다고 생각합니다. 밀스 박사는 외과적 도움이 필요하다면 언제든지 세브란스의 플레처 박사에게 연락할 수 있을 것입니다

우드브리지 O. 존슨

1912년 10월 6일

발신: 한국 대구

수신: 아서 J. 브라운 박사, 156 5번가, 뉴욕

친애하는 브라운 박사님께,

연례회의록을 통해 제 건강에 관한 조치를 이미 보셨을 것입니다. 의료위원회는 "존슨 박사의 휴직 기간을 2년으로 자동 연장할 것을 권고"하는 보고서를 제출하였습니다. 이 안건은 배분위원회 (Apportionment Committee)에 회부되어 "건강 악화를 이유로 존슨 박사에게 휴직을 허가할 것을 권장하고, 세브란스병원 직원이 이에 대해 이사회에 보고한다."는 내용의 권고안을 제출하였습니다. 이 안건이 통과되었습니다.

저의 건강과 관련하여 최근에 박사님께 편지를 쓰지 않았는데, 지난 일 년 동안은 괜찮았습니다. 사실 작년 여름에는 저의 상태가 너무 처참하여서 할 수 있는 유일한 일은 건강 휴가를 요청하는 것이었습니다. 이 휴가는 의료위원회가 작년 가을에 결정하였는데 제가 세브란스병원에 장기간의 방문을 해본 후에 갖기로 하여 연기했던 것이었습니다. 미국으로 돌아가기로 결정한 이후로 저는 잠도 더 잘 자고 모든 면에서 좋아졌습니다. 지난 1년 동안 이런 가능성을 두고 걱정이 많았습니다.

세브란스병원의 의료진은 병원과 관련하여 서울선교지부로 근무지를 변경하는 방안도 검토해볼 수 있다고 암시하였지만, 의료

위원회에서는 최종적으로 안식년이 최선이라는 결론을 내렸습니다. 저는 이곳에서 목회 업무를 맡으며 지방 순회를 돌기를 바랐고, 우리 선교지부 전도 위원회에서 이번 달부터 일할 순회 구역을 배정해 주었습니다. 따라서 사역을 시작하지도 못한 채 미국으로 돌아가는 것이 저에게 얼마나 큰 실망인지 이해하실 것입니다. 그러나 저는 전문가의 의학적 조언과 당분간 모든 책임으로부터 완전히 벗어난 상태에서 단번에 눈에 띄는 개선을 보일 것이라는 큰 희망을 품고 있습니다.

의사의 조언이 있으면 이사회의 조치를 기다릴 필요 없이 즉시 안식년을 가질 수 있다고 개인적으로 편지를 보내주셨었지요. 선교부는 저에게 가능한 한 빨리 가도록 허락했습니다. 귀하의 편지는 1911년 10월 26일 날짜로 작성되었으며, 적어도 이와 유사한 내용이 포함된 편지는 편지 번호. 61, 1912년 1월 13일 자 한국 선교부에 보낸 편지입니다.

그리하여 저희는 지금 항해를 준비하고 있지만 떠나려면 한 달이 걸릴 것 같아 짐을 싸지는 않고 있습니다. 큰딸 메리 파커와 막내 두 아이는 미국으로 데려갈 예정이지만, 가족 수가 많아 친척 집에 모두 수용하기 어렵기 때문에 아들 W.O.J. 주니어는 즈푸 소년학교에 맡길 예정입니다. 미국 어디에 머무를지 계획이 불확실합니다. 아버지가 돌아가신 후 펜실베이니아주 이스턴에 있던 저의 본가는 해체되었고 어머니와 여동생은 캘리포니아에 있습니다. 아내의 부모님 집은 작고, 저희를 수용할 수 있는지는 아직 확실히 듣지 못했지만 당분간 그곳으로 갈 것 같습니다. 미국에 도착하면 연락드리겠습니다.

진심을 담아,
우드브리지 O. 존슨

추신. 연례 회의의 몇 가지 결정에 대하여 몇 마디 말씀드리겠습니다. 몇 년 전 제가 집행위원회와 함께 찰스 어빈 박사와 관련된 혐의를 조사하기 위하여 부산에 갔던 것을 기억하실 것입니다. 부산은 저희 와 자매 선교지부이기 때문에 관심이 컸습니다. 부산이 계속 센터가 되는 것에 대한 투표는 대부분의 사람들에게 매우 놀라운 일이었습니다. 회의 초반에 실시된 부산과 밀양 중 어느 곳을 센터로 할 것인지 결정하기 위한 거수투표에서 38대 7(1표는 무효)로 밀양을 찬성하는 결과가 나왔습니다. 며칠 후 많은 논의 끝에 다시 투표를 실시했을 때 23대 24, 혹은 23대 25로 부산에 대한 찬성 의견이 나왔습니다. 이러 한 변화는 "부산에 한 번도 경험해보지 못한 변화를 주고 싶다."는 몇 몇 사람들의 바람 때문인 것 같았습니다. 이것은 특히 젊은 구성원들 에게 충분히 영향을 미쳐 주목할만한 투표 결과를 만들어낸 것으로 보입니다. 그러나 선교부의 진정한 의도는 의사를 부산으로 보내는 것을 거부하고, 스미스 씨를 평양으로 전출시키고, 도리스 양을 강계 로 전출시키려고 시도하고, 폴라드 양을 부산이 아닌 대구로 보내어 여학교 업무를 맡겼을 때 표현된 것 같습니다. 이는 선교부가 몇 년 안에 역으로 행동하여 부산에서 철수할 수 있음을 의미합니다.

밀스 박사의 즉각적인 복귀와 관련하여, 의료위원회는 그가 그렇게 하는 것이 의무라고 강하게 느꼈기 때문에 이사회에 전보하였습니다.

감리교 선교부의 스크랜튼 박사가 공식적으로 1년간 저희와 함께 일할 수 있도록 노력하고 있습니다. 가급적이면 그가 부산에서 일해주기를 원합니다. 죄수들에 관한 더 이상의 소식은 듣지 못했지만 항소법원에서 판결이 내려질 것이라고는 믿기 어렵습니다. 도쿄의 브라이언 대사가 지난주에 북경으로 가는 길에 서울에 거쳤는데 손탁호텔에서 하룻밤만 묵었습니다. 그가 당시 선교사들을 만났는지는 모르겠습니다. 아마도 못 만났을 것입니다.

W .O. J.

사임하기까지(1913)

1913년 3월 29일

발신: 115 노스 아이비 스트리트, 몬로비아, 캘리포니아
수신: 아서 J. 브라운 박사, 156 5번가, 뉴욕

친애하는 브라운 박사님께,

3월 17일 자 편지가 며칠 전에 도착했습니다. 제가 특별 열차요금을 받을 자격이 있음을 증명하는 편지를 보내 주셔서 감사합니다.

안식년이 끝난 후 한국으로 복귀하는 것과 관련하여, 이제 집에 온 지 3개월 반이 지났기에 아직 제 건강에 대하여 확실하게 말하기는 이르다고 생각합니다. 저의 건강은 호전되고 있으며, 다시 배틀 크릭으로 돌아가면 어머니의 병환과 사망으로 캘리포니아로 와야 했기 때문에 중단되었던 치료를 계속하려고 합니다.

저는 한국으로 돌아가고 싶습니다. 저는 이곳 해안 노회에서 안수를 받기 위해 필요한 사전 절차를 문의하고 있습니다. 아시겠지만 우리 한국인 총회는 작년 9월에 저를 심사하기 위해 위원회를 임명했고, 그 심사가 만족스럽다고 판단되면 10월이나 11월에 제가 안수받을 수 있도록 준비했습니다. 저는 1년 전부터 이를 염두에 두고 선교위원회에서 권고하는 과정을 밟아 왔습니다.

위원회는 계획 변경과 건강 휴직 허가를 고려할 때 출국 전날에 안수하지 않는 것이 최선이라고 생각했지만, 이곳 노회에 안수를 권고하는 서한을 보냈습니다. 제가 이곳에서 안수를 받고 한국으로 돌아가면 의료나 목사직에 종사할 수 있을 것입니다. 그러므로 올해 이사회의 예산안에서 대구의 견적에 저에 관한 예산도 일반적인 절차에 따라 포함될 것으로 믿습니다.

참고로 이곳 노회의 한 회원은 저의 안수 신청이 승인되는 것은 의심할 여지가 없다고 하였습니다.

진심을 담아,
우드브리지 O. 존슨

1913년 6월 17일

수신: 아서 J. 브라운 박사, 156 5번가, 뉴욕

친애하는 브라운 박사님께,

지난달 편지에 쓴 것처럼 제 건강과 안식년이 끝날 때 한국으로 돌아갈 가능성에 대하여 연락 드리겠다고 말씀드린 바 있습니다. 이와 관련하여 다시 편지를 드립니다.

한국에서 돌아와 샌프란시스코에 도착한 지 6개월이 지났습니다. 이 기간에 저는 충분하게 휴식하고 훌륭한 의학적 조언과 치료를 받았습니다. 건강이 상당히 호전되었지만 지난 며칠 동안 저의 과거와 현재의 건강 상태를 면밀히 검토한 결과, 가을에 한국으로 돌아갈 계획을 세우지 않아야 한다는 결론에 도달했습니다. 다시 사역할 수 있는 체력이 되지 않을 것 같습니다.

따라서 저와 이사회의 관계와 관련하여 제안하는 방향은 다음과 같습니다. 지금 사임하는 것 아니면 이 문제에 대한 주님의 뜻이 무엇인지 1~2년 기다리는 동안 제가 계속 일할 수 있도록 이사회에 요청하는 것입니다. 전자의 길을 택하고 싶지만, 제가 평생을 바라온 일을 포기하기는 어렵습니다.

복귀에 관한 결론에 도달하기까지 6개월밖에 걸리지 않았고, 그 결론이 명확해지자마자 당신께 편지를 드립니다. 이에 대하여 친절하게 조언해 주시고 다른 좋은 방법이 있다면 알려주시기를 바랍니다.

진심을 담아,
우드브리지 O. 존슨

1913년 10월 24일

발신: 59 힐 스트리트, 배틀크릭, 미시간
수신: 아서 J. 브라운 박사, 156 5번가, 뉴욕

아서 브라운 박사님과 해외선교부 이사님들 귀하

여러분, 저는 오늘 이사회에 한국 선교부 대구지부의 선교사 사직서를 제출하려고 합니다. 사유는 건강이 계속 좋지 않기 때문입니다. 거의 1년간 미국에 있었는데 그중 6개월을 요양원에서 보냈습니다. 제 건강 상태는 이사회 명단에 계속 이름을 올릴 수 있을 만큼 충분히 개선되지 않았다고 생각합니다. 많은 생각과 기도 끝에 이 중요한 단계를 밟으면서 저의 사역에 대한 여러분의 한결같은 친절과 배려에 감사를 표하고 싶습니다.

장로교 해외선교부 이사회에 소속되어 지난 16년간 사역할 수 있었던 것은 저에게 끝없는 충만함의 원천이었습니다. 부득이하게 여러분들과 인연을 끊어야 하는 것을 유감스럽게 생각하며, 제 인생의 더 많은 시간을 보내고 싶었던 사역을 그만두게 된 것을 매우 슬프게 생각합니다.

진심을 담아,
우드브리지 O. 존슨

1913년 11월 3일

발신: 59 힐 스트리트, 배틀크릭, 미시간
수신: 아서 J. 브라운 박사, 156 5번가, 뉴욕

친애하는 브라운 박사님께,

동봉한 사직서를 해외선교부 이사회에 제출하기 위해 며칠 전에 작성했으나 발송이 지연되었습니다. 평생을 해외 선교지에서 지내는 것이 저의 오랜 소망이었기 때문에, 이 사표를 제출하는 것이 매우 유감스럽습니다.

저의 6월 17일 자 편지를 기억하실 것입니다. 오랫동안 계속된 저의 허약한 건강 상태를 생각하면 사임하는 것이 최선이지만, 저는 친절하게도 이사회에서 허락한 장기 휴가 연장을 미국에서 시도하기로 결정하였다고 적었었습니다. 그러나 그로부터 4개월 반이 지난 후에도 저의 건강이 나아지지 않았습니다. 다시 선교지에서 일할 수 있을 만큼 건강이 회복될 가능성이 없어 보이기 때문에 더이상 이사회 명단에 저의 이름을 올릴 수 없다는 결론에 도달했습니다. 결정을 내렸기에 즉시 박사님께 통지하며, 선교지 현장의 저의 동료들이 이 사실을 곧 알 수 있도록 그리고 이사회가 저의 사임으로 인해 대구 선교지부에 생긴 공석에 바람직한 조치를 취할 수 있도록 해 주시리라 믿습니다.

또한, 박사님을 통해 이사회에 은퇴 선교사가 받는 수당을 요청하고 싶습니다. 저의 과거 질병과 현재의 허약한 건강 상태로 인해 이 요청을 드릴 수밖에 없습니다. 제가 1903년에 첫 안식년을 맞아 미국으로 돌아왔을 때 1906년까지 3년 동안 질병으로 이곳에 체류하였다는 것을 기억하실 것입니다. 저의 기억이 맞는다면 그 기간의 일부, 그러니깐 약 반 정도, 당시에는 연간 1100달러였던 "가정 수당"을 받았습니다. 저는 두 개의 요양원에 장기 입원했고, 의료 전문가들에게 수수료를 지불하고, 기차 여행 및 가족과 떨어져 지내야 했기 때문에 비용이 매우 많이 들었습니다. 저는 신중하게 회계를 작성하였는데 장부를 살펴본 결과, 그 3년 동안 이사회로부터 "가정수당과 아동 수당"으로 받은 금액보다 2168.79달러를 더 많이 지출한 것을 발견하였습니다. 이 적자는 이사회의 도움을 요청하지 않고 제가 저축한 돈을 모두 사용하여 스스로 해결했습니다.

건강 악화로 저의 직업인 의사를 영구적으로 포기해야만 하며, 저는 현재 생계를 유지할 수단이 없습니다. 이러한 상황에서 위의 요청을 드립니다.

진심을 담아,
우드브리지 O. 존슨

원문

W. O. Johnson's handwritten letters were transcribed
by Han, Mikyung Kim

Preparing for Missionary Service(1896-1897)

January 14, 1896

Sent : King's County Hospital, Brooklyn, New York

Received : H. A. Nelson 204 S. 41st Street, Philadelphia

My dear Doctor,

You were kind enough last Spring to offer to give me a note of introduction to one of the Secretaries of our Foreign Mission Board. I think it was Dr. Ellinwood or Dr. Gillespie. I should much appreciate it if you could do so now. While I do not now feel ready to offer my services to the Board and become an applicant for a position under it, yet I should like to make the acquaintance of some of its members and become familiar with its methods and work.

I have been engaged as a Resident Physician in this Hospital since July last and have found my duties more absorbing than I had anticipated. The Hospital proper contains six hundred patients, in addition to which we have under our charge an almshouse with fourteen hundred, a nursery and a pavilion for imbecile Children. We have also the Hospital, detention wards where those suspected of insanity remain until examined by the County Medical Examiners for the Insane. The service is thus a very comprehensive one, embracing all the departments of medicine, though weak in its surgery.

As is the case in public hospitals especially, wretchedness and misery largely the results of vice on heredity are here manifest on every side and one's opportunities for serving Christ are measured only by one's physical and spiritual strength. The temptations of hospital life are no less I find than elsewhere. It is very easy to get to dealing with "cases" not men and women and high ideals are more easily obscured by mists of worldly ambition, professional ambition, than they were before engaging in active life. The majority of our patients here are Roman Catholics and we come in almost daily contact with the Romish Priests. Their faithful service toward their people, it has seemed to me since being here, constitute one of the chief elements of their power over them. They do some excellent work among the alcoholic patients.

I spent the New Year's week with my family at Easton. All were well. Grandma Little and Aunt Jessup included, though they do not care for the cold weather as much as formerly. Grandma and mother spent three weeks in November visiting old friends in St. Louis. Grandmother's vigor in going so far from home surprised us all. I trust yourself and family are well. Kindly remember me to your daughters.

I remain,

Very Sincerely Yours

Woodbridge O. Johnson

January 14, 1897

Sent : King County Hospital, Brooklyn, New York

Received : H. A. Nelson 204 S. 41st Street, Philadelphia

My dear Dr. Nelson,

I am preparing to send in an application to the Presbyterian Board of Foreign Mission for service under it as a Medical Missionary. You were kind enough last Spring to give me a letter of introduction to Mr. Speer. May I ask you for one now to Dr. Gillespie, stating your opinion as to my qualification so far as know me personally, for such a position? The Board has a meeting about February the first and I expect to hand my papers in before that time. The financial stringency is so great however and the number of applicants considerable, so that I should not be surprised that even if accepted I could not be sent. I fully expect in that case that some other way will be opened for me to reach the field.

While on a short vacation during the holidays, I became engaged to a young lady who has promised to share with me a missionary future, or rather make it the future of two missionaries. She is a devoted Christian girl, a former classmate of my sister at Vassar. Her name is Miss Edith Parker. Having long been a favorite (i.e. Miss Parker) with my mother and the rest of the family, I consider myself remarkably blessed at being able to please them so much by my choice, although I assured them I had no idea of consulting their tastes when I made it.

I expect after leaving here in a short time to get some more hospital work in a [illegible] Hospital where I can devote myself more exclusively to that specialty. Will you please seal your letter to Dr. Gillespie and address it to my care here? I have not yet sent in my application but expect to give my letter at the same time.

I remain
Yours very sincerely
Woodbridge O. Johnson

January 25, 1897

Sent : King County Hospital, Brooklyn, New York

Received : John Gillespie 156 Fifth Ave. New York City

My dear Sir,

I desire to make application to the Presbyterian Board of Foreign Missions for service under it as a Medical Missionary and inclose herewith the list of personal questions to be answered by such applicants. I have always regarded a foreign missionary life as one of highest privilege and the man whom God allows to serve him in Heathendom as one of especially favored. I joined the Student Volunteer Movement for Foreign Missions several years ago believing that as a Missionary I could best obey Christ's last command to us, "Disciple all nations" and make my life count for more on the foreign field than at home. These are still my views. As stated in the list of questions already answered, I have been a member of the Presbyterian Church since 1888 and then taught and spoken in Mission Sabbath Schools and been engaged in the work of the Young Men's Christian Association and Young People Society of Christian Endeavor since that time. I was also the leader of the student volunteer and at the University of Pennsylvania during my last year there. My Christian work since graduation has been largely of a personal character among the patients under my care and those associated with me.

I should like to go to Corea. I believe the need there for Christians as great of not greater than in any other land at the present time. The climate there I believe one to which I am adapted as well as the young lady to whom I am engaged to be married. I like the people from what I know of them and think I could work well among them. After Corea I should prefer Persia and Northern China. I expect to go to the field married. The young lady to whom I am engaged expects to take a course in nursing before leaving if time and circumstances permit. I am very anxious to reach the Foreign Field within the year. I shall be free to go by Sept. or before. I believe a medical missionary should be 1st a missionary, 2nd a physician.

By the mail following I send to you testimonials from some of those who know me. Not having my list of personal questions ready and believing you desired that, before my testimonials, I wrote asking the writers to send them sealed to my care. Most Of them have done so and I have regarded them all as confidential. Will you kindly advise me of any further information the Board would like from me. I expect to be in New York again on Saturday next.

I remain
Yours sincerely,
Woodbridge O. Johnson

February 2, 1897

Sent : Wilkes-Barre, Pennsylvania

Received : John Gillespie 156 Fifth Ave. New York, NY

My dear Doctor Gillespie,

In my letter to you of some days ago I omitted to speak of one matter, which was in regard to a health certificate from my family physician. My old physician, Isaac Ott, Dean of Medico-Chirurgical School has lately moved to Phil. and I wrote asking him to give you his opinion as to my physical condition and general health. I also asked Dr. Alfred Stengel of the University of Pennsylvania and my preceptor while there, who attended me during a serious illness last Spring to write to you a similar opinion. Letters from both physicians I enclosed to you with my other testimonials and trust they were satisfactory.

You and your colleagues of the Board of Foreign Missions have probably by this time acted upon my application. I am desirous of learning as soon as possible what that action may have been. My fiancée, a teacher, wishes to arrange for her resignation at short notice, dependent upon my prospects and must confer with her principal upon the matter. Will you kindly let me know therefore at your earliest convenience the action of the Board and oblige.

Sincerely yours
Woodbridge O. Johnson
of Wilkes Barre City Hospital
Wilkes Barre, Penn

May 6, 1897

Sent : Daegu, Korea

Received : John Gillespie 156 Fifth Ave. New York, NY

My dear Dr. Gillespie,

I called on Monday to give you the date, "November 1st," as that upon which I should start for Corea, if my efforts regarding support are successful. I left that date with Miss McMillan and asked for a dozen copies of such a statement as you sent to Rev. Cyril Ross. Will you kindly forward them to me as soon as possible?

Miss Parker's address after this week will be "Care Sloane Maternity Hospital, 59th St. and Amsterdam Ave. N.Y. City."

If I present the question of my support on the field to friends, is not $800 the amt. to be stated and $450 as that required for my expected wife?

I remain,

Very sincerely,

Woodbridge Johnson

Missionary Work in Korea I (1897-1903)

January 20, 1898

Sent : Daegu, Korea

Received : F.F. Ellinwood 156 Fifth Ave. New York, NY

My dear Dr. Ellinwood,

I trust you will excuse my delay in writing more than a postal to let you know of our arrival and settling in Tagoo. I wrote that the day we landed at Fusan. Our voyage out was rough, considerable of the way, and not very pleasant. We found ten other missionaries on the Coptic and made some warm friends. Miss Lewis of the Canton Mission was the only one of our Board and no one else going to Korea.

In Japan, we were detained ten days awaiting a steamer for Fusan. We visited Tokyo, went by rail from there to Kyoto, Osaka, and Kobe. Both Mrs. Johnson & myself were glad we were not to stop in Japan. The country is beautiful and artistic but people seem to have an unusual number of very disagreeable characteristics.

The missionaries whom we met seemed to envy us notwithstanding the isolation of Korea and Tagoo. Dr. Irvin and Mr. & Mrs. Ross came aboard the steamer to meet us at Fusan Dec. 22nd. As Mrs. Adams was expecting & to be confined and anxious to have me at Tagoo, we started the next morning under Dr. Irvin's guidance for this place. We had a most interesting ride on pony, Mrs. Johnson in a Korean chair, for three days through valleys and over hills and one high mountain. The scenery is beautiful, lacking in vegetation at this season and hill almost bare of trees but bold and rugged. We had expected the very worst possible things of the Korean inns but Mrs. Johnson had Dr. Irvin's cot and the cold season is bad for the insectivores so we did pretty well considering the cramped quarters and the smoke rooms average six or seven for square and a bonfire at the door of each of half a dozen or more rooms, around the courtyard. The latter is filled with horses, cows, straw, coolies and their loads and confusion reigns for late after you arrive and begin early. Mrs. Johnson found the square Korean chair simply a box, rather tiresome after her long trip and Tagoo seemed like homes after Japanese hotels and their inns.

We received a most cordial welcome from Mr. & Mrs. Adams. We're boarding with them until our house is ready which may mean a month or six, apparently. Adams has a good native house which has been remodeled. t is comfortable. I am not sure how its earth floors (some rooms) and earth wall will stand the rainy season. Adams is a very fine fellow. Has had the expected addition to his family, a boy who arrived last Friday. He and his mother are doing well. Mr. Adams has been here now about three months. There are no other foreigners except a French priest and Japanese soldiers. The former [illegible] has called upon but not seen. The people are very pleasant but not much disturbed by our presence. Rather apathetic.

Mrs. Johnson and myself have a teacher and are studying. Just now she is a trained nurse and housekeeper. We like Tagoo and the Koreans and believe there is great promise among them. I have had a dozen calls for medical aid but Mr. A. explains that until I get the language I will not treat patients. We are both well. I trust your health is good this winter. Please remember me to Dr. Gallespie and Mr. Hand.

I remain.
Very Sincerely,
Woodbridge O. Johnson

May 28, 1898

Sent : Pigesa, 13 minutes from Daegu, Korea
Received : F. F. Ellinwood 156 Fifth Ave. New York, NY

My dear Dr. Ellinwood,

Since writing you in January, I have heard from you several times in Mission and Station letters. In February Mrs. Johnson and I moved into the native house, which with Mr. Adam's help, I had remodeled. It is in a court adjoining Mr. A's house and was formerly the women's quarters, of which his house was the Sarang, ie. men's quarters. The house is thatched and has two rooms beside the kitchen. We have found it very comfortable although too small and [illegible] probably for another matter. Its greatest drawback is that it's very difficult to warm and the Japanese soft coal we have to burn, clogs up the stove pipes with soot so that they have to be taken down and cleaned every couple of weeks.

My teacher is now looking for a tile or roofed house in which after fixing over I hope to make a permanent home. The house we are in, being evidently too small and unsuitable, we put only enough money on it to make it habitable. We are looking for a tile-roofed house with a good large Sarang attached which I can turn into a dispensary and hospital. It may [illegible] hunting a year ahead but Korean bargains take months to negotiate and close. I am anticipating difficulty in finding what I want as there are only a dozen or more private tile-roofed houses in the city exclusive of the numerous government buildings. My teacher also informs me that it is contrary to "Choson poongsok," Korean custom, to approach an owner unless he has already expressed a desire to sell, so we are rather limited in house selection here.

Mr. Adams, whose house required over a year to remodel, it was a tile-roofed "sarang," quite agrees with me, or rather I with him, that buying & remodeling is preferred [illegible] timber and brick would have to be brought up from Fusan, probably, and the native carpenters require constant supervision & oversight. Both Chinese & Japanese carpenters are much superior. Building a one-story, straw-thatched house containing three or four, eight-foot square rooms, does not develop architectural ability.

I came to this Buddhist temple with my teacher on March 11th as a better place to study than Taiku. We have a couple of rooms, seven ft. square & high enough to stand erect in at one spot. We live in native style, sitting on the floor & study and sleeping there on native cotton "yoes". I make one important and I believe absolutely essential exception in the native style of life and that is bringing my own food from Taiku and having a boy here prepare it. Every Saturday I have been returning to Taiku to spend Sunday at home. I have enjoyed the life much. It is cool, fine spring water and invigorating air. Pigesa is situated in the center and halfway to the summit of an amphitheater of mountains covered with fine spruce and oak. It was founded about 1500 years ago. Has a hundred priests and derives its revenue from the sale of wood, the [illegible] biweekly fairs at Taiku and elsewhere. Pigesa and the five other large Buddhist temples eight miles on either side are thronged with sightseers but as yet I have seen but one actual worshiper among them. My teacher said he was interceding with the spirit of the mountains for a favorable outcome to a business venture. On one side of every idol house, and there are several full of Buddhas at each temple, is a spirit house where offerings of food and prayers are regularly made before a drawing of the chief spirit of that locality. All the priests worship their ancestors and Buddhism, demonology [illegible] [and eschatology] mixed in their minds. The sightseers exercise great freedom, opening any door entering any room, and address the priests in low talk, frequently ridiculing the worship, so you may judge that Buddhism in this province has but slight hold on the people.

I am not much encouraged over the language; I suppose no one is. Neither am I more discouraged than I anticipated before beginning study. My moving here has been of great benefit indeed before I did so, my study interrupted as it was by the house fixing profited me little. Mr. Adam left me in charge [illegible] a couple of weeks while he was itinerating and this also kept me busy. He has taken two long trips this spring, the last to the northeast in territory before unexplored. He sold a great number of books and brought us most encouraging reports of the people's readiness to buy and hear something new. A few years ago they were like clams in this province, he says.

Mrs. Adams has come somewhat near a nervous breakdown. This was owing partly to being in a new station where it was almost impossible for the ladies to go outside the compound owing to the great crowds of curious people following. While not at all hostile, the crowding and staring and fingering of clothes when possible made it most unpleasant. Lack of proper exercise then, the responsibility of the station when Mr. Adams was absent, for I was of little help ignorant of the language and the care of children, one a baby with poor servants were the factors. As soon as Mr. A. came home this last time, I advised bringing her and the children up here. So together with Mrs. Johnson, we moved up with a kind of camping [illegible] on Wednesday last the 25th inst. Altho pretty warm in Taiku it was earlier than we had anticipated leaving [illegible] main Temple where I spend most of the day while the ladies are away up, a quarter of a mile above me at a little branch temple. Mrs. A. has already felt the benefit of the mountain air and attitude.

Mrs. Johnson is well and says she likes the Koreans better the longer she knows them as is the case with myself. We are hearing most encouraging words from the missionaries in the North and while as yet we are only seeding, and sowing here, expect to see the results in the future. Please give my regards to Drs. Gillespie, Labaree, and Brown. I have said nothing about my anxiety to get into medical work as soon as possible as you understand that. I am anxious to begin but desire to get a start in the Korean tongue first. Your good advice about going away from home to live among the people and study I think will hold in almost every field. I feel much obliged to you for it as I afterward heard different opinions from others.

I hope you have been enjoying a pleasant spring and are in vigorous health.

I remain,

Most Sincerely yours,

Woodbridge O. Johnson

August 22, 1898
Sent : Pumusa Temple, 20 miles from Fusan, Korea
Received : F.F. Ellinwood 156 Fifth Ave. New York, NY

My dear Dr. Ellinwood,

I wrote you last in May from Pigesa Temple near Taiku. The ladies were greatly benefitted by the months' stay there. We came down to Taiku late in June and after a few days spent in preparation left that city not expecting to return until after the annual meeting in October. Taiku is very hot in summer and I doubt if it will ever be safe to spend the two hottest months there. Mr. Adams desired to hold his bible class for Christians and catechumen at Fusan as well as the itinerate near there, so we came down [illegible] July 2nd. We had [illegible] fourth down. It was in the rainy season and the roads were much of the way streams of water several inches deep. The bridges were many of them washed away and others unsafe and the streams to be forded much swollen. The ladies, Mrs. Adams & Mrs. Johnson, rode in the good Japanese chairs carrying the children, Mr. Adams on a pony while I rode or pushed my bicycle. Notwithstanding the mud & water, I rode two-thirds of the way and more than kept up with the rest.

The second evening out from Taiku, the roads became impassable, all the bridges gone and road beds washed out, so we took to the water entirely and hired a gondola; I call it so not from similar [illegible] was [propelled] in like manner a big flat bottomed scow with a thatched cabin. Next morning we were within six miles of Fusan but a big storm caused us to land and spent the day and the following night there. We located first in an inn near the river but within a few hours, it was surrounded by water and the walls trembling from the impact of big waves. Before we realized it we were in danger of being swept away, so mustering our coolies carried the ladies and children on our backs to a private house further inland which the owner kindly placed at our disposal. We passed a wet night notwithstanding and the coolies went [illegible] was no dry wood for kindle fire, all the houses in the vicinity being surrounded by water knee deep. Next morning, the waters subsided and we had no difficulty in reaching Fusan where the Irvins, Rosses and Miss Chase gave us a hearty welcome.

The most important event which has occurred since being there, as far as Mrs. Johnson and myself are concerned, was the arrival of a baby girl last month. Both she and Mrs. Johnson were well when I left a few days ago.

We have enjoyed meeting and becoming acquainted with the other members of our station. We just saw them on our way through last December. It has been encouraging also to attend a good sized meeting of Korean Christians; larger compared to ours in Taiku where Mr. Adam's teacher is the only one - as yet. Mr. Adams has an interesting work, just starting out at a place called Kim Hai. Three men from there have been attending his bible class for the last two weeks. He expects itinerate in that region soon.

Mr. Ross and Dr. Irvin have been off in the country studying and itinerating for periods of ten days to two weeks lately. There are so many demands upon one's [time] while at the home Station that one makes far greater progress in the language when away. The demands at home, as far as these few short months have led me to observe are not so much direct Christian work as those connected with the providing food and raiment and keeping one's house in order. Korean servants seem incapable of assuming the slightest responsibility so we build our own house and often let our wives make the bread and wash the dishes.

I am living at this Buddhist temple much as I did at Pigesa. I have a new teacher from Fusan. My old one I parted with because he was getting to be so much of a "yangban," gentleman of leisure, to teach faithfully. The constant trouble we have with teachers here is that a Korean who is anything of a scholar and knows the necessary Chinese is generally so proud and arrogant, it's hard to get on with him, while a man of willing mind and not of the "yangban" class knows little Chinese. This temple is situated almost on the mountain top with a fine view of the ocean although twenty miles away. The water is excellent, so important in Korea and it's cool and [illegible]. It has a great reputation for prayer making and worship and fully deserves it. Dr. Irvin and wife spent a couple of days [illegible] with the Adams some years ago and being unable to secure any sleep night or day were compelled to cut short their proposed vacation and return to Fusan. There are but twelve priests but their beating of the big gong or the drums and their chanting of "Namou Ami Tabul" "Namou Ami Tabul"! is almost continuous. I have become used to temple life and hardly hear it at times. The reason we select temples for study places is that besides the facts of good water and location, it's almost impossible to obtain a house fit to live in anywhere else and when that is possible, such as refitting an old government building in a town, you are sure to be overrun with sightseers and constant visitors. At the temples there are enough Koreans to talk to and practice one but not too many visitors.

We have passed a fairly comfortable summer. The rainy season is trying, all your clothes, personal effects, books, etc. [molding] the atmosphere constantly change and [illegible] sun rays [illegible] unless one is protected but at Fusan a sea breeze in the afternoon, the ocean bathing at our door and these grand scenery have made it for Mrs. Johnson and myself a pleasant change. I was glad to hear some months ago that the Boards were out of debt. I trust you have enjoyed a rest from your busy corner office during these hot months and are in good health.

Mrs. Johnson would join me in the kindest regards I send were she present.

I remain
Yours most sincerely,
Woodbridge O. Johnson

December 26, 1898
Sent : Taiku, Korea
Received : F. F. Ellinwood 156 Fifth Ave. New York, NY

My dear Dr. Ellinwood,

You are probably aware from the minutes of the Annual Meeting there are three things before us at Taiku which we trust the Board will approve and so far as in their power grant.

1st. We are desirous, and I include the whole Fusan Station, that the work at Taiku be separated and constituted a station apart from Fusan. The distance between us is so great that it make the proper transaction of station business [illegible] these station meetings at Fusan or understand the conditions there nor can they ours at Taiku.

2nd. We desire the appointment of two clerical men, at least one of whom shall be married to Taiku. Kyeng Sang Do is the richest and most populous of the eight provinces of Korea and as it seems best to the Mission to give up Ham Gyeng Do to the Canadians. We desire to strengthen the force in this province at once. The believers there is going to be a great work here. Taiku is the center of the provinces geographically and easy of access from all parts. It is inland and will for many years be free from the undesirable commercial influences now entering the country. The people are well disposed toward us, more so than toward the Catholics for in the Korean mind that religion still suggests political intrigue. It requires several years of residence before a clerical man can be of much use and by the time the new men are ready we feel confident their hands will be full. We ask for at least one married man as we are now unable to properly care for the work beginning among the women. More than this we feel that the women of the station must have more company when Adams and myself are away, they are very isolated. Adams must itinerate and I shall soon be called away to neighboring villages when I begin medical practice. We should much prefer to have two married men in a few years hence though at present, one single one, will perhaps be better [illegible] to present conditions. In asking for this large reinforcement you will perhaps inquire whether Taiku is a suitable location for a large and permanent station so far as its healthfulness is concerned. This I will answer in connection with our other request viz

3rd. We desire an appropriation to secure property outside the city for a permanent station site and to erect a house for myself. Both Adams and myself thought last spring that it might be best for me to buy and remodel a tile roofed Korean house of better quality near him if possible.

A year's residence and part of a rainy season spent in the city have convinced us both that it is too hot and too low within the city walls for health and that the permanent station sites must be on higher ground without the walls. During the heavy rains this last summer our inner (house) quarters were for several days several inches deep with water and like walls on both sides when compound were undermined & feel so that they required rebuilding. It was, I must say, however exceptionally rainy. There are not more than eighteen private tiled roofed houses in Taiku exclusive of government buildings and we have not yet been able to find a desirable one for sale.

Mr. Adams and myself have found what we believe to be a most excellent site outside the walls of the southwest of this city. On the south & southwest sides of Taiku extends a rolling hilly country five or six miles away to the mountains. It is practically the city's grave yard, a few mounds [illegible] every [illegible]; the ground is pasture or uncultivated with occasional fields in the little valleys. The proposed site is on the edge of this, nearest the city, on a hill at whose base are the houses of a large suburb so that we are practically on the very edge [illegible] People yet above them with open fields on the other three sides. The site is three of four hundred yards from one of the principal city gates. I do not anticipate any objection to the building of foreign houses there. The first will be as nearly as possible in Korean style though I hope to use brick instead of the mud walls as being far more healthy and warmer in the winter & colder in the summer. The Catholic priest has during the past year built another very large building next to his church without any objection on the part of any[sic] anyone. The first house [illegible] unobtrusively a little below the hill top. Water will have to be obtained from well; cistern or brought a mile or two as it is to this house on coolie back.

At the Mission meeting we were unable to hand in an estimate for the cost of my house and property because we could not then get an estimate on the proposed station sites. The Mission therefore instructed the Taiku Station to confer, after its own decision, with the Mission Property Committee and send in the request for desired appropriation later. I sent the Taiku Station's request to the Property Committee for their approval a few weeks ago and trust you may hear from it officially from Dr. Winter soon.

It was for —

	Silver
Permanent Station Site	$300.00
Dr. Johnson's house	$3500.00
Grading Walls Cistern etc. etc.	$300.00
About Dr. Johnson's site	

I am much pleased with the climate of Taiku. Except for the summer, rainy season, the weather is excellent. If we are living outside the city on the hill where we have good drainage, can get air. I think we shall be able the men at least certainly to remain the entire summer. With a large force also we can arrange during the hottest months to have the ladies somewhere in the mountains 12 or 14 miles away. One of the great benefits of a location without the city walls is the opportunity given the ladies to take walks unaccompanied by gentlemen. That is well Nigh impossible in the city owing to the impertinence of a certain class of men, the same class the world over, but especially is it true in inland Korea where respectable women do not go out uncovered faces. Another desirable feature will be the freedom from smoke. Every night from 4.30 o'clock onward a cloud of fire smoke from [illegible] cooking & floor heating fires of the Korean houses fills the streets & hangs over the city like a [fall?] on the hill we will be above this. My present house and Mr. Adam's quarters well we anticipate always form one center for work but I am convinced that the sooner we get to living on a hill outside the walls the better it will be for the interests of the work.

As to the amount which I have asked for my house it may seem large; indeed like house may not come to quite that figure but according to the judgment of both Adams and myself it seemed unsafe to ask for less Taiku apparently has no carpenters capable of building a suitable house. We investigated the building question thoroughly while in Seoul. House building there is cheaper from more abundant material and far more skilled laborers. We shall either have to get a Japanese up from Fusan who will bring his lumber etc. up the river at high water to within ten miles of Taiku or else import a Korean carpenter down from Seoul and collect our lumber from the mountains about here. In either case expensive. The Southern Presbyterians got a man

[Next page missing]

December 26, 1898

Sent : Taiku, Korea

Received : F. F. Ellinwood 156 Fifth Ave. New York, NY

My dear Dr. Ellinwood,

Since writing you in August we have attended the Annual Meeting in Seoul and again made the overland trip home to Taiku. We all enjoyed the meeting. It was a spiritual refreshment and strengthening as well as a rest. The reports of our church doubling its membership and more than tripling its adherents during the last year were most encouraging. The ladies were greatly pleased with a little social life after this isolation of Taiku and Mrs. Johnson and myself were [illegible] friends in the Korean Mission. It was a surprise to be so kindly welcomed by so many strangers. We spent the days with Rev. and Mrs. Underwood and then as they were going itinerating Dr. & Mrs. Avison invited us to stay the remainder of the time with them, a six days visit. The keynote of the Mission Policy as observed in all discussions was "self support." Mr. Adams and I sometimes find it very inconvenient not to employ one of the men who are regularly attending the services and bid fair to become Christians. I mean employ as teacher or for other secular work but we are [illegible] it would almost surely result in the [illegible] man's becoming a Christian, perhaps from interested motives. At least it would be likely to hurt our early church here and give us the many kind of Christians to start with.

We got back to Fusan Nov. 9th and after several days packing left for Taiku the 14th arriving as usual in three days. The weather was perfect and the ladies and babies stood this journey well. All was found safe about the house and grounds. They had been in charge of Mr. Adams' cook. The people we find as friendly as ever not so curious and [look] & attending the women's services as well as before but this is largely I think from the ladie's inability to follow up their visitors' more, Mrs. Adams on account of her ill health and Mrs. Johnson from ignorance of the language. We have been greatly encouraged however over the work among the men. Mr. Adam's teacher returned from a trip over the same ground covered by Mr. Adam's in the Spring itneration. The reported finding two or three men professed believers as a result of reading some of the Christian books. On Sunday last [illegible] morning service three men expressed the intention of becoming Christians and yesterday one of them who admitted as a catechumen, the first we have had in Taiku while we expect the others to be so after-examination.

The man converted at Seoul while in Dr. Avison's hospital, met Mr. Adam's there during the Annual Meeting and was invited to come and see us at once upon returning to his home which was forty miles north of here. He came on Sabbath a week ago and rejoiced all our hearts by the simple yet strong hold of he seemed [illegible] He remained in Taiku four days attending the Sarang daily for conversation and instruction. You would like to hear about Mrs. Adam's health. As I may have written you before she has been on the verge of a nervous breakdown, ever since we arrived last winter and I judge before I think from too hard, responsibility etc. with little or no outdoor life and diversion. The summer at Fusan did not help her as she has lost, every summer she has spent there. I told Mr. Adams before we came up that it would be an experiment with her [illegible]

Summer or spring she would have to leave Korea either to Japan or China or hope to U.S. for a long rest. I persuaded him to send for bicycles for himself and Mrs. Adams and I trust she may be benefited by the use of the wheel in which I am a strong believer. She is now learning on Mrs. J.'s wheel and we are taking pains that the ladies get outside the city walls for a walk every day. One of the great objections to our present location is that this like living in a prison, walls on every side and so unpleasant on account of the staring curious crowds that the ladies do not like to go out unless accompanied by us men. The winter has been very open, bright, cool days the ground frozen but most beautiful, delightful weather. We have had no snow and but a skim of ice on the ponds as yet not nearly as cold as last year. Mrs. A. is now feeling pretty well and I trust that regular wheeling this spring and a long rest & change next summer will make a new woman of her. Mrs. Johnson and Miss Mary Parker are both well. I am having very frequent calls for medicine and treatment and hoep the Board will approve my request for money to open this medical work here now as soon as possible. The Mission approved my request for

Medicine	silver	$600.00
Assistance		$60.00
Expenses		$200.00

The "assistance" is for a hospital boy to assist in handling and dispensing the drugs, caring for dispensary etc. The expenses will include heating & lights for dispensary, fitting up two small rooms in our outer-court for a dispensary quarters etc. We have decided or nearly decided to do this until after the medical work is under way.

I shall be in a better position to fix upon a permanent dispensary site and endeavor the buy or build a dispensary building. I do not anticipate any difficulty in getting a practice but am very anxious to get the work as by the time the Boards action reaches me it will be over 1 1/2 years since I have done any medical work and I feel rusty. The appropriation I am asking for is somewhat large as you understand the original stock of drugs a physical starts with furnishes the nucleus which remaining more or less constant is added to & subtracted from year by year. I trust this will find you in good health.

Yours most sincerely,
Woodbridge O. Johnson

April 27, 1899

Sent : Taiku, Korea

Received : F. F. Ellinwood 156 Fifth Ave. New York, NY

My dear Dr. Ellinwood,

In a letter received some time ago by the Station, I noticed what you say about the amount I asked for my new house $3500 silver. Since writing last I have gained no information to cause me to think I can build for less here, at least such a house as the mission ought to have. Of course, there is a possibility that it might be done but being without the advice of resident architects and contractors and so unable to get accurate estimates, being uninformed as to the real resources of the country to furnish building materials. I had to go on the experience of others and the observation of a year's residence. I have as yet failed to find a Korean builder in this province capable to undertake it. I may be able to get a man from Seoul or preferably a Japanese from Fusan. After several walking tours within a radius of fifteen to twenty miles of this city, I find the country remarkably destitute of heavy timber and I am expecting to have to have it brought up by boat from Fusan. In which case it would have come from Japan. From what I have learned from our missionaries who have built and are expecting to build in Seoul and Pyeng Yang where they have fair Korean help and enough timber it will be more expensive to build in Taiku than either of those places. This is my opinion from what I know now.

I had been making all preparations to add two rooms and somewhat alter my present house, like one in which I have lived since coming to Taiku, when it was decided that Mrs. Adams would have to return home. It then seemed best to the station that I should move into Mr. Adam's house and he into mine and that the repairs or rather alterations be dropped for the present. There is therefore available, money to take amount of $375 silver remaining from that appropriated which might be applied if the Board wished to a new house. There is also a quantity of timber to the value of $147 silver which might or might not be available for a new house depending upon what kind of a house is built and what architect is selected. I think half would be of use under any circumstances.

I have advanced the money to buy a Korean house adjoining our compound on one side which I have begun to fit up as a dispensary. Had I waited until learning, the Board's action on my request for $125.00 silver for that purpose, the rainy season would have come on and stopped my work for the summer. I am anxious to get the medical work started believing that it is going to be of immediate value toward the founding of the church here.

Since we have begun street preaching our Sabbath services have been crowded with men and women and Mr. Adam's sarang is rarely without visitors who have come to hear more of the doctrine. Many come from curiosity, the street preaching & singing and invitation having drawn them but since this work began half a dozen have announced themselves as believers and we think there will be permanent and lasting results. Our two Korean brethren from Pyeng Yang Mr. Su, our first convert, and Mr. Kim, Mr. Adam's helper have been the most zealous.

Miss Chase who remained with us until April 18th was a great help in the work among the women and a delightful guest, a comfort to Mrs. Adams and Mrs. Johnson. She received and visited a great many women. Since her departure, Mrs. Johnson conducts morning prayers for the Korean women servants and leads the sabbath service for them so far as possible. She presides in the women's room at the organ. The sermon is delivered by Mr. Adams or by the Korean Christians in the men's room which is separated from the women's by a curtain. This, that the women may remain invisible. Mrs. Johnson also received all the women who come to the sarang and has been twice at Korean homes calling.

We are all well here. We were greatly grieved to learn of our dear friend Dr. Gillespin's death. You will surely miss him. Wish best wishes to yourself and the Board.

I remain,

Very sincerely,

Woodbridge O. Johnson

November 14, 1899
Sent : Taiku, Korea
Received : F. F. Ellinwood 156 Fifth Ave. New York, NY

My dear Dr. Ellinwood,

I last wrote you in August, I think. Did I mention at that time the visit I was expecting from an old college mate Dr. Chas Lewis of Chianafu, China? He had quite a remarkable trip up here as it was during the heavy rains, and the usual roads were impassable. However, he took to the hills and mountain paths, and with the aid of his horseman dragged his pony up by the head and let him gently down by the trail at the particularly steep places. He knew only one Korean word "Taiku" but his ability to write the Chinese character helped him out, for as you know all Koreans understand it more or less. The last thirty miles he walked away from his horseman and only in his desire to reach here that day and was overtaken by darkness when still three or four miles from the city. After wading the last stream with his shoes and clothes on he stumbled along in darkness and finally into a house in the suburbs thinking he was in another village and with no idea where Taiku was. Lighted by a paper lantern in the hands of a small boy he tramped into the compound at eight P.M. with a man who of which made my cook think of spirits. I enjoyed his visit much and the accounts of his work. After about ten days we went down to Fusan together and on the same boat to Chemulpo whence he to Chefoo and me to Seoul. At Fusan I found Mrs. Johnson and the baby very glad to see me. The trip to Seoul was pleasant and restful. We were entertained by Dr. Field and Miss Shields at the Hospital residence.

The meetings were good and marked this year again by great difference of opinion on the part of various members concerning policies, which difference as the meetings progressed and topics were thoroughly discussed disappeared in a great measure. Several topics such as the question of the large proposed church at Pyengyang, the condition of the Government hospital, and the transfer of Miss Best to Seoul were settled by compromise or otherwise in a way which met the approval of all. It seemed best to the Mission in view of circumstances which had altered but little from last year to appoint Rev. & Mrs. Sidebotham to Taiku as had been requested at last Annual meeting viz - "Two clerical men one of whom at least should be married for Taiku."

Miss Nourse we liked and were sorry to lose at Taiku since her heart had been set upon coming here and her plans made accordingly but with the Sidebotham here it was the Mission's decision she should be stationed at Seoul. As yet no word has reached us when Mr. & Mrs. Sidebotham sailed or expected to sail. I have written to Nagasaki and Fusan hoping to be [illegible] it not have been possible for the Board to have notified the Mission as to when they expected to sail and if delayed that fact also. Several times, it has occurred where such would have been considerable saving of time and money to the Mission. No one at the annual meeting knew anything of the Sidebothams. The long and rather expensive trip to Seoul may be taken uselessly by missionaries appointed to the South. We have heard that Mrs. S. was ill but are uncertain as to the birth of the rumor. Had I known definitely at the meeting as to this and whether or not we were to have them with us this year it would have made some difference in our plans for I think the mission would have appointed Miss Nourse here if the Sidebotham were understood to be not coming. I do not believe it best for Mrs. Johnson's health to be alone, the only woman in the Station, although she thinks otherwise. I believe all outcoming new missionaries should be instructed to write ahead when they expect to sail and if delayed that fact also. However, this is Mr. Hand's department.

We like Mr. Bruen very much and believe he will make a valuable man for the Station. The report of work were encouraging at the meeting, as you know. After the session closed, Mr. Adams went to Pyeng Yang on a visit while we returned directly here with Mr. Bruen. The Christians were most cordial in their welcome. They had been active during our absence. I think I wrote you of the four men, ex-Roman Catholics, who visited me several times this summer. Upon my return, I found that they had gotten together a group of sixteen more and those from heathendom who professed Christianity and gathered regularly for study and worship. They live in small villages near together in a district about 21 miles away. There were one or two more in the city also, and five in the adjacent country who had accepted the doctrine as the result of work of the converts. Mr. Adams returned here ten days after our arrival and feels as I that the prospects are bright and the addition of Mr. Sidebotham and Mr. Bruen just at this time is a wise decision on the Board and Mission's part.

Mr. Adams has just secured a room on the main street where evangelistic services will be held during the Annual Fall Fair which has just begun. Mr. Bruen has settled with Mr. Adams in my old house and another of the Korean houses on the compound is being fitted up for Mr. & Mrs. Sidebotham. If they come they will probably live there but board at our table. I hope you are in good health this winter Doctor and not keeping too closely to the office.

With kind regards, I remain

Very sincerely,
W.O. Johnson M.D.

February 19, 1900

Sent : Taiku, Korea

Received : F. F. Ellinwood 156 Fifth Ave. New York, NY

My dear Dr. Ellinwood,

Your letter of Dec. 9th came to hand. In regard to the additional appropriation of $400.00 silver asked for my house, I had written about it early in the Fall. The price of building materials and labor seems to have been going up steadily ever since the war and the amount of money that would build a suitable house then is not sufficient now. Added to this is the fact that the Taiku Station is more unfortunate than her brethren in Korea in regard to supplies of timber, brick, etc. Being a hundred miles from a port, in a province where timber is very scarce and there is no local timber maker makes the question difficult. Timbers will have to be out in the mountains and floated down the streams for many miles. Last summer although we had two men out for several weeks looking for it no suitable timber could be found. I am now on the track of some which I trust can be secured at a price within reach but I think that the additional $400 will be absolutely necessary to build a suitable house.

You will notice that I have asked for $175.00 silver for a cistern on my new property. The site as you may remember is on a hill where as is shown by my cellar, already partly excavated, it is not possible on account of rock and the distance to get a well down to water. Even were a well feasible I believe it pays in this and many parts of the East to use cisterns on account of the danger from drinking impure well water. At the Annual Meeting of 1897 there were several cases, two of them quite dangerous, of dysentery and fever in missionaries from the out stations and in every case the patient was staying at the home of a Seoul missionary who did not boil his drinking water. There are several of our Seoul friends who are still confident that their well water is absolutely pure.

Dispensary Store – my dispensary has been started at the small cost of $139.00 gold. This includes the land and native buildings, refitting, painting and shelves drawers etc. I now have a very good temporary dispensary conveniently located to Mr. Adam's Sarang where in morning prayers for everyone connected with us and our Sabbath services are held. I have not yet, however, a stove but am using a borrowed one which is too small. One is quite necessary for summer as well as winter for both water and sterilize instruments. The $50.00 silver asked for will barely cover it with transportation expenses added.

"Appropriation to inclose new station site"

One other word as to the appropriation we asked for at the last Annual Meeting, the item of $250.00 silver for the inclosing of the new station site has been given careful consideration and the bids from masons which have lately come in show that we did not overestimate it. We have about 5830 feet of fence to build and the same distance of wall. We shall use barbed wire and are now negotiating with the

Japanese telegraph official here to buy a lot of old poles which are being replaced. These will serve as fence posts and a hedge of a native thorn tree will be planted immediately along its inside to take its place when it rots down. The wall which is to be immediately behind the houses will be built of mud and stones. A predominance of the latter to make it last. The wall is necessary to give us privacy which a fence would not do. It is essential.

We are convinced that we have a splendid site. The best located for work and health combined of any of the stations in Korea. I much regret to write that building has not yet begun. The Japanese contractor in Fusan backed out and I am now relying on a Chinese from Chemulpo to build the walls of brick while Mr. Adams and I shall probably employ native Korean carpenters to do the woodwork. This is if he receives his appropriation this spring. I sincerely trust the Board will be able to grant it as I wrote you, under the date July 17th, I think. I advise that Mrs. Adams live without the city as soon as possible after she comes back next Fall. After one break down from neurastenia one must be more careful than before and Mrs. Adams is too valuable a missionary to run any risks with. A single missionary can live in the crowded city far easier than a married woman with family cares which prevent her going out for fresh air, change of scene and vacation. Also of course a young married woman can stand it better than one with large family. As soon as one house is erected it will improve matters for them. The women will have somewhere to go when they leave home.

We have enjoyed having the new members Mr. Bruen & the Sidebothams this winter. Bruen is a fine fellow in every way. He is of invaluable assistance to me this Fall when the carpenter who had contract for putting shelves & drawers in Dispensary left without warning. Bruen with the aid of a coolie took his place & finished the job. We like the Sidebothams. Mr. S. especially will make a fine missionary I believe.

I am very busy with medical work as I have been since the start and am trying to make it the evangelistic force that it should be. The work opened fully in November and I now have from 15 to 30 patients a day. Mornings I reserve for language study and what few surgical dressings I must see, while from one o'clock to dark, I am seeing patients. I must say I have no great ambition to treat a great number. All the Oriental people have sick bodies, dyspepsia at least, as well as sick souls and they all need medicine. From the first, I have endeavored to select my cases, yet the demands upon a physician's sympathy are great and it's hard to tell the suffering to "go home" 'and come "tomorrow."

Thursdays I reserve for operating and have more than I want. Messrs. Bruen and Sidebotham are both undergoing an apprenticeship as anesthetizers and are of great service while Mrs. Johnson has helped me once or twice lately with women who were unwilling to see men.

Mrs. Johnson and I like our adopted country, home and its people better the longer we are here. Mrs. J. has this winter or rather since the New Year been receiving entertaining and telling the gospel story to many women who have come to her "sarang." She enjoys the work much. Has also made some visits to the people's homes but this is limited of course by her family cares. We have been boarding the Sidebothams this Fall & winter in order to give them a chance at the language.

Mr. Adams can tell you more fully of the new but growing company of believers. It is an encouraging work on the whole. Far more so than I had expected a year ago. Today the French priest, M. Robert, the best Korean scholar in the country probably, called the return a visit of Mr. A. & I few days since. It was most polite and expressed hope that the relations between ourselves and him, our people & his would always be more friendly. I have already been successful in helping some of his flock at the Dispensary. I trust he is going [to prove] an exception to French priests in Korea and that all our relations may continue as now. In the north especially our brethren are having trouble with the Romanists.

Mr. & Mrs. Sidebotham have been invited to stay with Dr. & Mrs. Irvin at Fusan for the summer. I would like Mrs. Johnson to have company but she says she does not want to leave me so I think we will probably go to a monastery fourteen miles away where I can run down now and then to see my work. Mrs. Adams should not by any means come back before Fall when hot weather is over. [illegible] Fall & winter here have been fine; cool and bracing again as lash. Ice and skating for a couple of weeks.

Your letter of Jan 16th to the Mission has just come, I am very glad indeed to learn that the Board has granted another $400.00 silver as requested before. I begin my house.

We shall be interested in the great missionary conference and you will have to run prayers for its success.

With kind regards.

Very sincerely yours,

W.O. Johnson, MD

October 27, 1900

Sent : Taiku, Korea

Received : F. F. Ellinwood 156 Fifth Ave. New York, NY

My dear Dr. Ellinwood,

As you may know Messrs. Adams & Bruen and Mrs. Johnson with her baby boy went to Annual Meeting at Pyeng Yang together leaving here Sept. 3rd. On account of my house building, I could not go but insisted upon sending my wife who was badly run down after a trying summer here in the hot city and the illness of her little girl, Mary Parker. Perhaps her being the only woman in the station a good part of the times since Mrs. Adams went home in the spring of 1899 also had something to do with her condition but at any rate she needed change badly and I am glad to say that she came back on the 12th of Oct. quite another woman physically and mentally.

I might say right here Doctor Ellinwood that I believe some if not many breakdowns might be averted if missionaries would take their families and themselves away to a complete change of scene and if possible to where another language is spoken for a month or so every year. It is the complete change in a man's surroundings that refreshes him especially if he lives in the interior and see few foreigners. Of course we Korean missionaries all of us live in bliss and happiness when compared to our poor brethren in China some of them months distant in the interior yet even we sometimes suffer for want of regular vacation and the women often break down. I notice the effect a week's trip with three or four days stay at Fusan and back to Taiku has upon the Taiku missionary. He may go solely upon business and be very hurried while there but he comes back from his change of environment a different man. Feels twice as well as before and works twice as well. I have been down on short trips like that myself and noted the effect upon myself.

I do not believe so far as the Korean missionaries are concerned at least that there is any danger of missionaries taking too many or too long vacations or furloughs home. This is a general rule. There are of course exceptions. One's work is continually needing him. He is missed at once and his department suffers more or less. He knows this and that it will be harder to get things running smooth again. If he has the slightest love for or pride in his work everything conspires to make him neglect or shorten his vacations. The danger as I see it is all that way. Mrs. Johnson has given very full report of the Annual Meeting among other things. "Dr. and Mrs. Avison, Mr. & Mrs. Baird were like new people I hardly recognized them. Indeed I did not know Mrs. Avison at all until someone told me who she was." This after the Avison entertained Mrs. J and I at the Seoul Annual Meeting in Oct. '98 for ten days.

As I myself remember them they looked and acted, both of them as people worn out and nearly broken down and this impression I have received more or less strongly several times upon meeting missionaries who had been out six to eight years without much vacation or furlough. Now is it best for a man in the end to get into this worn-out condition. He will probably be straightened out and apparently the same after a furlough but any work done while [their] run down doesn't count the same as when strong and the number of his years of usefulness may be shortened. Therefore, the opinion of a rather young doctor, not many years on the field is that the Board ought to arrange for regular vacations say yearly, of at least a month; ought to insist upon them and that they be taken as far as possible from the field of work also so far as Korea is concerned I think the first furlough home ought to be at the end of six years instead of eight. The first term upon the field is incomparably harder physically and mentally than the latter terms. The getting acculturated and accustomed to run the mind as well as body in an entirely different groove from the one you run in at home. The separation from parents and friends rapidly growing old and likely to pass away. The establishment and maintenance of the new family or home, all these are much harder and more trying during the first years upon the field than later. Consequently, this term should be the shortest. Six years is long enough I have felt ever since getting here and giving the question any consideration. And I feel it is such an important question that you will be glad to know what all the physicians think even though they be not veterans but young and with lots to learn. I recognize that vacations and furloughs are very expensive and hurt the work at the time but I believe they pay in the long run more than the Board realizes.

I have been very busy overseeing the work on the new house. It has been very slow and I am sorry to report that we will not be able to get in until next spring. This is due to the tile burners' breaking his contract and selling some of our tile to another party as well as his failure to burn them quickly as stipulated. He is the second man who has failed to deliver the tiles as per contract although in this case we advanced him money for everything in order to get them quickly. This money, we shall recover without loss but it means much inconvenience and loss of time. More than one at home can understand. We are preparing now to move up on the new site into our outbuildings, carpenter shop, wood shed, etc. They are quite large and tile-roofed so that although cramped we shall manage very well until spring. The beautiful views, fresh air, and country around will be more than compensation for uncomfortable quarters.

Mr. Adams will also get into his house in the spring. We have heard nothing more from the officials about our building there and feel quite assured that for the present at least we shall not be disturbed. The fact of our being permitted to build thus far and to inhabit the buildings gives us a strong hold upon the property.

I am sorry to have to report a very unpleasant encounter which Mrs. Johnson and Mr. Sidebotham had while on the road from Fusan to Taiku. Mr. Adams, having gone to Japan to meet his wife and Mr. Bruen and Miss Nourse still in the north, itinerating with members of the Pyeng Yang station. When about half way from Fusan here, Mrs. Johnson who was in advance in her chair was stopped by a band of twenty robbers, Mr. Sidebotham being simultaneously dragged from his horse. They seized Mrs. Johnson's wedding ring, cuff, and collar buttons and pulled her from the chair demanding money. When she replied she had none they struck her repeatedly upon the head and shoulders with the back of their swords, then tore open her dress in search for it but desisted when she struck one of them in the face. The chair coolies and servants offered no resistance and Mr. Sidebotham was completely overpowered by several of the robbers who took his watch, money and ripped open with their swords all the valises and baggage. Having eaten from the lunch box they scattered the remainders with clothing, traveling outfits, etc. over the road taking whatever struck their fancy and destroying much in mere wantonness. During the plundering of the baggage Mrs. Johnson sat by the roadside with the baby in her arms where they had placed her, the robbers bringing one article after another to her and asking whether or not it was valuable.

After their departure, the journey was resumed but the one remaining night to be spent in a Korean inn was not very restful as you may imagine. However, they arrived here the next afternoon without further incident. Mr. Sidebotham and I called upon the governor that evening and he promised to do all in his power to apprehend and punish the culprits.

This province has been overrun this Fall with bands of highwaymen who have attacked and robbed many Koreans as well as seized and secured ransoms from wealthy men of rank at their homes. It is an index of the rottenness and weakness of the government which seems unable to put them down Tax collectors and squeezers with government authority are also appearing here and there after an absence of several years since the Japanese-Chinese War when they were abolished by the Japs. However, the officials here seem quite stirred up and soldiers are patrolling the roads and scouring the country.

Mrs. Johnson lost considerable clothing as well as a little jewelry and for a girl who had never known what fear was, received quite a nervous shock. Not so much at the time she says but that night at the inn when Mr. Sidebotham thought he overheard conversation about killing them. However, within a few days, she was all right and beyond a few bruises quite as well as ever.

Mr. and Mrs. Adams came up eight days ago without having any alarms. Mr. A. taking the precaution to be well-armed, with an armed servant also. Our Christian brethren here were deeply stirred over the affair, as one of them said "I am ashamed to look you in the face, after such a thing has been done by my countrymen." We all feel that we have great causes to thank the Lord for his care. The robbers frequently kill lest the traveler should identify them afterwards.

Mr. Sidebotham expects to leave us soon for Fusan whither he has been transferred. He is now packing and sending his household furniture. Mr. Bruen will join us within a few weeks and Miss Nourse probably within a couple of months. I am glad to learn of the latter's coming but regret much that the Mission could not give Taiku a man and wife in place of Mr. and Mrs. Sidebotham. I am convinced that it is better for the women's health if there are several of them in one station.

I am hoping to open up my dispensary now, which during the hot summer and my building operations I was compelled to close in part although I still have all the patients I want.

With kind regards,

I remain very Sincerely,

Woodbridge O. Johnson

May 14, 1901

Sent : Kobe, Japan

Received : F. F. Ellinwood 156 Fifth Ave. New York, NY

My dear Dr. Ellinwood,

Your letter of Dec 20, 1900, has long remained unanswered. I feel that I must ask to be excused for not writing sooner, especially about my long illness. During the first week in February, I had an attack of influenza, then prevalent in Taiku, severe enough to keep me in bed from the start. This rendered me susceptible to the germs of Typhus fever which I must have had in my system at the time and while still in bed with influenza I developed this latter disease. Typhus fever is endemic, always present, in Korea and in Taiku and I had probably gotten some germs from a patient at the Dispensary sometime before. The disease was unusually severe owing perhaps to the influenza which seems to have weakened my heart before the Typhus began. Dr. Irvin of Fusan was telegraphed for early in the care and later Rev. Mr. Ross was also sent to assist in the nursing. I cannot feel too grateful for the unremitting care given me by these kind friends as well as by the members of the station. Adams, Bruen, and Miss Nourse as well as Mrs. Johnson devoted themselves to me and it was only their nursing, which under God's providence saved my life. Dr. Irvin remained at my bedside for twenty-seven days and left me only when assured that I was safely convalescent.

After two month's confinement, I was able to get up from bed and in ten days more to leave my room. Dr. Irvin advised me to come to Fusan as soon as I was strong. I accordingly left Taiku April 26th and came down in Mrs. Johnson's sedan chair carried by four coolies. After a careful examination at Fusan Dr. Irvin advised my absence from Korea for at least three months and a cessation of work until after the Annual Meeting in September.

The Taiku Station had already voted me a leave of absence dependant upon Dr. Irvin's examination and recommendation. After a few days in Fusan therefore I came to Japan arriving here May 8th. Before my illness, I was planning a trip of a few weeks to Japan to have my teeth attended to by a dentist here. As I expected to make the trip at that time at my own expense it may be regarded simply as a trip delayed. I shall therefore pay my own traveling expenses and such other as would have been incurred upon such a trip for dental work; while I am asking the Mission to endorse my application to the Board for an appropriation special of yen 200.00 to cover my other living expenses while recuperating in Japan. This application for 200.00 yen will be sent to you within a month I presume. It is now going the rounds of the Mission. The amount 200.00 yen, estimating 14.00 yen a week for board at the lowest, will not cover expenses if I remain three months. But I am hoping to be able to go back sooner. Besides this I shall ask the Board to grant me a special appropriation of 90.1 yen for

Mr. Ross travelling expenses	
Fusan to Taiku	23.36
Dr. Irvin travelling expenses	
Fusan to Taiku	41.95
Brandy -Mineral water	
and other drugs not in dispensary	25.60
_____	
total yen	90.91

The traveling expenses are higher than usual owing to the fact that both gentlemen came posthaste traveling night and day as it was necessary. This request will also come to you in proper form. I trust both may be granted speedily.

It seems especially unfortunate that I should be compelled to leave Taiku just at this time when my own and Mr. Adam's houses are being completed. I regret it much and especially the complete stop, it puts upon the medical work. Mrs. Johnson aided by Mr. Adams will complete the house building. Mrs. C. Ross M.D. of Fusan has consented to go to Taiku and look after the health of the missionaries during my absence. She will not however keep the dispensary open. Having been long out of regular practice she does not feel willing to attempt it.

When I left Taiku all were well and by letters of May 8th continue to keep so. As you have heard from Messrs. Adams and Bruen the work has been most encouraging this month and spring. The services are all crowded and the work in the country steadily increasing. My medical work was seriously crippled in the fall by the constant attention I was compelled to give to my house building and since my illness, it has suffered still more. I have continued to keep one of my little rooms opened however and my helper Mr. Su has been there every day regularly selling a few of the simpler drugs which every Korean knows how to use and preaching faithfully to all who have come. There has not been less than eight to ten men a day on an average and all these have heard the Gospel and many have bought books and tracts. Mr. Su was our first convert in Taiku and was not employed for about three years until we thought there could be no doubt as to his sincerity. He is a good businessman and an active evangelist and we would have liked to have had him around us in some capacity before but as I say refrained from employing him. He is doing good work now. I am not enjoying this vacation quite as much as though it were not enforced but trust it may restore me completely. Have met some kind missionary friends here. I trust you are in good health.

With kind regards.
I remain,
Very Sincerely
Woodbridge O. Johnson

July 20, 1901

Sent : Kobe, Japan

Received : F. F. Ellinwood 156 Fifth Ave. New York, NY

My dear Dr. Ellinwood,

I write you just before starting home for Korea. My health has been steadily improving since being in Japan and although not absolutely well at this writing I have so far benefited from my long vacation that I think I can safely return. My house is being completed and while Mr. Adams has been carrying on the work most satisfactorily, yet he has his own house now nearing completion and I ought to be present to see to my own.

The physician under whose care I have been in Japan has advised me to exercise great caution in my work, exercise [etc.] for some months to come else I shall be under the necessity of taking a longer vacation than in Japan. Overlooking the building will constitute the bulk of my duties until late in September when we shall go up to Annual Meeting.

My wife writes one very cheerfully of affairs at Taiku. Both my babies have had the whooping cough but are now recovered. Mrs. Ross M.D. of Fusan is looking after the health of the station. Mr. Adams & Bruen have kept me informed of the progress of the work. A few weeks ago Mr. Bruen while itinerating found a group of seven men who professed to believe. They had not before met a foreigner but one of their members while in Taiku had gone to the American Dispensary for medicine and there heard the Gospel. He bought tracts and books and after a second and subsequent visit professed the doctrine and induced these six of his neighbors to join him in the study of it.

Both Mr. Adams' & my house will be ready for occupancy soon and Mr. Bruen has begun his also, I understand. It will be better in many ways for the health of the station & [illegible] the families at least, are located on the hill at the new site. Even if some continue to live in the city as is probably necessary for a while, they always have a place outside the close walls and indescribable filth of the surrounding streets, to which to go for rest and pure air.

Did I ever tell you what it was that made living in the crowded city right among the people so unhealthful? I think not but now coming from clean Japan the picture arises very vividly before me. The gutters on each side of the narrow streets have very little fall so that the refuse from each house which is thrown into their stands is stagnant until a big rain comes to mash it away. Of course they breed smells, germs & disease of every kind. Then it is customary for the coolie class to use the side of the [road] side for a water closet while the half dozen dogs belonging to each house use the center. A woman absolutely must wear short skirts to go to and from our houses in the city or they will be soiled with the human and canine excrement through which she has to track her way. This is very depressing to walk through with the curs in each house howling and barking as soon as they hear the foreigner footsteps so that a perfect chorus heralds and follows you until you get outside the city limits. No wonder the women of the station prefer to stay indoors, rather than run such a gauntlet twice with the green fields far off and no place to rest when they get there.

People can generally stand a few years of this if they like their work and the people without serious injury and I think you have received no complaints from the present force in Taiku, [illegible] as the one, more or less, responsible for the health of the station, I am very thankful for our new site and houses. Except Mrs. Adams and myself, Taiku has had no illness whatsoever. This apropos of the new site of the Taiku Station, one of the best in Korea.

I have spent most of my time in Japan in Kobe. Ten days with Miss Luther of Kanagawa who was one of our family at Easton, where I met the Dunlops, Fulton, Miss Shaw, Miss Bigelow, and Dr. & Mrs. Boyd under appointment at one time for [illegible]. I also spent a few days in Osaka, the guest of Rev. J.C. Winn. In Kobe, I met several of the Congregationalist missionaries whose Annual meeting was being held there early in July. Mr. & Mrs. Lee & Mrs. Webb I saw on the steamer starting for America. The Lees of Pyeng Yang Korea. I refer to Dr. Field is now in Japan but I have not met her. You have probably heard of the religious movement, the [illegible] movement in Japan. Simultaneous meetings have been held in all the large cities in which all the denominations united. They were evangelistic in character and the number of those who expressed a desire to embrace or learn of the Christian doctrine is reckoned by thousands. The movement seems to be a purely native one, I mean [illegible] on and conducted by the native pastors and church members. The foreign missionaries took part but it was distinctly a Japanese movement. All the missionaries I have talked to seem greatly encouraged.

Before closing I want to ask you for information about the appropriation asked for a hospital at Taiku. You wrote me in the Spring that you thought the amount asked for was large and that you doubted whether it would be all granted but did not hint that you thought it might be entirely refused. Mr. Bruen writes me that the appropriation [sheets] at Taiku show this to be the case. Can you let me know how the matter was discussed at the Board meeting? I am naturally much disappointed for I had hoped that at least enough to build a good dispensary and a few wards would be appropriated. The present temporary dispensary has outlived its purpose and a start on another ought to be made. It takes so long to build in Taiku. I hope you are bearing the heat which I hear to be excessive in America.

I remain
Yours very sincerely
Woodbridge O. Johnson

Dr. Andrew Woods of the New College there. I trust you are well, Doctor Ellinwood.

With Kindest regards,
I remain very sincerely
W.O. Johnson

January 15, 1901
Sent : Taiku, Korea
Received : F. F. Ellinwood 156 Fifth Ave. New York, NY

My dear Dr. Ellinwood,

I am not sure that I have written you since I returned with my family from the visit I made in company with Father and Sister to Shanghai and Hong Kong. I am glad to be able to report that the visit and ocean trip seem to have restored me to usual health and am now feeling very well.

My father and sister and friend came up from Fusan by chair and pony and visited with us for three weeks at Taiku. Mrs. Johnson and myself and I think I may say the other members of the station enjoyed their visit exceedingly. I found time to take them to visit several of the Buddhist temples in the neighborhood, and having myself many friends and quite a number of former patients among the priests we were entertained most hospitably. We also visited a famous old city of refuge with a wall fifteen feet high and ten miles long on the top of a mountain plateau to which the governor and other officials of this province used to flee in times of war with the Japanese or internal insurrection. My father thought the Koreans very dirty but likable people.

While here the governor paid us a visit and Mrs. Johnson with the ladies entertained the governor's wife at one house and was in turn entertained at the official quarters. The governor's wife has been very friendly in many ways; as for the governor himself he is not particularly well disposed to anything foreign but knows the rights which foreigners have under the treaties and that one have secured the right to domicile here.

We do not anticipate any more trouble in regard to our new site as we are pretty well settled and an established fact in this city. Mr. Adams & myself with our own servants are living here and Mr. Bruen's house is under cover and will be ready for occupancy soon after his return if not before. They are all three most comfortable and we think suitable homes. Mr. Barrett is living in my old house in the city, alone now has Mr. Bruen is at home but he has friends to visit and an objective point for his exercise out of doors so does not suffer nor will be in health, I judge. We see considerable of him.

The health of most of the members of the station has been good this fall and winter as a rule. My own children, especially my little boy, have been somewhat delicate as a consequence of the very severe attack of whooping cough that both suffered from in the Spring and summer. Hundreds of Korean children in this province died with it. My children were exposed and attacked during my absence in Japan for health furlong and it was only by the utmost vigilance that the Adams children escaped. It was but a few weeks ago that Mrs. Johnson remarked that she had never been seriously ill in her life and not ever slightly so since coming to Korea. But on Christmas Day when we entertained the other members of the station at dinner she complained of feeling badly and the next day was unable to leave her bed. It was an attack of pneumonia which fortunately proved of but moderate severity and today after three weeks in bed she is sitting up for the first time. I think there will be no untoward sequel.

Taiku station as all the brethren in Korea were deeply grieved at the loss of Mr. Leck. I had never met him but my friends spoke of him most highly.

My rest and the trip I took to Hong Kong so benefited me that I began regular clinics in the Dispensary about the middle of November and it was not long before I had as many patients as I could satisfactorily attend. Notwithstanding the fact that during my long illness and while most busily engaged in house building the Dispensary was of necessity closed, I have been greatly encouraged by learning of several cases of believers and others who became interested in the Gospel at the Dispensary. The number of cases seen does not compare with that of many dispensaries of which I know but from the first, it has been my endeavor rather to keep down the attendance. I find that I can do far better medical work and get far more satisfactory results from my treatment by treating not more than ten or fifteen patients a day than if I had double that number and I believe that the results from an evangelistic point of view are greater when the number is somewhat limited than when so many are crowded together and rushed through the doctor's consulting room that there is not time to deal with then privately and personally.

Last year I inaugurated the plan of giving out fifteen tickets every morning and only the holders of these were admitted for examination and treatment. This did not include of course any accident or otherwise urgent cases. I found this plan to work admirably as it gave me more time to devote to the opening bible reading and Gospel service with which I began the clinic and it enabled Mr. Su the dispensary helper to devote more time to individuals. I have not yet begun this plan this winter because my daily attendance only averages about the number of patients I desire. When it increases, I shall probably again try the ticket plan. You will understand that these remarks refer to one who is devoting only one-half of the day to Dispensary work. The mornings, I am still spending in language study. My house building one year and severe illness the next have put me back very considerably in that but I am now devoting half my day to it and hope to pass my final language examination in the Fall.

Mrs. Johnson has taken charge of a class of little girls and once a week has then gather for instruction in reading, learning verses of scripture and singing. Her illness has of course interrupted this but she hopes to have before long some who are as interesting and promising as Mr. Bruen's boys. This class of little girls was begun by Miss Nourse.

The station feels her loss greatly as a good work among women had been begun and must now in some measure stop. We expect the Board will take this into account and replace her with the two single women which the Mission, in view of our isolated position and the needs of the work, think ought to be placed here together. Mr. Bruen will probably have seen you ere this and told you personally about Taiku.

With best wishes for your continued good health,

I remain,

Yours very Sincerely,

W.O. Johnson, M.D.

May 27, 1902

Sent : Taiku, Korea

Received : F. F. Ellinwood 156 Fifth Ave. New York, NY

My dear Dr. Ellinwood,

Your letter of April 15th is at hand. In regard to the questions you ask-

First - as to the bill for yen 200 granted by the Board for my health expenses while in Japan Spring and Summer of 1901. The main item was for board

Board for 12 weeks @ yen 15.00	180.00
R.R. Fares to Osaka and Kanazawa	
Jinricksha fares and miscellaneous	20.00
total	200.00 yen

N.B. Miscellaneous items of which I have not now a record did not exceed two or three yen.I went to Osaka several times to see my physician Dr. Wallace Taylor and I also took the trip to Kanazawa largely on account of the heat in Kobe and at the suggestion of my physician. If by "the bill being in some respects an unusual one", a large one is meant I must beg to differ with you. Board at 15 per week is an average rate not high either in Kobe or any of the Eastern ports I have visited. We have no missionaries of our church in Kobe with whom I might have boarded at less expense. The missionary friend of another Board at whose home a smaller rate could have been obtained had no bathroom or other conveniences for an invalid.

In regard to the additional bill-

For medical attendance and drugs while in Japan ⌐yen 25.00

which I am still asking from the Board and which has not yet been granted.

There are two items:

To Dr. Wallace Taylor, Osaka.	
For professional services	15.00
To A.C. Sim & Co. Kobe, Ford drugs	10.00
	———
	25.00 yen

You will find inclosed a letter from Dr. Taylor relating to his fee. As it is Dr. Taylor's invariable rule to request remuneration for services from all missionaries outside his own Mission and as I knew he expected it from myself, I thought it best to send him a money order for yen 15.00

A note in red at the foot of his letter shows that this was sent through Rev. Cyril Ross, Fusan. I also inclose a bill from A.C. Sim & Co., Kobe for yen 17.10. I had sent the request for yen 25.00 for "medical attendance & drugs while in Japan" to the Mission before this bill reached me and not knowing the exact amount I estimated it as low as possible ie. at yen, 10.00 You will notice that the actual amount was yen. 7.10 more.

This request for yen 25.00 was not included in the first for yen 200.00 because while the request for the latter was made of the Mission and Board before I went to Japan, the former physician's fee and drug bill could not be known until the end of my stay when leaving Japan.

I had considered the appropriation of yen 200.00 used during my three months convalescence in Japan as money expended economically. I have not been unmindful of the extra expenses to the Board occasioned by my long illness, and as I may have written you I paid all of my own traveling expenses from Taiku to Kobe, Japan and back again amounting to about yen 70.00.

Later I took a long trip to Shanghai and Hong Kong largely at my own expense and with none whatever to the Board when there was ground to believe I might have to return to U.S. on account of my health, the Mission approving and relieving me from medical duties until well.

Second - with regard to the two charges of traveling expenses of Messrs Irvin and Ross to and from Fusan, I inclose you three receipts.

one from J.E. Adams showing that he received from me and paid for Traveling expense Dr. Irvin

- Fusan to Taiku	41.66

one from H.N. Bruen showing that he received from and paid for Traveling expenses

- Mr. Ross - Fusan to Taiku	34.83

(c) one from Cyril Ross showing that he received from me for Traveling expense - Mr. Ross

- Taiku to Fusan	23.36 Yen

I attach to this the end of check from my stub book showing Mr. Ross received same.

You will notice perhaps that Mr. Ross marks this bill "Bill of Expenses incidental to sickness of Dr. Johnson" but as Mr. Bruen had already paid everything connected with his trip from Fusan to Taiku and as Mr. Ross assured me this was for expenses only on return trip from Taiku to Fusan, I mark it as above.

This leaves the only items in question those paid by me to Dr. Irvin for

Dr. Irvin's clothing to Taiku	2.00
Traveling Expenses - Dr. Irvin	
- Taiku to Fusan	1.95
Brandy from Shanghai	6.00
Medical attendance & drugs while in Japan	25.00
already explained	
Brandy, mineral water and other drugs	
not in Dispensary	25.60

$$----$$

Total Yen   200.40

You will see from this that I have actually expended the sum total of yen 200.40 as the former statements. I sent you showed and that for all of these except the item "Brandy, Mineral water and other drugs not in Dispensary", I have or will have receipts to show. The receipts for this latter I can probably obtain if desired from the Japanese merchants in Fusan of whom the articles were bought but it will take considerable time. I have already written Dr. Irvin asking him to send you receipts for the amounts he received from me.

In regard to Mr. Sidebotham's figures, it is evident that he thinks it possible for Dr. Irvin and Mr. Ross to have kept their expenses down to the amounts be indicates. Whether they did so or not is another question and unless Mr. Sidebotham has bills or receipts to show that this is a fact. I should consider the statements of Messrs Adams & Bruen of more weight.

Lastly in regard to the bill for medical attendance at Taiku Station during my absence. I am necessarily ignorant of the details. Mr. Adams as promised to give me a note on the matter which I shall inclose with his.

There is one other matter of which you do not speak and which has apparently been overlooked viz that the requested appropriation for yen 109.40 covers some of the items already granted in that for yen 114.75.

While in Fusan on my way to Japan on the health trip I wrote to the Secretary of Taiku Station asking that the sum of yen 90.91 be requested from the Mission on my behalf for expenses connected with my illness.

The items given are already familiar to you

For Mr. Ross —	Taiku to Fusan	23.36
For Dr. Irvin	Taiku to Fusan	41.95
Brandy, Mineral Water and other drugs not in Dispensary		25.60
	Total	90.91

The Taiku Station from such date as they had at hand added to this amount other items and presented to the Mission the bill for May 8, 1901, for yen 114.75. But the Station secretary now a member of another station omitted to record the items of this bill on the minutes. Later having been presented with additional items incurred by Dr. Irvin and Mr. Ross as I have explained in a former letter I embodied these with the items of yen 25.00 for "medical attendance and drugs while in Japan" in the bill for yen 109.49 of which I wrote the Board in Oct. from Shanghai or Hong Kong. I also sent it to be presented at the Annual Meeting of the Korean Mission then in session at Seoul which I could not attend. I did this without knowledge of the items prepared by the Station in them circular letters to the Mission of May

9th, 1901, and have remained in ignorance of said items of bill for yen 114.75 ever since owning to the carelessness of the former secretary of Taiku Station. It was not until I had before me a copy of this circular letter to the Mission as presented in your letter to me on April 15th 1902 that I became aware of this mistake.

You will observe however that the sum of the two bills presented by myself

Presented to Taiku Station	yen	90.91
Presented to Board & Mission		109.49
	total	200.40

is the amount for which I am sending receipts and bills. I have presented no other bills of any kind in this connection. I am unwilling therefore to accept the responsibility for the misunderstanding that has arisen. It seems to have been due largely to the neglect of the [then] secretary of Taiku Station as well as the unusual circumstance, my enforced absences from Taiku and the Annual Meeting.

The matter now seems to stand as follows

	yen
Paid by Dr. Johnson for expenses incurred in connection with his illness··················	200.40
already appropriated by Board··················	114.75
To be appropriated··················	85.65

Unexpected balance from Sanitarium Fund on hand
in Station which can be applied to this if Board
so desire·· 50.00
If so Balance remaining unappropriated········· 35.65
Balance due for drug······························· 7.10

total   42.75

Trusting this will make the case clear

I remain,

Yours very sincerely,

W.O. Johnson

June 1, 1902

Sent : Taiku, Korea

Received : F. F. Ellinwood 156 Fifth Ave. New York, NY

My dear Dr. Ellinwood,

Your letter of April 15th containing the good news that the Board felt able to appropriate yen 6000.00 this year for the building of a Hospital at Taiku gave me great pleasure. The medical work needed one in order to get results commensurate with the times, labor, and money put into it. I have been able to see more results in men being made friends to the Gospel, in becoming personally interested in it and in believing and accepting it this past month than at any time before. There have been several patients who have become Christians and a great many interested. In fact, during this Spring while both Mr. Adams with his two helpers have been itinerating in the country the Dispensary has become the headquarters where Christians from the country come to meet the Christians here to talk, and get advice where also people from the country come to learn more about the new doctrine and buy more books perhaps. Mr. Su, my Dispensary helper, while not much as a public preacher is one of the best and most tactful personal workers I have ever known. He was our first Christian in Taiku. A small merchant who found his greatest difficulty in becoming a Christian the observance of Sabbath for as you know the markets held every five days here frequently fall upon Sunday and unless a merchant attends their all and regularly he cannot make both ends meet. During the latter part of April and early May, Mr. Su and I look at itinerating trip the first I have made since being in Korea. We took with us books, drugs, and a few instruments from went among which were teeth-extracting forceps. We sold many books and treated many patients and pulled many teeth. While I do not consider medical itinerating very necessary for the success of the medical work in Korea yet it is a great advantage in drumming up patients if you need them, if your dispensary is poorly attended. It is also a great boon to a doctor who has been closely tied up with his work and needs a change of environment and a doctor in missionary lands needs that more than at home. I had been losing quite a number of my surgical cases this Spring. Having them die some days or weeks after operation on account I think largely of the crowded, smoke-filled drinking rooms of the inns when they had to be quartered. I was somewhat discouraged over surgical work but the news of a hospital appropriation has cheered me up wonderfully. And this reminds me of something I have been observing lately but probably well known to yourself ie. that itineration is a blessing to missionaries. Notwithstanding poor food, hard travel, and bugs those that I have seen in Korea always come back from an itineration trip having gained flesh and better strength and in spirits. The out-of-door exercise, fresh air, change of environment more than counteract the hardships. If missionaries' wives could get more country iteration there would be less breakdowns among them I feel sure. This is for Korea at least. I am expecting to take another trip soon.

Mr. and Mrs. Bruen came in last month and are now living in the [two] finished rooms of their new house which is being completed. Mrs. Bruen we all like and think she will be a great help at the work as well as an addition to our station socially. She has already begun to help Mrs. Johnson with her class of little girls. This class Mrs. Johnson has become much interested in. She has now fourteen girls from eight to fifteen years old who are learning to read and sing [illegible] verses of scripture and catechism as well as being taught to sew.

I note in your recent letter to the mission the appointment of Dr. Todd to help in the Seoul Hospital and also substitute for station physicians when they are absent and ill. As I have not unfortunately been able to attend the last two Annual Meetings. I have heard little of the discussion concerning the wisdom of a two-man Hospital in Seoul but I am settled in my belief that a doctor to substitute in stations whose physicians were on furlough or ill would be a great blessing and source of safety at the missionaries as well as a great advantage at the work. I believe a well-established medical work suffers more from being dropped a year than a preacher circuit and station duties. A substitute physician to take the man's place who is on furlough is absolutely necessary at Taiku and Syen Chun or will be at the [illegible] because there are no Japanese or other missionary or civil doctors at those places. It is not safe or just to ask missionaries to remain in those stations without a physician. Now within the next eight years, Dr. Todd's supposed length of service, there will be four physicians in Korea to take their furloughs. Reckoning fifteen months of absence from the field in each case which is small, there are five solid years of substitute work. This does not include any substituting in case of illness which is not improbable. While therefore I am not prepared to express an opinion decided at least on the question of the Seoul Hospital. I believe there is an open place for Dr. Todd as a substitute physician.

The health of this station has been pretty well with some minor ailments among the children. The new site with large grounds and fresh air is a great blessing at them. We all enjoy it immensely and think in one of the best and most conveniently located sites in the East.

With best regards to yourself
I remain
Very sincerely yours
W.O. Johnson

February 23, 1903
Sent : Taiku, Korea
Received : F. F. Ellinwood 156 Fifth Ave. New York, NY

My dear Dr. Ellinwood,

Since writing you Jan. 27th in reference to Mrs. J. E. Adams' health there is not much to record concerning her case. Her active symptoms have perhaps been less marked at times but the local inflammatory condition in the Pelvis remains the same. She has had almost continual headaches which I have not been able to relieve with drugs. I have advised Mr. Adams to take her to a specialist in gynecology as soon as he reaches America and place her in his care. Should an operation prove necessary it would be of advantage to have it done early in her furlog that she might have a long time to recuperate and rest. Mr. Adams ought in any case to have his wife spend her time while at home not as she may perhaps desire in addressing societies or churches even after she gets better but in rest; in such a life that is as near primitive condition as possible camping, tenting, outdoor life. This will be for better for her than life in a town or city.

Mr. Adams expected to leave here for Kobe via Fusan Feb. 25th but we have had an epidemic of influenza during which most of the members of the station have been prostrated at one time or another. The three Adams children as well as Mrs. Adams are still afflicted and they will be compelled to postpone their departure. We have had more illnesses than usual this past Fall and winter in Taiku. During October and November, I was not well, and since New Year's have been in bed twice for several days at a time so that for some months I have not been able to do my full medical work. I have been troubled with nervousness, sleeplessness, inability to concentrate on my study or work so that I have feared I may not have entirely recovered from the effects of the attack of Typhus fever I had in 1901. The Adams children have been ill on several occasions. Mr. Barrett has had an attack of malaria acquired during his long trip in the North and my eldest little girl has had a severe attack of dysentery but is now recovering and I think out of danger.

I hope that this may find your own health good.

With Sincere Regards,

I remain

W.O. Johnson, MD

February 23, 1903

Sent : Taiku, Korea

Received : F. F. Ellinwood 156 Fifth Ave. New York, NY

My dear Dr. Ellinwood,

I write concerning two requests for appropriations asked for by Taiku Station and the Korean Mission viz⁻

1st Current Medical Work increased over last year   294.00 yen

2nd Completing purchase of station site at Taiku   800.00

As to the first request - an increased amount asked for current medical work. This was deemed necessary in view of the anticipated enlargement of the work coincident with the building of the new hospital. I expect the new hospital will be finished and occupied before half the fiscal year is over. All the ordinary expenses will be increased in a new and large building accommodating in-patients as well as outpatients such expenses as lights and heating wages of assistants, surgical dressings, and supplies. This increase in expenses however will not I believe be permanent except in part. Since the medical work was opened here nothing has been asked the Board for the purchase of drugs. They have been bought from money raised by sales to patients and fees from the same as you will see by this past year report of

Taiku Station "The receipts from sales of drugs and from fees amounted in eight months to 80% of the amount it was expected to raise on the field for the same."

Owing to the lack of wards, fee from surgical cases formed a very small part of the sum raised. It is well recognized that these fees from in-patients are the main source of profit from the natives. I believe that as soon as the new hospital gets into working order we will be able to raise a much larger proportion of money on the field.

The increased amount asked for this year is of course only an estimate. This as exact as we could estimate but I feel sure that part of it can soon be raised upon the field.

The increase in items for assistants is due to extra janitors or caretakers and gate man which the new hospital will necessitate. There will also be a somewhat larger payroll for assistance than formerly.

I think I wrote you of the two student assistants whom I have engaged to be with me in that capacity for the next five years. They are to receive for the 1st year, their [rice] price only, which in the case of one will amount to yen one per month, in the other case to yen two per month. After that they are to receive yen three, yen four, yen five, and yen seven per month for the second, third, fourth, and fifth year respectively.

This schedule is somewhat higher than that which Dr. Wells of Pyeng Yang pays his student assistants and somewhat less than given by Dr. Avison of Seoul. It seemed to me that best in view of the conditions here. One of my students is the sub-deacon in our local church, an earnest zealous Christian. The other is a younger lad of seventeen years, the son of a warm friend of my Evangelistic helper, Mr. Su. This boy while not a Christian when he was engaged has professed himself one since. He is an exceedingly bright and promising student with such a thirst for learning that he had attended a Japanese school and partially mastered that tongue as well as considerable English before he became our student.

I have been giving these students two mornings a week of instruction at my house and every afternoon practical work in assisting me at the Dispensary since November. I have been asked to take several other students anxious to become physicians but find two enough for the present.

The item "medicines for Foreigners yen 100.00" which is new this year is asked that a proper supply of fresh and palatable drugs may be procured for the use of the missionaries of this station. Drugs for dispensing to the Koreans are bought with the view of economy, as much as is consistent with obtaining good ones. They are often in crude form and no one but a skillful pharmacist with the means and appliances can evolve palatable mixtures from them. The best drugs are put up today in full tablet or triturate form and are too expensive to dispense to the Koreans. Even they ought to be renewed every few years in a climate with a hot raining season and a rather large stock, a considerable assortment of them must be kept on hand to meet every possible emergency arising in the missionaries' families in an isolated station. For instance, there is the item of diphtheria-antitoxin.

The great majority of the profession agree that this dread disease mortality is lowered by the use of anti-toxin. In a station the size of Taiku with several children about eight yen's worth of antitoxin ought to be always on hand. Half of this should be renewed every year. There is no appropriation for an item like this but we have always kept it on hand. The item for medicines for foreigners yen 100, is therefore I believe needed. It is meant to furnish enough for a number of years and will not be yearly requested.

As to the second request-
"Completing purchase of Taiku Station site."   800 yen

I have urged upon the other members of the station for some time the advisability of obtaining from the Board a sum to purchase land for future and very probable building operations. Just before the last annual meeting in view of the near completion of the Fusan-Seoul R.R., I urged that extra land [site?] to be needed before many years be bought now while prices were low. When the Japanese come in everything will go up. The other members of the station thought such purchase before the exact use for [paid] land was definitely decided upon and buildings ready to be put up to be contrary to mission policy. At the Annual Mission Meeting, the members of Seoul & Pyeng Yang stations in view of the great rise in property at those places and of the difficulty they were experiencing or had experienced in buying suitable land for mission purposes urged Taiku to ask for an amount sufficiently large to purchase an adequate site for future building. The amount yen 800 was even suggested by a member of one of those stations. The Taiku members therefore changed their minds on the subject and preferred the request. Personally, I think the amount named is larger than necessary. Had the Board deemed it wise to abandon Fusan and concentrate both stations and the work in Southern Korea at Taiku, it might not have been too large. As it is I think yen 500 should be appropriated and enough to make the purchase requisite but I would urge the appropriation of that much. Let property be bought now while it is cheap before the Railroad is finished. Mr. Barrett has already asked for a house for which there is no site as yet; the Mission having decided that the one vacant lot on hand adjoining my residence be reserved for single ladies. This because it is the only vacant lot that can be secured near the three present residences and the single ladies should be near the others. You are aware of course that we have now the right "to domicile" at Taiku. Minister Allen procured this for us. The residence of all missionaries in the interior of Korea is also countenanced now by the Government. As soon as the Fusan-Seoul R.R. is completed I have no doubt but that Japanese will [rapidly] settle permanently along its line.

I remain Yours most sincerely,
Woodbridge O. Johnson.

April 6, 1903

Sent : Taiku, Korea

Received : F. F. Ellinwood 156 Fifth Ave. New York, NY

My dear Dr. Ellinwood,

Your letter dated March 4 was received yesterday. In regard to the mission's unwillingness to let me know the grounds for action in Dr. Irvin's case, I think you do not fully understand my position. It is simply that of an individual member of an organized body asking that body for private information be [thinks due?] him. From my previous correspondence, you will see that I requested to be included with the other members of the Committee in the same conditions of secrecy. The granting of my request therefore could not affect any other member of the mission or cause any discussion of the matter. I had or have no wish to re-open the question for I fully recognize as you have said that it would make for neither harmony peace nor the furtherance of the Gospel in Korea but their opposites. Upon receipt of your letter and the Council's decision, I have no more to say.

I spent several days with Dr. and Mrs. Irvin while in Fusan last month securing timber for the Taiku Hospital. In our conversation regarding his return to Korea, Dr. Irvin exhibited a most kind and charitable spirit, and while I could perceive how deeply both he and Mrs. Irvin had been wounded, neither had a bitter or unkind word.

Mrs. Irvin feels that she cannot again face the members of the Mission at the Annual Meeting but this will wear off I think in time. I assured them that I believed the majority of the Mission would be glad to see them back now and the small minority would realize they were wrong as the years passed. I think a majority of the Mission as they realize the unanimous opinions of outsiders are already beginning to believe their action should have taken some other form. Dr. Irvin being uninformed as to the feeling of the Mission except from their action of last Fall brought it likely that the matters might be introduced at the coming Annual Meeting and expressed his willingness and determination if he should be the case to push it to the end. I told him that I felt almost certain that it was already buried and would not again come to life and urged him to look upon it so. He had determined before leaving the United States I think not to take the initiation in any way and admitted as much to me. His whole course and attitude in the matter have made me think more highly of him than before.

While at Fusan I assisted in laying out the foundation of Mr. Sidebotham's house. They were anxious to begin work as soon as Dr. Vinton should forward the necessary funds. He had expressed hesitation about doing so without further mission action. A letter from Fusan a few days since however informs me that he has done so and work will begin immediately. I presumed that by this time it is well underway, Mr. Smith is a little cramped in Miss Chase's old quarters but Dr. Irvin has given him one of his rooms for a study, which gives him a quiet place for bookwork.

As to Taiku Station - Mr. Bruen came home from an itinerating trip two weeks ago with an attack of native fever. It resembles Typhus and is often so termed. He was very ill for some time but passed the crisis favorably and is now convalescing steadily. The rest of our members are pretty well.

The Chinamen mason and bricklayers arrived from Seoul on March 25th and are hard at work laying the stone foundation of the hospital. Most of the timber will be procured in Fusan. I am having brick and tiles burned near the hospital site. If nothing unforeseen occurs I expect the building to be completed by September or October.

I remain,

Yours Very Sincerely,

W.O. Jonson

May 8, 1903

Sent : Taiku, Korea

Received : F. F. Ellinwood 156 Fifth Ave. New York, NY

My dear Dr. Ellinwood-

Your letters of Mar 4th and April 3rd have been received. I had seen in letters to the Mission even before they came that I had been appointed the Committee to have Charge of Mr. Sibebotham's house. And lately, I have received notice that the duties of the Committee with membership increased by Dr. Irvin are extended to the oversight of the addition to the Junkin Memorial Hospital. I have done and shall endeavor to do all I can to forward these buildings in accordance with Board and Mission wishes but the Board should understand that I am not in a position to take anything like full share in the Committee work. My own oversight of the Taiku Hospital now building is arduous, and requires very constant attention. The journey to Fusan and back requires at the least seven days during which time the other members of Taiku Station are left without any medical aid whatever should sudden illness arise. Visits to Fusan therefore are not easy or to be often taken. Since notice of my appointment on the Committee to build Mr. Sidebotham's house however, I have been to Fusan once and conferred with Mr. Smith upon matters which were then before the Committee. Mr. Sidebotham was in the country unfortunately and the houses foundation were just being begun so there was not much of moment before us. The foundation are being finished rapidly now I understand and Mr. Sidebotham expects that the building will be entirely finished before he goes to Annual Meeting the first week in September.

As to the Junkin Memorial Hospital, I see from the appropriation sheets that yen 1000 or has been appropriated for its equipment including heating. This was the amount that the Mission asked for in Dr. Irvin's absence. It is the same amount asked for the Taiku Hospital and enough perhaps if stones are used. Stones in a hospital however are exceedingly dusty and dirty and hard to regulate to keep rooms at an even expenditure. Brick are expensive here in Korea and each stone requires a separate chimney. This expense together with the larger amount of imported coal burned and wages of care taker make stones more expensive than furnace and perhaps hot water in the long run. I expect to put in stones in Taiku Hospital because I know of no friend in America willing to give the Board money for a furnace or hot water heater and I understand that Dr. Irvin has a friend or friend anxious to supply this part of the equipment of the Junkin Memorial. If this is so why not make the heating an extra appropriation and authorize a furnace or hot water apparatus? From your letter of April 3rd, I learn that I may bear favorably regarding the increased appropriation asked for Taiku Hospital from the Finance Committee later. I trust this may be so without the additional yen 500 asked for I fear it will not be possible to complete the inside work. The hospital building is progressing rapidly. It will be when completed the much of the structures as yet erected in the station. I am sorry the finances at the Board's disposal did not allow of an appropriation [illegible] land adjacent to the present site of Taiku Station which will be needed in the near future. From various sources, I learn that the probabilities are the Seoul-Fusan Railroad will lay its track directly in front and a few hundred away from the residences and hospital. this will not in itself be particularly objectionable but with the Railroad will come many Japanese merchants and speculators and all contiguous land will be speedily bought up by them even though it is done in the name of Koreans in comply with the law; what is not bought will be held at high figures by the present owners. Directly opposite over present houses is a pretty wooded Knoll on whose side we have already bought two small barley fields with private fields. A few hundred yen would probably enable us to secure the most of the adjacent fields remaining and enough land for one and probably two more buildings. This location is apparently the only convenient and healthful land near us, between us and it and surrounding it are low rice fields. The manager of the Japanese Bank Dai Ichi Ginko of Fusan who spent a day with me while visiting Taiku with the view of establishing a branch bank here after the railroad's completion asked me whether I thought the above mentioned Knoll could be secured as it appeared a most desirable spot for himself or his Japanese friends to build. I did not inform him that we were anxious to secure it for ourselves. The Railroad will probably be completed as far as Taiku one year from now.

At a meeting of the Taiku Station yesterday a motion was passed recommending me to give up the Dispensary work for the remainder of the Spring and Summer. This because I am not feeling able to carry it on and Dr. Irvin advises that I confine myself to the open-air work of overseeing the new hospital building until my health improves. I shall spend the greater part of every day there. Mr. Bruen is almost entirely recovered from his attack of fever and expects to go to the country before long. Mrs. Buren's father Mr. Scott is visiting her from the United States.

Since Mr. Adams has been away, Bruen's illness and Barrett's unprepared as yet to take his place, the oversight of the country groups has fallen very largely upon the two helpers Kim Sang Ju and Kim Tuik Won. At the mid-weekly prayer meeting two evenings ago, these two men, both back for their circuits made reports upon the condition of the work. They were encouraging and show that the Koreans can rise to the occasion when responsibility is put upon them. Here in the local church, more responsibility has been thrown also upon its officers than ever before and I think with the best of results.

Mrs. Johnson has given her class of little girls into Mrs. Bruen's care and since Mrs. Adam's departure is caring for the women's class. She says she finds the work delightful and interesting. A week ago the class of twenty was entertained at our home and seemed to enjoy it wonderfully. There was music, bible pictures, and stories, games, and refreshments.

I remain. Yours sincerely,

W.O. Johnson

July 29, 1903

Sent : Taiku, Korea

Received : H. N. Allen U.S. Legation Seoul, Korea

My dear Dr. Allen,

Can you inform me what steps it will be necessary for me to take in order to have a Korean boy servant with me on a contemplated one-year's trip at the United States? What Korean authorities must be seen if any and what papers secured? Also supposing the boy wished to remain in the United States longer than one year as a servant would it be possible to arrange beforehand with that contingency in view? Or could he be taken as a student?

I wrote you under date June 6th in regard to selling land here owned by us but held in name of Koreans to the Japanese R.R. authorities, whether it would be best to deal openly with the Japs as holders of the deeds to the fields or through the Koreans. It is possible the R.R. will cut across several fields upon which we contemplated building in the future. I have not heard from you in answer to this and suppose the mail may have go astray.

Since a severe attack of typhus fever two years ago I have not been at all well and expect to ask the mission for a furlough this Fall at the U.S. Altho have not yet made it public.

All are well here except for occasional attacks of bowel troubles which seem to follow the eating of perfectly sound fruit grown in our gardens. Something I have not yet explain. Mr. Jerome Scott of Whitehaven, Pa is a guest of Mr. Bruen, his son-in-law. The new hospital cover and a handsome building. It has been raining almost steadily for twelve days.

I remain,

Yours sincerely,

W.O. Johnson, M.D.

Sabbatical Years in the U.S. (1903-1906)

March 28, 1904

Sent : Philadelphia, PA

Received : Arthur Brown 156 Fifth Ave. New York, NY

My dear Dr. Brown-

I write to suggest advisability of appointing to the Taiku station, Korean Mission, a trained nurse. The new hospital there will accommodate sixteen in-patients and if desired to fit up the upper half story is capable of accommodating sixteen more. I feel that in a hospital of this size and character, there should be some other foreigners besides the physician. Someone to oversee and direct Korean nurses, to have charge of the linen and care of ward outfits, to direct preparation and be responsible for a special diet, in a words to occupy to a slight extent the position that a head nurse does in a hospital in United States. Such a European woman would not and could not and should not do regular nursing. This would be done by Koreans probably. In grave surgical operation, the presence and assistance of such a trained nurse is almost invaluable to the physician. Indeed without such a one, many operations would not be attempted. Korean assistants have as yet, except perhaps in the care of one man in Dr. J. Hunter Wells's employ, not been found, who were able to fill a good nurse's position in grave operation cases. Dr. O.R. Avison has already, before entering upon work in the Severance Hospital found trained European or what is almost the same, trained Japanese nurses (trained in European methods) essential to his work. Dr. Irvin contemplates I think the same Japanese nurses.

Now such a trained nurse, especially an American or English nurse relieves the physician of an immense amount of routine work, work no demanding medical skill and enables him to devote himself toward building up his medical, his surgical, and his work of instructing his students in medicine and surgery theoretical. If he is able to do any translation of medical book into Korean and the dearth of and need for such translation is far greater than for translation along other lines now, he will have some time to devote to it. I do not know that even the majority of missionary hospitals in China have European-trained nurses but a considerable number have and I am quite sure from personal observation in both Korean & Chinese hospitals that the Chinese nurse on assistant is vastly superior of the Korean both in ability, faithfulness and perseverance.

This is general. As to the Taiku Hospital in particular, it is not now is it likely to be for a long time in need of the services of such an American trained nurse for the whole of her time. Of course the conversation personals abut the Gospel and the public preaching of the Korean women patients can be developed at almost any extent but her distinctive duties as trained nurse would occupy probably half of her time only. The rest of it would be devoted to general evangelistic work among women. It would not even be necessary in all probability for her to be at the hospital each day. She could itinerate and work among the city women constantly and who could follow up the hospital work among those entirely conservative Taiku families as well as the missionaries who come in contact with them in the hospital. The women's work in North Kyung Sang Province is already a way beyond the efforts of Mrs. Adams and Mrs. Johnson with their growing families. Mrs. Bruen is just beginning and can as yet do little. How the thirty-five women who came up from the country to the winter Bible class are to continue to receive instruction and grow it is hard to say. Taiku has been asking for two single women for some years. Why cannot one of those sent this year be a trained nurse or if only one is sent why not send a train nurse to do regular evangelistic work? If she only gave one morning a week to helping in severe operations many more and graver, hence operations more [proactive] of spreading the hospitals' reputation, could be undertaken successfully. Besides this, there is the very valuable and sometimes almost indispensable aid a trained nurse could give in severe cases of illness among the missionaries. It is not right to trust valuable missionary lives to inefficient nursing. The physician does all one man to can do. He assists in nursing but a grave case such as typhus needs good trained nursing under the physician. The other missionaries are willing to do anything and give themselves unstintedly, but what a difference between trained and untrained nursing! When Mr. Bruen was ill last Spring, we were compelled to employ inexperienced Korean boys of

24 years old say to take care of him, a delirious man at night for a part of the time. Barrett was away in the country at first. During my own attack of the same disease, the whole of Taiku Station as the majority of Fusan was engaged in nursing me. Without understanding their assistance in the least one trained nurse would have allowed several of them to keep on with their important labor. What intelligent man in U.S. will not strain every nerve and remain unsatisfied until he procures a good trained nurse for one of his faintly dangerously ill if his physician recommends one?

Now it may be said the hospital is not ready for a trained nurse at once. But the general evangelistic work is more than ready for a single woman and she ought to go out at once and begin.

A lady whom Mrs. Johnson met in Germantown has written her speaking highly of a trained nurse who is anxious to go to Korea. I think her name is Miss Christine Cameron. I have not as yet met her. Can you tell me whether she has applied to the Board? Will you kindly give this subject your consideration and bring it before the Board? I should have written upon some weeks ago back was not feeling equal to it then.

I remain,
Your Very Sincerely,
Woodbridge O. Johnson

March 28, 1904

Sent : Philadelphia, PA

Received : Arthur Brown 156 Fifth Ave. New York, NY

My dear Dr. Brown,

I inclose you a letter concerning a single woman for Taiku Korea Station. I have been for the past four weeks at Clifton Springs, N.Y., and been benefited by my stay there. I have a ticket to return this week having come down at Easton to address the College Hill Presb. Church who have agreed to furnish and maintain one of the wards in the Taiku Hospital. I don't know how much longer I shall remain at Clifton. The physician there agrees with me that after treatment there it may be well for me to get some [ocean travel] if possible since I gained so much in health during my trip from Korea to Marseilles. I am therefore considering getting a position for a while as travelling companion and physician to some semi-invalid. The pay in such work being considered as much as the sea voyage for I expect to take a course of some months next Fall in Phil in medical work which will prove expensive.

I regret I am not feeling well enough yet to do some regular & systematic speaking should the Board so desire. I have however found it seemingly impossible to [illegible] seaking on Korean Missions seven times while Mrs. Johnson has already made fifteen addresses, I believe in Easton and Philadelphia. When convenient, will you give me the names of those already appointed to Korea?

I remain
Yours Very Sincerely,
Woodbridge O. Johnson

P.S. I have delayed purchasing the outfit for the Taiku Hosp. funds for which the Taiku Station placed in my hands, owing to the war as well as to fact that Dr. Wells was assigned by the Mission to but five hours of medical work daily. This of course making it impossible for him to begin to treat in-patients. And so obviating the necessity of having the outfit at once. I presume that further delay is admirable or do you think we so send outfit to Korea soon?

November 10, 1904

Sent : Philadelphia, PA

Received : Arthur Brown 156 Fifth Ave. New York, NY

My dear Dr. Brown,

Thinking you will be interested I write to let you know how my health has been since last Spring. You will remember that I spent two months at a sanitarium and in May went to the Pocono Mountains and began work on a farm continued at farm work for nearly four months with some improvement altho until about the 1st of September I did not feel greatly encouraged. Since then my health has been better. September and part of October I spent visiting relatives in the West and this month decided to come to Philadelphia and see how I could stand confinement and hard study. I have arrived here and hope to be able to take postgraduate medicals, work during the winter and spring. I have a bicycle and have not neglect open air exercise and hope to build that I continue to improve steadily. Sun Chun Station is the only one that has sent me a report. If you have an extra copy of the TAiku Station Annual Report will you not send me one?

Yours sincerely,

Woodbridge O. Johnson

February 7, 1905
Sent : New York, NY
Received : Arthur Brown 156 Fifth Ave. New York, NY

My dear Dr. Brown,

Will you kindly lay before the Board the following concerning the single women worker asked for by the Taiku Station of the Korean Mission?

The work in Kyeng Sang Province of which Taiku is the center has developed during the past 3 years with great rapidity. Three years ago 35 men answered the missionaries' invitation to come up bringing their own rice for a two-week bible study at Taiku. Last year 200 men came. This year 500 announced their desire to come. The wives and daughters of these men must be taught. Married women in the station can do considerable but single women are almost essential for itineration among the country groups and to devote their entire time to teaching. For the past five years, Taiku Station has asked for single women but with the exception of Miss Nourse removed to Seoul by marriage, none have been appointed. For three years past the Korean Mission has recommended that two single women have sent to Taiku. The station being more or less isolated the Mission was not willing to recommend one being sent alone.

If the single woman now asked for by Taiku to accompany & reside with Miss Carson just arrived at the station be a trained nurse it will be of decided advantage to the station. Because every case of severe illness among the missionaries in Taiku hitherto without a trained nurse has greatly disorganized her work of the other members. The physician as the one knowing most of nursing has frequently abandoned for the time his medical work. Members of Fusan station have been called up the 3 days journey to assist. The nursing that could be successfully carried on by one trained nurse has [illegible] the energies of two or three unskilled nurses.

When severe illness attacks members of the Korean Mission at present Miss Wambold and Miss Shields generally respond and make long journeys to distant stations to the detriment of their own particular homework. Witness - Miss Shields journey to Mokpo to Pyeng Yang. Miss Wambold from Seoul to Pyeng Yang on several occasions.

The Taiku Hospital while not a very large one will require within a year probably the services of a trained European nurse to act more as a Supt. of the native student nurses, a matron and chief of the operating room, the to do actual nursing of the natives. This latter can be done largely by the assistants, native boys. Unfortunately, our Korean servants and hospital assistants, while faithful and honest, have not yet proved themselves to be as capable of assuming responsibility as those in China for instance. Hence in the grave major operations, a European nurse or assistant is almost indispensable.

Dr. Brown has asked me to examine the application and other papers relating to Miss Christine Cameron and I have no hesitation in saying that I believe she would make a good single-woman missionary for the Taiku station. The fact that she has firmly held to her purpose to become a foreign missionary for the past twelve years seems to show that she has the root of the matters in her. Her nursing course having been taken with the view of afterward pursuing a course in medicine and applying for medical mission work. Her mother's invalidism did not turn her from her purpose altho. it delayed it as she was compelled or rather naturally assumed entire change I understand of her until her death. Miss Cameron's long experience as a Sunday school teacher many of whose scholars have become Christians and her earnest work in Young People's Society of Christian Endeavor seems to indicate that she will make a good personal worker. She has written several pieces that while she does not desire if [illegible] to give up her profession she expects and looks forward to evangelistic work on the foreign field. I believe that her appointment to Taiku Station where she would be connected with a hospital not as large as many would permit opportunities for considerable evangelistic work outside its walls while of course within the same as a trained nurse, she would have exceptional chances.

Woodbridge O. Johnson MD
Member of Taiku Station Korea

April 20, 1905

Sent : Philadelphia, PA

Received : Arthur Brown 156 Fifth Ave. New York, NY

My dear Dr. Brown,

Your letter of April 18th relating to my furlough here in U.S. has been received. My years furlough was up Oct. 23 1904. At this time however I was not well enough to consider a return to Korea. The severe attack of Typhus fever from which I suffered a few years ago seemed to have impaired my health so seriously that a longer furlough seems quite essential for its complete restoration. I would therefore ask the Board that my furlough be extended especially in view of the fact that the medical committee of the Korean Mission under whose advice I was sent home recommended a stay of even two years, if necessary.

Yours Very Sincerely,

Woodbridge O. Johnson MD

August 24, 1905
Sent : 45 McCartney St. Easton, PA
Received : Arthur Brown 156 Fifth Ave. New York, NY

My dear Dr. Brown

I wrote you July 12th asking for an extension of my furlough until Oct 23rd on account of the expected confinement of my wife. While I was not then in perfect health I believed that at the time mentioned I should be so hence did not mention my health at that writing. I am however at present not as well as I had hoped to be and think I will need more than the intervening two months to recover therefore I write now to request the Board to grant an extension of my furlough three months longer. Since my arrival in the United States Dec 23rd, 1903, I have steadily improved in health and have lost the insomnia and other nervous symptoms that troubled me. My nerve force and energy have however not yet become normal. I am tired too easily nervously and physically by work which would not affect an entirely healthy man.

I have been hoping against hope and making plans to return in October but after much thought and asking the advice of some medical friends have concluded it unwise to do so. It has been very difficult for me to arrive at this conclusion both because I am needed at Taiku now and because further stay in this country embarrasses me financially.

Altho. the Board's secretaries most considerately urged me not to make public addresses unless I felt perfectly able, the urgent requests of old friends anxious to hear about missionary work in Korea and the feeling of necessity to arouse missionary interest where it did not exist have induced me to considerable speaking. This together with nearly a year's Postgraduate medical work in the cities the need for which presses upon every returned medical missionary have greatly retarded my progress toward health, so my medical adviser states. My intention is for the next five months subject to the Board's approval as to extension of furlough to take an absolute rest from everything and I feel confident that this is all I need to regain normal nervous tone.

I have written asking three medical friends under whose treatment I have been since my return to Korea to write the Board their opinions. first whether it is wise for me to return in October and secondly whether they consider that three months more of absolute rest dating from Oct. 23rd would be sufficient to enable me to take up work at Taiku as I desire to do in full health.

I requested them to send their opinions as confidential between the Board and themselves direct to Dr. Brown. In view of the fact that my home allowance dates from Oct. 23rd 1903 marking an absence of a little over two years actual absence from Korea. I do not ask for a continuance of home allowance after Oct. 23, 1905. If the Board desires me to take an examination medically from the Board's physician in N.Y. I shall like to take some [illegible] time before Sept. 8th as upon that date it will be necessary for me to accompany my wife to her parent's home in Ohio.

I remain
Very Sincerely Yours
Woodbridge O. Johnson

June 6, 1906
511 Caldwell St. Piqua, Ohio

My dear Dr. Brown,

I was shocked to receive yesterday from Mr. Bruen of Taiku a copy of letter to yourself dated May 3, 1906, stating that a committee of the Korean Mission had decided that "steps have been taken leading to the pulling down of the Taiku Hospital." Mr. Bruen had surprised me in a letter three weeks ago by stating it might be necessary to replace the heavy Korean title roof which had proved too great a weight for the foreign-style trusses and was crushing down at one point. I was entirely unprepared however for the deplorable news above mentioned. Mr. Barrett wrote several months ago that "the damage done last year by the typhoon is repaired and with a little more work the building will be ready to move into." Mr. Bruen had added nothing to his letter addressed to yourself under date May 3rd and I am quite in the dark as to the conditions upon which the report of the Committee was based. I am unaware whether they ascribe them to faulty plans, faulty construction, or to both. Will you not kindly inform me on this point?

I note the summing up of causes given by Mr. Bruen as having made it necessary to tear down the building: with regard to the first one, he is quite mistaken, ie, that my ill health had any connection however remote with faulty construction. On the other hand, my poor health which necessitated the dropping of my surgical and medical work at the Dispensary enabled me to devote my entire time from along in May I think it was, until September to the overseeing of building operations. I spent a very large part of my time on the spot and personally oversaw everything; digging and laying of foundations, laying of brick walls, placing of all timbers, piling and plastering, and flooring. The spring and summer thus spent in the open-air agreed with me.

During every step of the work, the plans of Mr. Gordon, the architect, were followed carefully and as exactly as it was possible for one, not a builder to do. About any points doubtful I consulted Mr. Bruen the other member of the Building Committee. I might add that at the critical time in the progress of the building, when owing to the refusal of the Japanese contractor to come himself or send a substitute to put on the trusses work was at a standstill, I consulted and took the advice of Mr. Jerome Scott, an old experienced [illegible] Who while not a regular builder has constructed many dams some coal mine breaker, narrow gauge railways, and is at home in timber construction work. Mr. Scott was making a visit of many months at Mr. Bruen's. I felt perfectly safe at the time and have felt safe since as to the building largely on account of Mr. Scott's presence and advice at that time.

I am not enough acquainted with building operations to endeavor to excuse myself from the errors of ignorance I may have made during the construction of the hospital building. So far as thought, personal supervision, and unremitting care, go, however, I owe conscience free. I feel that the plans as approved by the Mission after having him drawn by Mr. Gordon were executed on the whole as drawn. Whether as Mr. Bruen intimated in his letter three weeks ago it was a mistake to endeavor to put on so heavy a roof and roof, timbering and combine the native Korean and foreign styles. I am not prepared to affirm until I can learn more definitely the grounds for the Committee's action.

It was unnecessary for me to write you how I feel about this news. Knowing as you do how my heart was in the hospital and its work while on the field and how it has been a constant thought with me during the dark days I have had in ill health while here in the United States you will appreciate that it means as much if not more than loss in connection with my personal property.

Someone at my home in Easton has offered to pay one-half my expenses to attend the Reunion of my graduating class at Lafayette College. I had not expected to accept the offer but would like to know now whether the Board would be willing to pay the remaining one-half to enable me to visit the Board rooms and see yourself and the Board to desirable in reference to the Taiku Hospital. These expenses would be for car fare on half and room in N.Y. should I remain overnight.

I am in excellent health and regret that this hot rainy season has benefited my returning to Taiku until August.

If the Board desires in view of my long continued ill health and personal postponements of sailing on that account that their own physician look me over I should be glad to acquiesce. Hoping to hear from you very soon in this matter.

I remain,
Sincerely Yours,
Woodbridge O. Johnson

June 16, 1906

Sent : 511 Caldwell St. Piqua, Ohio

Received : Arthur Brown 156 Fifth Ave. New York, NY

My dear Dr. Brown,

Your letter of the 11th inst. is at hand. I regret I do not feel able on account of expense to visit New York and have a talk with you regard to the Taiku Hospital. I must confess that the news concerning it has as the saying is broken me up considerably. Not alone because from the years of planning for and looking toward it as a fit place for medical work while in Korea it had almost become a part of myself but because during my furlough here in America it has been so much in my thought and so constantly a subject of conversation and endeavor in seeking to interest friends and strangers in Taiku, in Korea, and in foreign mission everywhere.

The prospect of now returning to my station to find the building in which I hoped to at last begin medical work in proper and suitable surroundings instead of in the native mud and straw house, to find this building, erected with such cost and labor and care torn down is indeed bitter.

The imputation in Mr. Bruen's letter, tho most charitably put that the blame for the present condition is largely my own does not make it any easier. I did not write you as fully in my letter of the 5th inst.

as I intended since I hoped to see and talk with you personally.

But in addition to what I there wrote I would like to call your attention to this fact. The walls of all of the residences at Taiku as well as those of the Taiku Hospital were built of brick burnt by Korean burners, slightly reddish or yellowish in color, more or less torous and decidedly inferior to the hard, dull-red bricks ordinarily used in this country. The lime used in making the mortar for the walls was all air-slaked Japanese lime, white as you know architects in this country invariably specify fresh, unslaked lime for their mortar. During the building of the three residences and the hospital at Taiku it was possible to secure such brick and such lime only, for the reason that the native Korean brick burners could burn no other and only Japanese lime could be secured by the slow river transportation.

My own residence is built entirely, so far as the roof is concerned in the native style. Mr. Adam's residence has one or two foreign trusses all completely supported their entire length by brick walls.

Mr. Bruen's residence has three foreign trusses similarly supported. In planning the Taiku Hospital Mr. Gordon arranged for five foreign trusses one of which was to be entirely unsupported except at its ends for a distance of 33 feet, the width of the Hospital. It was this north truss which Mr. Bruen wrote me showed signs of crushing down into the building. You are personally familiar with the construction of the Korean roof and its enormous weight of, 6-inch in diameter rafters, mud and heavy tile.

Whether the architect did not take into consideration this weight or did not know the character of the brick and lime obtainable and in use at Taiku I cannot say but after carefully going over the copy of the Taiku Hospital plans in my possession I have come to the conclusion that if the hospital has been torn down because of the crushing down of the north truss and fear that the other might follow it, then one or the other of the above-mentioned facts may be responsible.

I would reiterate that the architect's plans were I believe followed exactly and that so far as personal supervision and care of oversight are concerned the Hospital received more, during its construction than the other buildings in Taiku.

In addition the native Christian overseer of the work Mr. Chung had had the valuable experience of overseeing the three residences already constructed. He was constantly at the Hospital and with myself oversaw every step in its construction.

I am still in the dark as to the reasons which led the Committee to decide as they did. Will I be troubling you too much to ask you to quote me a couple of sentences from Mr. Lee's letter as to what those reasons were?

I shall do all in my power if anything can be done between this time and my sailing toward securing funds toward rebuilding. I have written to Dr. E.L. Wood who was my physician at Dansville and asked him to communicate with you as opinion as to the state of my health.

I am very well indeed and have written Mr. Day our treasure a few days ago for tickets to Seattle Washington. I find it possible for me to live there with my family at less expense than here in the East and am consequently desirous to spend the time remaining before my departure for Korea there.

Very Sincerely Yours,
Woodbridge O. Johnson

Missionary Work in Korea II(1906-1912)

September 26, 1906
Sent : Seoul, Korea
Received : Arthur Brown 156 Fifth Ave. New York, NY

My dear Dr. Brown,

I wrote rather tardily to [announce] the safe arrival of myself and family at Taiku. We landed at Fusan Sept 1st, 1906 after an uneventful voyage across the Pacific from Seattle Wash. to Yokohama, Japan. We came by S.S. Shinano Maru, Nippon Yusen Kaisha line and found it very comfortable, good service, excellent especially to a a family with children.

At Kobe Rev. H.M. Bruen & wife and Miss Cameron met us. The latter accompanied us to Taiku. We have been occupying the Adams house until Dr. & Mrs. Null move out which will be after Annual Meeting. I mean move out of our old residence. Dr. Null's health is poor and he has spent the summer in China where he is still. Mrs. Null is at Taiku. The Koreans and Korea are much more "home" than was the United States. Our eldest boy of 6 years surprised us upon our arrival at Fusan by coming down the cabin stairs on a big shouting "Oh Mother! Mother! Come and see here's a lot of our Koreans in a boat with another lady and gentleman waving their hands." He and his sister were on familiar terms with the white-clad natives at once. Annual meeting is in progress. Adam's family were here a week ahead. Bruen, Barrett, Miss Cameron & myself came up together leaving Mrs. Johnson & the children & Mrs. Bruen with Mrs. Null in Taiku. The meetings have been going very smoothly except as concerns finances. It is "mal-hal-so-upso" as regards them. "Words impossible to utter." The mission struggle daily with the question of how to cut down the growing work to the same basis as last year. How to do it is as yet unsolved. Today Taiku Station decided to cut out the request for carfare to next Annual Mission meeting and pay our own expenses. We are already paying our board of $1.75 yen per day during the ten days session. A resolution was passed to telegraph an invitation urging Dr. Irvin to attend the meeting. Previously a circular letter signed by almost all or at least a very large majority had decided in favor of rescinding the mission action concerning him of four years ago. Dr. Irvin came up and his appearance in the audience room was the occasion of general hand clapping. The reports of newly baptized catechumens, and adherents are fully as [illegible] as wonderful to its former years. The Lord continues to bless Koea. Mrs. Johnson & the children are well. We are both most thankful to be again permitted to be again in Korea.

I remain, Sincerely
Woodbridge O. Johnson M.D.

September 27, 1906

Sent : Seoul, Korea

Received : Arthur Brown 156 Fifth Ave. New York, NY

My dear Dr. Brown

Just before coming to Seoul, I received a letter from Miss Mary H
Wright saying that to her surprise she learned that the Board had
authorized Mrs. Valarie Penrose of Germantown Pa. to raise money
for the replacing of the Taiku Memorial Hospital and that she had
written you expressing her desire to donate the money for this purpose
provided the amount needed was within a reasonable limit. Taiku
Station brought this matter before the Korean Mission at once
requesting that eh question of the re-erection of the Hospital and the
amount needed might be cabled to the Board at once in order to allow
Miss Penrose to proceed the endeavor to raise any balance that Miss
Wright may not feel able to give. The Medical Committee of the
Mission first considered the matter and recommended the re-erection
of a first-class well-equipped one-man hospital at Taiku and suggested
$5000 gold, the lowest sum to be requested. The property Com. then
considered the question and reported to the Mission, the following
resolution which was resolved that in view of the statement of Taiku
Station as to the requirements for the re-building of the hospital and
the recommendation of the Property Committee of the Mission, the

mission recommends the station priorify those who propose to donate the funds, that yen 10,000 is the probable amount that will be required and the station be directed to prepare plans and obtain estimate and [illegible] the same to the Mission Property Committee which shall report to the Mission as soon as possible for ad interim action." Dr. Vinton accordingly cabled to the Board expecting that it would notify Misses Wright and Penrose at once.

As to the [illegible] large amount asked by the Mission, I would say that the Mission decided that $5000 gold was the least amount that should be requested both because the endeavor was made to build the former hospital too economically and because since that time building materials as well as carpenters and masons wages had risen. Also because the heating plant, probably a furnace (hot air) and water supply were not considered in the former hospital but are included in the $5000 gold now requested. The present material now on the ground remaining from former hospital as well as some material used by Mr. Barrett in the erection of his residence are all to be used in new hospital plant but the 5000 gold asked is over and above these.

Mr. Clark of Seoul who with Dr. Null took down the former building is probably the best builder in the mission. He tells me that if as seems best and most satisfactory, a new two-story brick hospital building is erected not very much of the old material can be used again. A foreign-style brick building is advocated. Mr. Clark estimates the value of all material left over at about $1200 gold. The Taiku Station has requested the Mission to apportion to Mr. Clark as a part of his work for the coming year the superintendence of the building operations at Taiku and this will undoubtedly be done. Mr. McFarland's residence is to be built and possibly another important building. I have talked to Dr. Sharrocks of Syen Chen & Dr. Whiting as well as Dr. Avison and gone carefully over the Severance Hospital plant. The opinion seems to be growing among the physicians in Korea that after a good working plant, substantial and well-equipped has been erected that it can, in time, be made self-supporting so far as funds from America are concerned. You will note by the reports of Seoul and Syen Chen hospitals that this is being realized. It is my hope that with a well built & equipped hospital at Taiku, this may be done.

Miss Cameron & myself yesterday visited the Methodist Women's Hospital where a modern Nurses training school has been established and were much pleased by what we saw. Economy to the built but without endangering efficiency is the rule there. Dr. Avison expects and Miss Shields is now perfecting arrange for a union in the nurse's department between the severance and Methodist Women's hospital. It is a most admirable plan. The Methodist Women's Hospital has many beds in it supported by individuals in United States. I am coming to the conclusion that this plan in endowment of beds, wards, or entire hospitals may be the solution of the hospital question. Certainly, some solution is going to be found necessary. With the school, academic, and college work the crying need of the hour in Korea to say nothing of the direct evangelistic work, some way must be found to allow more of the Board's funds to go into those department- the amount of money from the Board now given by the mission to medical work in comparison with the amount that the mission gives to educational & evangelistic is disproportionately large. And yet such a disproportion seems absolutely necessary if the medical work is to be carried at all. Understand please that I do not see how medical work can be carried on just now with less from the Board, or from somewhere else. It is going to be very difficult in some cases to do good medical work this year as funds are now apportioned.

In the future just how far receipts from drugs and treatments given to natives will supply funds for all expenses beyond doctor and nurses' salaries I cannot say. It will probably vary as to location of the particular hospital. In a large city where wealthy Koreans can be interested, it may be easier than in the country. In the country where the Christian & heathen populations are well-to-do, it will be easier than where soil and natural resources are poor. But is it not true that there are many benevolent and philanthropic men & women in U.S. both in and out of the church who might be induced or who would voluntarily undertake the support of entire buildings, wards, and beds in missionary hospitals when they could not be able induced at first at least to give to the general funds of the Board or to educational or evangelistic work? And if such philanthropic persons are once interested financially in missionary hospitals & so brought in close touch with the missionary and all branches of his work is it not very probable that they can be interested gradually in evangelistic and educational lines?

I am aware of the reluctance of the Board to allow the solicitation of funds for maintaining hospital buildings, wards, or beds yet when a country is too poor or allows its people to support such foreign institution in their midst, will not this plan allow of the profit support of evangelistic & educational work by allowing them the use of the Board's funds. Is it true that money subscribed for hospitals and other medical work funds necessarily to draw from the regular funds that would otherwise be given into the Board's general treasury? I believe the Board regards it in this light but do the experience of the past entirely bear them out. You know how many men in the U.S. nominal Christians or even non-professors give largely to and often endow or build hospitals. Would not such a class in our churches and out at home help greatly to support our missionary hospitals if approached by the Board or its presentations or by the foreign missionary himself? Of course, all acquainted with the facts know how much more money is required to run a hospital than a school or college.

I remain, very sincerely yours
Woodbridge O. Johnson, M.D.

October 9, 1906

Sent : Taiku, Korea

Received : Arthur Brown 156 Fifth Ave. New York, NY

My dear Dr. Brown,

I inclose a medical certificate for Rev. W. M. Barrett. As soon as I arrived in Taiku Sept. 3rd I noted Mr. Barett's cough and hoarseness and suggested that in view of the return of his wife to U.S. with tuberculosis, there was a possibility of his having been infected from her and urged him to consent to an examination of his sputum. As I have no high power lens for my microscope a 1/12 in. oil inversion lens being necessary for the successful detection of the tubercle, I was obliged to wait until we arrived at Seoul during the Annual Meeting. I there secured the assistance of Dr. Hirst whose microscopic revealed the tubercle bacillar upon three succeeding days, that's in three separate sputums of sputum This was confirmed by Dr. O.R. Avison and myself. Unfortunately, the diagnosis was not made until the last day's session of the Annual Meeting too late to bring it before the meeting in full session the pressure of other businesses being too great. At a meeting of six of the seven physicians present at the Annual Meeting, which was held the evening on the day of adjournment Mr. Barretts' case was carefully gone over and the opinion of five of the six was for immediate return to the United States. ie. Drs. Vinton,

Null, Avison, Hirst and Johnson. Dr. Sharrocks expressed a similar opinion. I understand the next day when seen privately. Dr. Whiting thought recovery might take place in Korea but he was unaware of the conditions under which Mr. Barret would be forced to live, the outdoor tent life, which I would insist upon should I undertake his treatment here. Then night of the day succeeding the adjournment of the Annual Meeting a meeting of the male members of the mission with the exception of two or three who had already returned home, was held to consider the readjustment of work in the South in view of Mr. Barrett's speedy return.

You will thus see that although not acted upon in actual and regular session, the matter of Mr. Barrett's return was really before the whole mission and decided in the affirmation. All the members of the Mission and especially of Taiku Station are full of sympathy for Mr. Barrett. He has worked hard while on the field and shown himself a sincere, earnest, faithful missionary, thinking always of the interests of the kingdom. After about six years, he had just completed a residence and was looking forward to a long home life in it with his young wife. To suddenly learn therefore that it must be at once given up and he returns to America to seek a cure for the dreaded disease tuberculosis is indeed a severe blow. During the past four years, Mr. Barrett has acted as secretary of Taiku Station and done most excellent service in that capacity.

I would like to call the Board's attention at this time to a matter in connection with Mr. Barret's and Mrs. Barett's return. I firmly believe and sincerely hope we shall have them with us again at Taiku but it should be only when after careful and repeated examinations by disinterested physicians they are adjudged entirely free from tuberculosis.

I regret to say that Mr. Barret has shown himself incapable of appreciating in many ways the gravity of his disease, especially how he's shown himself heedless and careless in taking those precautions which have been recommended to him by myself as his physician and others, for guarding against the infection of those with whom he is in contact daily. He seems unable to realize that very rigid precautions and necessity. I am told by other members of the station that the same was true in the case of Mrs. Barrett. Dr. Null tells me that she was very loath to follow and careless in regard to his directions to avoid infection of others. For instance, she would take up in her [illegible] and use her handkerchief to wipe the face or nose of one of the children of the station, long after her disease had been diagnosed and treatment begun. Of course, in America carelessness such as this would be recognized and avoided by others by shunning those diseased, by a policy of isolation, a quarantine against them. Yet such a flaw of quarantine against any member of our small station community, especially ___ long continued as would be necessary in a chronic case of tuberculosis, would seen almost contrary to the spirit of Christ and impossible to accomplishment without estranging seriously the persons so afflicted.

There is no doubt whatever that Mr. Barrett was infected by his wife. Since I have been treating him or rather advising him as regards treatment he has neglected to take pains to destroy his sputum to use separate drinking utensils, to sleep in a room which could be easily disinfected in his gate quarters rather than in his new residence as yet free from infection, to sort and pack his books and his wife's belonging and furniture where any infection of the surroundings would be in probable etc. etc.

The remaining members of Taiku Station are well with the exception of Mrs. Adams and Miss Cameron, who are suffering temporarily from an attack of influenza. The work in the city as well as the country continues to be most encouraging and without Mr. Barrett, the other members will be hard-pressed this year in itinerating. I am seeing patients daily at the Dispensary and making medical calls in the city. After a three-year absence, it takes some time to get settled, and as Dr. Null has just moved his furniture from the last of the rooms in our old residence, we are still in the throes of unpacking boxes and putting furniture together.

Taiku seems a pleasant home than ever before and Korea and the Koreans as familiar as the United States and friends there.

I remain

Very Sincerely,

Woodbridge O. Johnson

July 11, 1907

Sent : Taiku, Korea

Received : Arthur Brown 156 Fifth Ave. New York, NY

My dear Dr. Brown,

I hope the other members of the Mission write you more frequently than I have done since the beginning of the year. Perhaps as a whole, we think it more the duty of the clerical brethren.

I have found that getting adjusted again to Korean surroundings was after two years absence almost like the adjustment and acclimatization of my arrival in 1897. Hence all my correspondence has suffered. You know already I presume that Mr. & Mrs. Bruen are on their way home on furlough via San Francisco and Seattle. They left Taiku, June 22nd or thereabouts.

Bruen has been doing a great deal of good work, itinerating constantly over a large territory, and needs a physical and mental rest] and change. He is more beloved by the Koreans than any missionary in this part of the country and I doubt whether many anywhere have as strong and hold upon their affections. Around here they compare him to John and Mr. Adams to Peter and say that Bruen draws them into Kingdom by love and Adams drinks them in. This however is not at all uncomplimentary to Mr. Adams although it might seem so to those unacquainted with him.

Mr. Erdman has just gone to Japan for the rest of the hot weather probably. His health during the year has been fair. As good I believe as it would have been in U.S. He is extremely active and ambitious to acquire the language rapidly and this together with a large home correspondence has induced him to overwork somewhat I think. His facility in speaking is already very marked and frequently noted by the Koreans. Whether he is going to be able to stand the first two or three years here which are unquestionably the hardest on a man physically I do not yet feel prepared to say but I believe he is if he will take things more slowly and quench his ambitions somewhat. I have had some serious tasks with him this Spring on the subject. The Taiku Station considers him an extremely valuable man and the Mission will also when it becomes acquainted with him.

Since Miss Cameron slipped on the ice last winter and fell injuring her sacrum she has been confined much of the time to her bed and rolling chair. She has just gotten about again after a ten-day rest in beds that I ordered but is apparently little benefited. Yesterday I told her I should consult with one of the other physicians on the case and will probably have her go to Seoul or Fusan to see Dr. Avison or Irvin. During the few cases of illness that we have had in the Station during the year she has proved herself invaluable always bright, cheerful, and abounding in life and spirits, her presence in the sick room acts like a tonic. During the illness of our baby with pneumonia, my own sickness relapsing fever, and the prolonged care she gave little Nan Bruen when quite delicate she was much appreciated. She has had considerable difficulty with the language but her continuation that it is partly due to the lack of oversight and assistance she has received from the two senior [illegible] men is I think correct. Buren is a member of the Examination Committee (Mission Committee) but both he and Adams have been much overworked during the past year and apparently too busy to help her. As her preparatory years of schooling previous to adopting nursing and making her own living, were rather few. You can imagine how difficult has been for her to take a teacher knowing not a word of English and acquire an oriental language without much oversight from others. In a comparatively small station like ours, such difficulties are due perhaps more to our lack of any systems in teaching new missionaries the language than to anyone's fault. Adams for instance has done the work of about two men during the year. Have you ever thought of the practicability of some such plan for our Korea, China, and Japan Missions as that in use by the China Inland Mission for instructing its new missionaries in the language? I understand that for two years I think it is, they gather at a certain place make it their home and there devote the entire time to study and recitation in the language. The other words that attend a "Language College" helped during assigned to their several fields.

I was unfortunate enough to have an unnoticed abrasion on the hand with which I delivered a woman last May. She afterwards proved to have ["Relapsing"] fever acid disease. The germ found entrance into my systems and I had an attack of the same which kept me in bed six and a half weeks. I am now getting about the house feeling first rate and expect to be out soon. As a physician cannot wear rubber gloves in a confinement case at least in placental delivery by hand, he is exposed to the infections rather frequently out here.

I am glad to write that the hospital is under roof and floored before the heavy summer rains. It is the handsomest building yet constructed in Taiku and I believe will prove well-adapted to its purpose. Everyone admires it. Mr. McFarland's house the Mary T. [illegible] Memorial Home is also a shapely residence and finely finished inside. It was erected in a quicker time than any building previously built here. Mr. Clarks of Seoul has had charge of the erection of both as you know and he's done splendid work. He has given most of his time and unlimited thought and energy to the buildings this [Spring] and from the standpoint of economical as well as artistic construction the Taiku Station all thinks he has made a great success. While as yet all accounts have not been balanced I believe that, with the addition of some funds that Barrett had in hand to the hospital credit and some gifts for special objects in connection with the old hospital received by myself while at home, Miss Wright, 3,000 gold will cover its erection.

We all rejoice at the news of the several new missionaries appointed. The city church is resting heavily on our minds just now. I refer to the city church building. It has been enlarged twice since my arriving here in September. Now this enlargement is not with brick or stone and mortar. Not much of it even with the ordinary Korean mud wall. It is with mats a little galvanized iron used to extend the roof and help out with the mats which are made of reeds. Even now after all enlargement both men and women sit out in the yard every Sunday morning and crowd the windows full Mrs. Johnson told me last Sunday she arrived a little late and could not get into the crowded church, women seated on the floor so close together it was not possible to step in between. She was compelled to remain outdoors. The average Sunday morning attendance is between 500 and 600. Many strangers not being able to get in go away each Sunday. The church as you know is Mr. Adams former residence transformed. Ceilings are low, average seven feet or less. What will be done the first real cold winter we have I do not know. Those reed mats are full of interstices to let in cold air. Last winter all of us missionaries wore overcoats, gloves, and muffins during the services. Some of us rubbers and hats to keep warm. We must have a new church soon. Most of our people are quite poor and write this now to let you know the conditions for later. I feel sure we shall be obliged to ask for some aid from home to build a suitable church. Dr. [illegiblel] to assist the Koreans to build a church for they have been raising money for that purpose for once a year. The large central church at Pyeng Yang you remember secured a portion of its building funds from America. I shall send you a copy of our recent station photograph.

Very Sincerely Yours,
Woodbridge O. Johnson M.D.

July 19, 1908
Sent : Taiku, Korea
Received : Arthur Brown 156 Fifth Ave. New York, NY

My dear Doctor Brown,

You heard from our corresponding secretary the action of the station regarding Miss Cameron. Since then Miss Cameron has resigned having written Mr. Pieters, the Mission Treasure to that effect stating her desire to remain at Taiku and help in the hospital until a new nurse can be sent out to take her place. She also showed me her letter to yourself asking your approval to the plan. I hope this will coincide with the Board's idea in the matter. Miss Cameron's health has been steadily improving this summer and she says she feels sure she is strong enough to now to begin to take up her regular duties. Indeed since returning from Seoul, she has been busy sewing, making sheets, blankets, etc. etc., and preparing the hospital housekeeping outfit for receiving outpatients which we expect to do next month.

As you are aware while the building was completed outside last Fall the interior was not and until the doors, hardware, additional plumbing etc. arrived with the furnace in [April] the finishing work could not be done. Since then workmen have been steadily employed and things are now nearing completion. The hospital building is a handsome one and a great credit to Mr. Clark of Seoul its builder, the hospital outpatient department has been running full force all year and I have seen and treated more patients than ever before here, also done a good [degree] of operating and have per.. from sale of drugs fees etc. a larger sum than before in our history of our medical work here.

Dividing the year I have had five young Koreans under instruction as student assistants among them, the son of a wealthy man Mr. Chung of Taiku. [illegible] I charge a tuition fee of $60.00 Gold a year and have a contract with him for five years at the end of which time it shall give him a certificate or diploma. And this reminds me of the 1st Commencement Exercise of the Medical School of the Severance Hospital held last month in Seoul, I attended then and was surprised at the results of Dr. Avison's work. The seven graduates would have done credit to many of our medical schools in the States. Their final examination paper were as difficult in most respects as may I have seen in America and the whole affair, the publicity given to it by the official recognition of the Japanese Residency the great demonstrations of affection and esteem given to Dr. Avison and his wife by many prominent Koreans marked [an epoch] in the history of educational work in Korea which I feel sure cannot fail to be of lasting benefit to all our Presbyterian schools academics, college as well as to our hospitals and medical work. Dr. Avison should [marked] ability and tact in securing as he did from the Japanese. These stamps for the students' diplomas and their active participation in the commencement [illegible] Marquis Ito himself presenting them to the

institutional work.

We have been receiving male patients in the hospital for nearly two months but as yet the women's department has not been opened. At the recent station meeting in view of the fact of Miss Cameron's speedy return and the impracticability of running the Women's wards without a foreigner's oversight and with female nurses of only a couple of months training, I asked the other members of the station whether they thought it wise to open the women's wards at all. They were unanimous in thinking it was not wise. To open this department for a couple of months only with the certainty of these closing it, to make contracts with young Korean women for nurses, to allow the news of the readiness to take in afflicted women to penetrate to the ends of the province and then to be obliged to refuse their admittance when during the next few months they walked in from hundreds of miles away did not seem right. I trust that the Board will take this into consideration in their efforts to supply the vacancy caused by Miss Cameron's resignation as soon as possible.

In L.B. Lipppencott's "American Journal of Nursing" July number, I see among the "Items" notice that a trained nurse is wanted for the Taiku, Korea Hospital. It is unnecessary for me to say that I am not in any way responsible for it. I am aware that desirable nurses for foreign missionary work are best secured thro our women's Boards. However it is quite probable that you have already received communication from trained nurses as a result of this notice. I hope you may find someone suitable for work here.

Mr. & Mrs. Bruen returned Sept. 15th and hundreds of the city Christians gave them an enthusiastic welcome at the R.R. Station. Buren will spend the Fall in the country. Adams and McFarland will be in the academy for some months. The academy building is a handsome one and is proving I think eminently fitted for its purpose. We are justly proud of it; especially as the gift of Adam's family and relatives it stands as estimate of their regard for him and his missionary work.

Mrs. Erdman has convalesced rapidly and steadily from her appendicitis operation. Mr. Erdman now in the country is in better health I think than last fall. The McFarland baby Ruth is still quite delicate but I believe will grow harder with time. Mary Elizabeth Sawtell is a plump new member of this station born Aug 19th I think at this station. ...[illegible] ...eventually sending him to Andong to open the projected new station. At present a rest house will be built and occupied Adms & Kagin of Chongju will go up this winter and select the sites. Sawtell will be well-fitted for the work, I think. He is a "handy man" experienced in outdoor farm life which counts in pioneering. Also a man of force. The health of the station is good at present.

Our new Japanese Resident here. Mr. Saburo Hisamidzu who was six years Jap. Consul General at Seattle WAsh. has with his wife shown himself quite friendly and desirous of increasing our acquaintance socially. There have been several interchanges of calls, presents of fruit etc. We believe it is wise as well as pleasant.

I remain

Very Sincerely Your,

Woodbridge O. Johnson

January 6, 1909

Sent : Taiku, Korea

Received : Arthur Brown 156 Fifth Ave. New York, NY

My dear Dr. Brown

Your letter of Nov. 12 1908 is at hand. You inquire about my health. Yes excepting an attack of Relapsing fever last year, I have been in pretty good health. Able to do more work at least physically than some other missionaries who consider themselves quite well. The day before your letter arrived, I attended a confinement case with Miss Cameron. The patient was in the usual poor-class Korean room 6 ft x 5 1/2 ft by 5 ft 6 in high. It was entered by a 11/2 ft x 2 1/2 ft door. No windows. It was too cold to keep this door open. From 1 o'clock to 6 pm there were six people in this small room without ventilation and during three hours of the time chloroform or other has been continuously administered myself and the two student assistants exerted ourselves physically to the utmost a good part of the time. I had had no dinner and by the time the care terminated was soaking wet with sweat as were the others. Miss Cameron had partially anesthetized herself during the administration of such large amounts of anesthesia in such close quarters and was dizzy all the next day. [We] could none of us stand upright for awhile when the care was done having been so long upon our knees. I rather expected to be fogged the next day but having followed Mr. Fletcher's advice and eaten a very light supper that night I awoke next morning fresh and supple and did a good day's work at the hospital. This case as was to be expected contracted sepsis either before, during or after the operation and according to all authorities should certainly have died but did not and my student assistant who called yesterday found the woman up preparing the evening meal. The husband is a poor man and I charge him but three dollars.

We now have fourteen in-patients in the hospital. Dr. D. E. Hahn the American dentist from Seoul who is visiting Taiku assisted me today in an operation for abscess of the liver. The patient is an old Confucian scholar quite a well-known man hereabouts as he has taught the Classics for many years. Altho his son—in—law and wife are Christians he has hitherto refused to listen to their earnest preaching. He was brought to the hospital yesterday very weak emaciated and fever-worn. There was some question whether he would survive the operation but during it his son-in-law, wife and daughter knelt in the hallway outside the operating room and prayed earnestly. The operation was very successful and I confidently expected him to recover rapidly.

Mr. Su is still the hospital evangelist and is a tactful preacher. Every afternoon he takes his stand in the men's ward and reads for half an hour without much comment from the New Testament. The patients seem to enjoy our regular morning prayer service and especially the Sabbath afternoon when we sing a great deal. Even those very ill seem benefited. It takes patients mind off himself.

We have not yet opened the women's ward. I regret to say the prospect of Miss Cameron's departure in the near future has made it impossible. I am very anxious as to the hospital's successful operation when Miss Cameron leaves. As you know the Taiku Station by circular letter requested the Mission to make Jan. 30th the date when her resignation was to go into effect. It has been affirmatively voted upon.

Just what is best to be done when she departs I do not know. None of the other ladies of the station seem to have any time to spare from their evangelistic work [pure] and simple or their home duties. Since the hospital opening, Miss Cameron has spent her entire time there from early morning to late at night. She has taken not even leisure for exercise or fresh air. I have been as busy with six student assistants all anxious for book study as well as bedside teaching. I find little opportunity to inquire into the housekeeping, laundering, etc., etc.

Our hospital is now a clean, sweet modern one with everything in keeping. The kind the people desire in Europe or America. The kind too in which I believe good clean medical and surgical work is being and can be done. That it is in this condition, an object lesson to the heathen, in cleanliness and I believe in godliness as well, is to a large extent due to our American nurse. Mr. Swallen of Pyeng Yang who was attending our winter class here last week remarked that it was the cleanest, nicest hospital he had seen in Korea.

Dr. J. Hunter Wells of Pyeng Yang who has the hospital there operated largely in native style with patients on the floor told me he

March 10, 1909
Sent : Taiku, Korea
Received : Arthur Brown 156 Fifth Ave. New York, NY

My dear Dr. Brown,

I am anxiously awaiting news from the Board of the appointment of a new nurse to fill Miss Cameron's place. Our men's ward is full while the women's is more than half so and we have as usual six or eight patients in our Korean annex.

I note what you say in a recent letter about the impossibility of putting trained nurses in every mission Hospital. Many Mission hospitals are built and rearranged in native style. Our Taiku Hospital's not. I am glad it is not for I believe good medical and surgical work can be done only under similar circumstances all the [moreover] Dirt or dust everywhere, germs cause disease in Korea as they do in America. Asepsis and antisepsis hold in Korea as in Europe as the greatest factors to be considered in the treatment of disease. In native hospitals run in native style all over our mission fields the gospel is having preached most effectively and thousands are being cured physically but I imagine your file of letters from missionary doctor's reveal the fact that every man with such a hospital wants one fun according to modern medical science and tells you that only then can he do his best work.

Native women nurses must be depended upon on the whole to nurse in missionary hospital but I quite disagree with you as to who is to train these native women. The doctor cannot because he is not a nurse. He did not study nursing but the practice of medicine. Surely this profession of the trained nursing needs no defense as a separate and distinct calling. We doctors have studied a little pharmacy and can stumble along as druggists but we have never studied nursing. Because we have been in contact with trained nurses is no argument toward our fitness to teach others. You have been in more or less constant contact with stenographers but would not attempt to teach stenography or typewriting. I believe and European-trained nurses are needed to teach the first native-trained nurses on the mission fields. Later they will become the teachers. In Korea the Pres. Board has but one trained nurse among six hospitals already built and three, Chong Ju, Kang Kei, and Won Ju soon to be erected. Surely this branch of the missionary service in Korea is not overmanned.

Miss Cameron ceased to draw her salary Jan 30th as you know. Will it not be possible to fill her place by May 1st? I understand from a member of the Executive Committee of the Washington DC Presbyterian that they were willing and anxious to take up the support of another nurse in Miss Cameron's place at once. If this is the case and after an interval of three months enough of Miss Cameron's paid salary will have accumulated to pay her return passage home. Is it not only right and fair to the Taiku medical work and the Washington Presbytery that a succession be sent out at that date. I recognize that it is not easy to secure the right kind of a woman for missionary nurse and better go slow than make a mistake but so many months have now elapsed since Miss Cameron's resignation. Was it not last June? that I judge a suitable one must be on your waiting list of candidates.

I need someone right away to begin to teach the young women we have, the act of nursing. Miss Cameron is not yet very strong; opening the hospital which has been well patronized from the start has laxed her quite severely; she has had no time or strength for teaching. Both she and I have [start] from early morn. till late at night. The past four months at the hospital. I have now seven students whom I am endeavoring with the aid of a very few inadequate medical books to give a medical education. The teaching of these, my strictly medical and surgical duties together with the general oversight financial and otherwise of the hospital [illegible] and all my time and strength and more. As I draw a salary about double that of a trained nurse it is not economy for me to put my time into the training of native women nurses.

The hospital seems to be growing in favor as it becomes more widely known and patients are coming from great distances. One today from nearly a hundred miles away. Did I tell you of the stomach care we had two weeks ago. He is Mr. Oh living about twenty-five miles away. As he had dyspepsia badly a friend prepared a 2 1/2 foot reed, tied a cloth swab on the end, and pushed it down his throat as far as it would. It would go in order to [illegible] the food first the sticking place. Unfortunately, the reed broke off and left 1 1/2 inches and the swab in his stomach. After five days of suffering, he was brought in on a chair. He could neither eat or drink and lay in a semi-stupid condition most of the time. We gave him chloroform and opened the abdomen and stomach by median incision. The piece of reed with swab attached was found lying entirely in the stomach, was extracted and Mr. Oh has made a fine recovery. He ate a big bowl of rice today and said he wanted to walk home.

I had a letter from my mother today. She mentioned a call at the Board rooms that you thought it possible you might visit Korea next Fall. I sincerely hope it may be possible. Hoping to hear from you soon about the nurse.

I remain Very Sincerely
Woodbridge O. Johnson, M.D.

April 5, 1910

Sent : Taiku, Korea

Received : Arthur Brown 156 Fifth Ave. New York, NY

My dear Dr. Brown,

The Executive Committee of the Korea Mission have asked me to send you this communication relating to the salary of Rev. J.E. Adams of Taiku. I inclose it herewith. As you see both Taiku Station and the Executive Committee of the Mission feel that Mr. Adams should continue to receive a full married man's salary notwithstanding the fact that he is now a widower. As the last meeting of the Ex. Com. Of the Korea Mission they made this recommendation as you have probably ere this noted in looking over the report of their actions.

Ruth McFarland-you have probably already learned from this little girl's parents that I have signed, together with Dr. Fletcher, a medical certificate recommending her immediate return to America. Little Ruth has been very delicate for the past three years ever since her return to Taiku and I have seen her professionally on an average, of perhaps every other day, during that entire time. So many visits have not been possibly absolutely necessary but I live next door to the McFarlands and have been very anxious for her restoration to health. Mrs. McFarland is an exceptionally intelligent and well-balanced mother and has given Ruth the care of a trained nurse but in vain. For months past Ruth has been running a temperature of from 99 to 101 degrees. As she is well nourished and looks quite healthy to the inexperienced eye the diagnosis of her case has been difficult but both Dr. Fletcher and myself have [termed] it Tuberculosis probably abdominals. I might say that after Dr. Hogg of the Chefoo School had advised her immediate return to U.S. last summer I called in Dr. Purviance of Chong Ju and he agreed with me that it was wise to try the effect of another winter here in Taiku. This has now been done.

Whether several years of life in the ideal climate of Southern California will restore her entirely I cannot predict. She is a little over three years old. It is the ardent prayer of our station that she outgrow and conquer the disease but the greatest care should be exercised that this has been accomplished before permitting her return to Korea. Mrs. McFarland is herself not strong but since Mrs. Adam's death bids fair to be the one to take her place among the Korean women, if this were possible. Mr. McFarland is devoted missionary and has been doing splendid itinerating work. He has decided to remain until his regular furlough time 2 years hence or as nearly to it as possible. Mrs. McFarland will go home alone with Ruth leaving Kobe on May 9th I think it is.

Miss McKenzie the Station assigned to her three hours work daily in the hospital but as the language has been proving such a load to her I have not insisted upon her devoting that much time to it and since January she has done almost nothing at the hospital. Her heart does not seem to be at all in the medical work. Indeed she says that before leaving America she was quite unwilling to come out as a trained nurse and wanted and asked for appointment as an evangelistic worker but owing to lack of complete understanding with the Board and indecision as to her duty in the matter she found herself in the position she now occupies. Her chief dislike is to private nursing and it was because of this dislike that she gave up her profession five or six years ago and went to Wheaton College and Moody Bible Institute. She is still doubtful as to whether it is her duty to go into the medical work or to devote herself entirely to outside evangelistic efforts and one of the other single ladies told me a few days ago that Miss McKenzie desired six months more before deciding whether she would take up the trained nurse's duties permanently or not.

I have myself been so afraid of frightening her away from the hospital that I have said little. Of course, her inability to decide as to her duty after arriving upon the field is unfortunate and especially so far the medical work of the station. Our little modern hospital needs a trained nurses' services badly. It has been proving too much for me to hold up that end of it as well as my own. As regards Miss McKenzies' ability and the work she has done, I would say that both Mrs. Bruens & Mrs. Adams whom she nursed through critical illness spoke most highly of her and I was more than satisfied with her help in the private sick room with the one exception that she does not seem strong enough to do night duty. In the Hospital work her service in the operating room has been excellent and most satisfactory. It is only because she seems to work from a sense of duty alone and to have no liking for the profession that I am disturbed. Perhaps I sent you a report of the hospital for last year. Not remembering I inclose one now. Dr. Fletcher spent some months with us during the winter and helped me much in operating. He is an excellent physician and surgeon. Careful and rather conservative, an earnest spiritual man who will do good work.

Dispensary—We are telling the need of a new dispensary keenly. The present mud-walled straw and iron covered building so full of germs that despite the constant liberal use of antiseptics we cannot do any surgery there without disastrous results to our patients has become rather a hindrance to our clean modern hospital. We have no separate drug room and our students and helpers are continually exposed to the temptation of taking for their own and the use of friends like valuable medicines upon the shelves. The better class of Koreans are unwilling to enter and wait in such an uncleanly and odorous room and contrast it most unfavorably with the new Japanese Hospital here. The Executive Committee have asked for $2500 to build a permanent Dispensary including book-selling preaching, waiting rooms, etc. Also to include a Hospital gate and gatehouse. We cannot plant flowers or trees on account of our neighbors' goats, pigs, and donkeys who wander into browse. Mrs. Johnson and the children are quite well.

With kind regards to Mrs. Brown
I remain, Yours Very Sincerely
Woodbridge O. Johnson

June 10, 1910

Sent : Taiku, Korea

Received : Arthur Brown 156 Fifth Ave. New York, NY

My dear Dr. Brown -

I write regarding Miss Mary McKenzie the trained nurse at Taiku and her expressed determination to leave the medical work and take up evangelistic work pure and simple. From what Miss McKenzie has repeatedly said to various members of both this and other stations she was very both indeed to come to the field as a trained nurse and so expressed herself to the Board but finally accepted under pressure apparently because she thought it was the only way in which she could get to the field at all.

From the time of her leaving US, she has been unhappy over the prospect of having to do the work of a trained nurse on the field. She has said she gave up the profession five or six years ago because she disliked it and the anxiety and worry she felt after leaving consented to go into it again were so manifest to her companions on the steamer and at Pyeng Yang where she arrived that several of the ladies advised me to have a talk with her and assure her that it would be made as easy as possible for her to get into nursing again and that she should not be plunged into it as it were at once. This I did at annual meeting.

Upon beginning work in Taiku, the station decided that she should spend but three hours a day, ie. From two until five P.M. at the hospital. All the members of the station felt that as much consideration as possible should be shown her and this was done. I endeavored to make her connection with the hospital as easy and pleasant as possible. Notwithstanding this however, she has been very unhappy until this spring when she announced her decision to go into direct evangelistic work if possible. After this, a great burden as it were seemed rolled from off her shoulders.

Previous to Mr. Gale's class in language study for the new missionaries, held I think in February, she spent three hours regularly at the hospital, often studying much of the time with her language teacher as her hospital duties could not be always arranged to await her coming and must be done by myself. Since February or thereabouts and her decision to give up the medical work she has not been at the hospital with any regularity at all and has rendered practically no assistance there. Her expressed decision in the matter has evidently made her feel free to drop the medical work even tho the station had not as yet agreed that she should cease her connection with the hospital. I cannot say that I have urged her to continue the duties to which was assigned.

It has appeared so great a trial to her and so disagreeable for her to have anything to do with the hospital that I have not felt like asking her to do even the simplest things. The distribution and receiving back of the hospital laundry is about all that she has retained

of them, now acting as a night nurse in the hospital came here into my study and said "Doctor I am in great temptation. I am afraid that some big and bad work is going to arise in the hospital. I wish you would take me off night duty I can't stand it." Upon asking about it he told me that a dancing girl now on the woman's floor under treatment to break off the two habits of opium eating and earth eating was the cause. She suffers seriously from muscular cramps in arms and legs and has been calling and beseeching him to strike and knead her limbs in order to give her relief. I asked him whether she really endeavored to tempt him to evil. "I do not know her mind, he replied, only the temptation is in mine. Her woman servant lies asleep on the floor and we two are the only ones awake in the hospital."

Now you will probably say, Dr. Brown, "Why expose your students to such temptations by taking women patients into the hospital at all unless you can give them proper oversight day and night by trusted female nurses." I answer I think I made a mistake in taking this patient into the hospital and will not repeat it but what shall I say when after successfully treating a number of opium and morphine habits a mother comes to you pleading that you rescue her girl from these terrible habits: You are practically certain she can get proper treatment nowhere else. You are morally sure you can cure her. Must she be turned away and told the Jesus doctrine hospital will make no effort to save her from the destruction in which she is rapidly going? In this case, it was quite impossible for the mothers to come into the hospital and stay three weeks, night and day in the same room with her daughter. For you must understand that these opium cases and their attending servant or friend are closely confined, together lest she one get the drug for the other.

Suppose we had trained and trusty female nurses to manage the women's dept, without foreign female supervision do you think it would be long before some scandal would arise between them and the students or male patients or hospital help? In an American hospital where female patients were admitted and there was no head nurse or other female supervisor I am certain such would be the case from personal observation of hospitals in America. If I refuse to admit any women at all, how about our Christian women who get sick, and must some of them perish without missionary doctor's aid? All year past I have been admitting and treating female patients in the Korean Annex where their friends and relatives come and stay with them but opium cases and many other serious ones cannot be treated there on the floor.

As the Executive Committee of the Mission has privately expressed themselves as unwilling to oppose Miss McKenzie's request to be transferred to direct evangelistic work at the next Annual Meeting, I have felt a duty to inaugurate measures to get another nurse in her place. Not only a duty but I have doubts as to my ability to run the Hospital without a foreign nurse. Dr. Fletcher assisted me very greatly for several months with the operation work this year but even with that I find myself now quite played out and shall have to shut the hospital up at least the main building for the hottest part of the summer. Mrs. Sawtell has a friend, Miss Ora Crafts trained at Omaha

General Hospital whose residence is Petersburg, Canada. They two have corresponded considerable in the past before Miss McKenzie was appointed and I have written Miss Crafts feeling her that. There was likely to again be a vacancy in the Taiku Hospital. I have also given her your address and asked her to write to you as she already knows much about Taiku and the hospital. I should not be surprised if she sent in an application for the place soon. Mrs. Sawtell tells me she is from a fine family. Has a brother, a physician in Scribner, Neb. And was one of the most capable and trusted nurses in her class. Should she apply and be appointed I hope you will send her out as soon as possible. Should she not, will you not endeavor to secure someone else at once. Miss McKenzie has given me a letter to inclose with this in which I understand she has made her mind clear.

The health of the Station is good at present Mr. & Mrs. Welbon and family passed through last week on routes for Andong. Dr. Fletcher arrived from Pyeng Yang two days ago and followed them at once I believe.

Yours Very Sincerely,
Woodbridge O. Johnson, M.D.

July 17, 1910

Sent : Taiku, Korea

Received : Arthur Brown 156 Fifth Ave. New York, NY

My dear Dr. Brown

I write regarding the needed Dispensary for the Taiku Hospital.

Re Dispensary—You may remember the circumstances connected with the building of Taiku Hospital. Miss Mary H. Wright of Philadelphia had offered $3000 on condition that the entire building could be erected for this sum. She felt unwilling to have this money go in as a part toward a completed hospital. The mission had taken action advising that the Taiku Hospital should not be built unless an appropriation of gold $5000 was in sight. Hence you wrote out to the station "Miss Wright will not give the $3000 unless an entire building can be erected as a memorial hospital with that sum. The only thing I see from you to do is to cut your coat according to your clothes." Taiku Station therefore decided with Mission approval to build as complete a building as possible with the $3000 and Mr. Clark our builder found he could not get in a Dispensary for that amount so left it out. Hence the Taiku Hospital stands a complete hospital building but since its erection, we have been using a temporary building outside for a dispensary.

When the list of mission requests for new buildings and new

property was gone over by yourself and the Propaganda Committee to select therefrom items to be placed before the church as "imperative needs." The item for a Dispensary for Taiku Hospital was omitted chiefly because as you wrote "Dr. Johnson's health had been poor and the oversight of the new hospital would perhaps from enough for him to undertake at present. " Money for a Dispensary was therefore not received during the Korea Propaganda and efforts among friends at home to secure it have as yet proved unsuccessful. I am moved to write just now because with the beginning of the rainy reason, the utter unsuitability of the present temporary Dispensary is most uncomfortably apparent. You perhaps remember that part of the building is thatched with straw and a part covered with galvanized iron. The roof leaks badly from this unhappy combination. Great chunks of the mud ceiling fall with every rain upon the drugs, the table, operating stand, and other furniture, instruments are rusted, and prescription files and books soaked. The main room only about 18 ft x 10 ft is entirely too small and inadequate for the purposes to which it must be put. It is used for an operating room, dressing room, consulting room, drug store, and drug dispensary room combined. As it has a rough wooden floor and mud walls it's quite impossible to keep it anything like clean from a physician's viewpoint. The better class patients do not like to go into it. It gets so crowded at times that patients have plenty of opportunity and avail themselves of it to steal the instruments and drugs and more worse than all else because we have not a separate drug room our valuable drugs must stand on open shelves accessible at all times to our hospital help and the students. They all expect to practice medicine in a few years and the temptation to take small quantities for present and future use is very great. I feel it quite wrong to constantly expose my young Christian students to such temptations for if they desire to take the medicines, detection is almost impossible. The Dispensary waiting room is about 14 ft X 14 mud-walled and with a 6 ft 4-inch ceiling. It must be used by men and women in common and the better class women will not enter it. They wait in the yard in fair weather and go back home without seeing the doctor when it rains or is too cold.

You will note on the list of present and future needs of Taiku, a list of approved by the Executive Committee that yen 4000 is asked for a new Dispensary and yen 1000 is asked for Hospital gate quarters and go-down for hospital. It would probably be better in presenting the need for the medical work here to any probable given to lump the sums and make it yen 5000 for a permanent dispensary and Gater's quarters for Taiku Hospital. The two together with go-down will probably all be built under the one roof.

Now notwithstanding our poor dispensary building good work has been done during the past year in it and I will soon send you a report for the entire medical work for 1909-1910 which will show this. The point now is the building has almost reached the limit of its usefulness. Do you think it best for me for get together four or five hundred yen and patch it up or to wait for a new building? By writing friends in U.S. who have given money for a hospital porch as yet unbuilt I may persuade them to turn over the money to the more needy Dispensary. We have a good piece of ground just in front of the main hospital and running down to the main street upon which a new dispensary can be well located. A better site could not be desired.

The health of Taiku Station has been very good. This Spring and early summer. On the 14th inst. Geo Winn & Miss Essick were united in marriage by his father here in Taiku, Mr. Gould, U.S. Vice Consul Gen. was present, together with Mr & Mrs Genso from Seoul. Also the members of Fusan Station except Dr. & Mrs. Irvin. It was a very pleasant affair. They left for Karuizawa at once whether Mr & Mrs. Erdman and Mr. and Mrs. Thomas Winn followed them at once. Mr. & Mrs. Jones go to Fusan in the Sidebotham house for a while. Miss McKenzie has gone to Chong Ju for the summer. Mr. & Mrs. Bruen expect to go to Fusan possibly camping out. Mr. McFarland has the Fusan Church for two months and will spend considerable time there. Mr. Adams has gone to Chefoo to spend the time with his boys. I feel so run down that I have decided to go to China for a rest soon, notwithstanding the fact that I dislike to do so intensely as it means leaving Mrs. Johnson and the children all alone here in Taiku. Several friends at home have sent me small sum from time to time to use as I like in the medical work. As I feel quite unable financially to afford the expense of a trip to China or Japan it means either asking the Board to pay for ···, since it is purely a health trip, or using this money from what I call the hospital. "Emergency and Charity Fund." I have decided to do the latter.

Your report of your recent trip to the East has just been received. Thank you for it. A hasty glance shows it to be most interesting. Mrs. Johnson read your remarks about the promiscuous sale of morphine & opium in Korea and suggested that I send it or get another copy and give to Mr. Nosse our Japanese Resident here in Taiku. I have been endeavoring vainly to get him to stop the sale in the Japanese drugstores in Taiku. He seemed willing but apparently unable to do so as he took all the syringes and sample bottles my agents had purchased in the open market here to Seoul with him but after his return the sale continued as before. I have been treating an increasing number of victims of the drug in the hospital. The Korea Med Assn. will discuss the matter at their regular meeting this Fall.

I remain
Very Sincerely Yours
Woodbridge O. Johnson

September 21, 1910
Sent : Taiku, Korea
Received : Arthur Brown 156 Fifth Ave. New York, NY

My dear Dr. Brown,

Your letter dated Aug 22nd is before me. Thank you for your interest in the Dispensary and nurse to take Miss McKenzie's place. I surely wish that it was not necessary to write and trouble you any further regarding changes in the Taiku Hospital. Unfortunately, however, it is about another change that I must now write.

I wrote you last from Peitiho, China from whence I was re-called before I had gotten much benefit from my vacation, by a cable and letter from Mr. Bruen whose wife was very ill at Fusan. Her confinement is expected in the latter part of this month and her symptoms serious. Before I arrived at Seoul however she had improved enough to allow of her removal to Dr. Scranton's Sanitarium there, where she rapidly regained normal strength and I believe she will pass safely through her confinement soon.

I returned to Taiku and took Mrs. Johnson and the children to Annual Meeting. While attending the sessions I decided to request the Medical Committee of the Mission to relieve me from the surgical work of Taiku Hospital. I did so and they asked for a recommendation as to the matter from Taiku Station. Taiku Station recommended that

I "be transferred to Evangelistic in Taiku Station." The Medical Committee received this and made some additions which were referred to the Apportionment Committee who finally brought in the following report. "We recommend that Dr. Johnson be transferred to the Evangelistic work in Taiku Station. That Dr. Fletcher be transferred from medical work at Andong to have change of the medical work at Taiku and that Dr. Johnson have charge of the medical work of Andong for the year or until a new physician arrives to take up said work. We recommend that the Board be requested to send out a new physician to take charge of the medical work in Andong at once."

This report was rather fully discussed on the floor of the mission meeting and adopted. It was also decided to put the request for a physician for Andong first on the list of preferred requests for doctors. The reason for my request to be relieved of the surgical work was solely on account of health. I had made a somewhat similar representation to the senior members of Taiku early last Fall and before our Station was visited with the three severe illnesses of Mrs. Bruen, Mrs. Adams, and Mr. Sawtell. As consequence of this, we obtained Dr. Fletcher's services for about three months, during which he did the operating. This however did not relieve the situation permanently and I felt obliged to act as I did at Annual Meeting.

While I have always done minor surgical operations with a greater or less degree of ease and lack of anxiety, the larger ones ie. The major surgery has always been very difficult for me. Inability to sleep before and after the operations, nervousness, and backache were the symptoms to a greater or lesser degree according to the assistance I had during the operation. I have finally come to the conclusion that I was one of the ninety out of a hundred doctors better fitted for the practice of medicine rather than the practice of surgery.

As to the medical work in distinction from surgery I of course desired to continue in it. This however seemed impossible at Taiku unless the Board were willing to send another doctor here who would divide up the work with me, he taking the surgery. The station and mission from past experience doubted the wisdom of asking that the Taiku Hospital be made a two-physician hospital. They did not believe the Board would grant it and many did not approve the plan. Taiku Hospital as you well know is fitted up to do the best surgical work. It is a modern building and together with Severance should divide the major surgery for Chai Ryung-Syne Chun-KangaKei and even Pyeng Yang are more in a native style which does not conduce to major surgery as well. I felt that while it might be possible for me to continue as before, it could only be done by turning away my major surgical patients, most of whom would then return home to die, for they generally refuse to go as far away as Seoul even tho. I offered to pay their railway fare. This would not be fair to the mission, the Board or the hospital donor for the reputation of the Hospital would suffer thereby.

The medical Committee deliberated for some time on the advisability of transferring me to Syen Chun to take Dr. Sharrock's place who would then go into the Hugh O'Neil Academy work. I understand that Syen

Chun station was anxious to have such an arrangement made. However, Taiku Station seemed very anxious to have me remain and take up evangelistic work at least for the present. The decision to give up the Taiku Hospital work was the hardest I have ever been called upon to make. It was made after much prayer and deliberation and I feel made rightly.

I am now preparing to leave for Andong tomorrow to remain there about four months. As they have only temporary quarters outside of Mr. Welbon's house, which is itself a native one partially remodeled, there is absolutely nowhere to put Mrs. Johnson and the children so I shall leave them here. Dr. Fletcher is beginning work already in Taiku. We will change stations about Feb. 1st, for a while at least, but hope it will be possible for the Board to send out a man by that time for Andong. It seems impossible to accommodate my family up there and besides the expense of moving would be very heavy. It is two and a half days distant, ie. About 70 English miles. I believe Dr. Fletcher is a man admirably fitted for the work here. Of course, my acquaintance with him is short but he takes great pleasure in his surgery. He seems an earnest, thorough worker and a man of deep spirituality.

You will note the request for an "itinerating doctor" meaning one to itinerate among the various stations and look after their medical work while the regular station physicians are at home on furlough. Dr. Whiting went home in July 1911 and both Dr. Wells and Dr. Follwell of the Methodist Mission go from Pyeng Yang on furlough in the spring of 1912. These stations should have resident medical supplies during their own physicians' absence. Of course, the medical Committee of the Mission and the Mission realized the difficulty of securing a physician willing to be moved around in this manner and fill in for other men, yet the feeling was, at least in the medical Committee, that if the unpleasant and difficult features of the place were all fully explained to the doctor before appointment, so that he would know just exactly to what he was coming, such a man could be found who would in all probability remain satisfied for a given term of years, say first to ten years, at least. It was felt that if medical men could be found to volunteer for hard, unhealthy fields like Africa why could they not be found for Korea even tho. the position was a hard one. Of course, single men were thought of. If they marry before the term agreed upon expires they must be expected to take their wives around with them, not at all impossible if the family is very small. As to the plan to move Dr. Mills to Seoul in connection with the Severance Hosp. College, I think it is excellent. The college (medical) bids fair to be a power in the land by turning out skilled Christian physicians. Are there not needed as well as Christian ministers, teachers, and other leaders? Dr. O'neill is an able young man better fitted, it seems to me for the teaching work there than anyone I know besides being an excellent surgeon.

I inclose you a report of Taiku Hospital for last year. From the statistics which will be printed in the Mission Meeting Minutes, you will see that full work was carried on in all departments. The year's work was very satisfactory and the Hospital's reputation as well as that of our Gospel enhanced throughout this province.

I am anxiously awaiting news of the Board's action regarding the needed Dispensary. This is really quite imperative. While in Seoul, Dr. Avision, Dr. Fletcher, and myself examined Miss McKenzie very carefully at the request of one of her friends and with her own content, of course. One lung is enough abnormal to make tuberculosis a probability tho. not a certainty without further tests. Her health has been miserable during the late spring and summer. However, Dr. Fletcher has her now under his care and will take any steps needed in her treatment. It does not seem at all probable that she can render any more assistance in the Taiku Hospital although. The mission had previously assigned her work there amounting to five hours daily.

I remain

Very sincerely yours

Woodbridge O. Johnson

P.S. Thank you for the five extra reports of your recent trip. I can use them I believe to advantage.

in Christ and determination to accept him, were well-known men.

Before the meeting began word had been sent out to the country groups and fully one hundred and fifty of these brethren, many of them leaders and officers of their respective churches, came in and spent the week in prayer, bible study, and personal work among the heathen. At 6 o'clock every morning there was a prayer meeting, at 9 o'clock classes for bible study, and at eleven a sermon or talk for the Christians. At 1 o'clock service for the heathen and the most of every afternoon was spent by the city and country breathen in house to house visitation and street preaching. As I passed through the crowded marketplaces, I could see in any direction an earnestly gesticulating man with a bunch of red or yellow hand bibles holding the attention of the group of people while he preached Christ crucified. Often when the crowd and rush were so great that no one wanted to listen this Christian would get a listener into a corner or behind some obstruction and compel him to hear. You may know that the Andong market, occurring every five days, is a very large one, and always crowded with thousands of buyers and sellers. Well, on the big market day when over one hundred and fifty earnest Korean Christians looked at their Bibles and hymn books and bunches of tracts and went into that crowd to preach the gospel, it was a sight worth seeing and having a part in. They were men believing what they said, and their earnestness and fire, and good-natured persistence in the face of opposition, made a deep impression. In their preaching, they urged men to believe at once, for this was the day of salvation for Andong.

Many who heard came to the evening service and every night except one rainy one, the church was packed, and many outside. We missionaries all feel that the whole district has had a great blessing, and the Christians as well; for the meetings for bible study and prayer were full of heart-searching and led to renewed consecration.

As the work here in Andong and its territory is but a few years old, the campaign was more of an evangelistic nature than a revival and we did not anticipate the number of conversions to run up into the hundreds as at Taiku, Seoul, Pyeng Yang and older centers. Indeed, such would not have been unprofitable here. A slower growth means more real acquaintance with the Gospel.

Mr & Mrs Renich came up from Taiku on Nov. 15 and found a very comfortable home prepared by the Welborn for their occupancy. Most of the houses in Andong are tile-roofed and those secured by Mr. Welbon for temporary quarters are of the better class much superior to our old homes At Taiku. As the Welborns say they can get along another summer if necessary while the permanent residences are building. Reinch is a fine fellow and will make a strong missionary. Mr. Welbon had eighty-six men at work grading yesterday on the new site. I like the location of the site high and healthy, well located near the Korean end of town, in contra to the Japanese end. But there is an enormous amount of grading to be done in order to get level sites. However, Mr. Welbon has calculated carefully and says he will not overrun his appropriations.

I opened a dispensary soon after my arrival. Dr. Fletcher had not begun any medical work here last spring and summer. Have utilized a big room in this Korean house in which I am living, and have one of my Taiku Hospital medical students up here to assist. We have had quite a lot of patients, from the beginning. It's hard to imagine in what ignorance these poor people live. Yesterday I had two young women patients, both of whom have suffered intensely from recurrent attacks of Malaria for three years past. They had never heard of [quinine] and obtained no relief in all that time. I find the people of Andong somewhat quicker and brighter, more alert than those of Taiku, although so near, only 70 miles. Certainly in our dispensary preaching, they have proper, more ready to hear and intelligent in their talk about religion, than the ordinary run of our patients in Taiku. I like them. There is a greater future for the work in this Northern end of the province.

As you know I expect to return to Taiku in two months, and Dr. Fletcher will [illegible] his old place here. But what are the prospects of his being relieved permanently? You will recollect that the Mission has asked for a permanent doctor for Andong because Dr. Fletcher has been given charge of the Taiku Hospital. I have been assigned to evangelistic work in Taiku, but place temporarily in charge of the Andong medical work, in order to let Dr. Fletcher carry on the surgery in the Taiku Hospital. There are no houses here where I can bring my family even were the expense of moving is not as heavy as it is. I cannot leave this station with its four little children and Mrs. Renich expecting a little one in Feb. even to return to be with my family for Christmas. It seems to me increasingly difficult for me to spend the year alone here with my family in Taiku. How long Dr. Fletcher will remain in Andong when he comes is a matter that was left for settlement between the two stations Andong and Taiku by action of the apportionment Committee at Annual Meeting who gave the whole thing for settlement into the hands of the two stations.

But do you not think that the situation can be settled satisfactorily only by the new doctor coming out as soon as possible and taking his permanent place at Andong? Of course, I can temporarily fill the medical situation at Taiku except as to the surgery. This however is an important item and although I carried on the work fully there last year in all its departments I do not think and the Mission so decided that I can manage the surgery any longer. I trust you can send out the Andong man soon. Of the many medical men asked for and needed in Korea including one for Fusan later, this seems to be the first call and was so placed on the Mission's preferred list.

Thank you for the two copies of the Report of trip to China, Japan & Korea. I have placed one with the Taiku Resident and shall present the other to our office here. If a married physician is sent to Andong soon another temporary foreign house can easily be fitted up from one of large buildings tile-roofed now in the stations' possession.

I remain,

Yours Very Sincerely,

Woodbridge O. Johnson

May 31, 1911

Sent : Taiku, Korea

Received : Arthur Brown 156 Fifth Ave. New York, NY

My dear Dr. Brown -

The yearly class for the officers of the country churches in North Kyung Sang Do is just closing after a six days session. I inclose you a copy of the program which gives an idea of what a practical class it is for the leaders, deacons, and school-teachers. Between two and three hundred attended and the sessions were marked by careful note-taking, excellent attention, and intelligent questions at the end of the hour.

Mr. Koons of Chai Ryung has been with us and done fine work. The men of the class were interested at knowing what was being done in Whang Hai Do in the way of church organization etc and Mr. Koons quite won their hearts by his fire and enthusiasm. Last night it occurred to him to give them all a treat. There is an exhibition of wild animals visiting town, an old-fashioned menagerie. Mr Koons first went to the owners and secured a half-price admission rate for as many men over two hundred as he could bring. Then he gave notice to the class that each member should bring on paper a list of all the passages in the Bible relating to animals. After his regular afternoon session, these bible passages were read and the different beasts noted, then all adjourned, and under Mr. Koon's leadership, the menagerie was visited and thoroughly enjoyed. Most of the men, of course, had never seen a lion, a camel, or a bear, and they appreciated the sight-see immensely.

On the day after tomorrow, the class for missionaries' helpers begins to continue at least two weeks. This class has carefully graded studies extending over several years, and the work done by the helpers during the year is reviewed and they are examined on this as well as on the study carried on during these several weeks at Taiku. I am expecting to teach Mark's Gospel this year.

Today our Boys Academy had its Graduation Exercises for the Senior Class. Thirteen bright young fellows received their diplomas after four years of study. The Commencement was held on the Academy Campus under a huge tent and attended by a tremendous crowd of relatives, friends, and sight-seers. Mr. Reiner who has succeeded Mr. Adams in charge of the Academy has done excellent work during this year at Taiku. He is full of energy and ambition, and very popular with the students. Last week the Athletic Meet was a great success. Mr. Reiner had secured for it from the city authorities the "Tal-Sung Park" (Moon-Wall Park) which you probably remember. It is a beautiful natural amphitheater adjoining the city, where thousands can picnic or holiday among trees and flowers. Several hundred young men and boys from our own Academy and nearby Christian country schools took part in the contests and the drilling and singing of the Christian school girls was a feature. It seemed strange for the elders of our missionary group, to see young Korean girls racing madly across the turf carrying

entirely and followed my assignment in the physically healthier outdoor life of country itineration.

At Karuizawa this summer whether affected by the altitude as I suspect not, for I have never before stayed at so elevated a place, my insomnia, nervousness, and backache upon exertion increased so that I began to wonder whether it was fair to my future health or the Board and Mission to undertake a full itinerator's work in Taiku.

Should I try it and go ahead on my nerve for some months or the year as was possible I might be permanently invalided. Also to accept the assignment that the Taiku station contemplated and endeavor to fill Mr. Adam's place in the country work would if it proved unsuccessful from my giving out in mid-year be very disastrous to the station's work. At such a time help from the other stations being almost impossible to secure. I consulted Dr. Bliss of St. Luke's Hospital Tokyo and he said I had no organic disease so far as he could observe and advised my going to U.S. for a year's rest.

I might mention that I did not seem able apparently to get away from my medical work while in Japan but undertook the care of several cases of slight severity which proved later so grave that they put me under just the nervous strain and anxiety I wished to avoid. They were friends to our Japan mission whom it seemed impossible to refuse. You know how those things are. Unless a doctor is in bed his professional duty seems very plain.

At Pyengyang the medical committee acceded to my request for the appointment of several physicians to examine me and act upon Taiku

Station's recommendation that I be given a year's furlo. Drs. Avison, Miller, Purviance, and Sharrocks examined me and advised furlo for an indefinite period depending upon my improvement after returning to America.

As I felt that nothing could be gained by my delaying in Taiku where I would feel it my duty if occasion arose to take part in the station's work, medical or otherwise, I requested leave of absence at once. The medical Com. [said] that if the Board cabled out their judgment it would shorten by a month the usual time required by exchange of letters and so recommended.

Later in the meeting, one of the physicians came at me and said that they were not satisfied that all measures toward my recovery had been taken on the field and before returning home they desired that I go up to Severance Hospital and remain for a month or two under the constant treatment and observation of the physicians there. I replied that I would be very glad to do so for the fact of the matter is that I have as yet received practically no medical treatment. A few suggestions were made last year but if a medical man alone in his station must go ahead with his medical work and is able to do it fairly well, treatment from other physicians generally drops out.

This then is the situation regarding myself. The examining physicians seem to think that if I improve sufficiently a furlo will not be necessary. Certainly, my symptoms very markedly improved once I got away from Karuizawa, and perhaps a good rest and freedom from responsibility will enable me to take up other work than medical acceptably. I have had [illegible] that in my desire to give up medicine other than that, I was not physically equal at it. It's a great blow to a man's pride to say nothing of preparation and much money to give up a profession that he loves and believes himself fitted for. So far as the necessity for my taking a health furlo is concerned everything urges me to remain in Korea. My children are not yet ready to begin schooling in U.S. My home in Easton has been lately broken up by my father's death and my wife's father Rev. Addison Parker has but a small parsonage in a little church where my family could not remain. If I return to U.S. I think it ought to be alone. I would be obliged to consult expert medical advice and probably spend time in a sanitarium, all the time away from my family and under heavy medical expenses for meetings which I have nothing beyond my salary. The future has been looking very dark to me financially as well as for health reasons. I, therefore, requested Taiku Station to allow Mrs. Johnson & the children to remain in our present house in Taiku since during Mr. Adam's furlo in the U.S. we will have plenty of house room in Taiku. Mrs. McFarlands' absence also leaves their house partially empty. Our eldest child started in attendance at the C.J.M. School at Chefoo this month. Her absence will lessen the amount of time that Mrs. Johnson must give to teaching the children and allow her to do more work among the women. As Mills is alone in the large women's work here she hails with delight the prospect of having Mrs. Johnson help her in some of her country classes. One of my sisters has offered to remain until Spring if I return to U.S.

in order to help teach the children as well as company for Mrs Johnson, thus allowing Mrs. Johnson time for women's work.

I am hoping that furlo will not be necessary and feel that four to six months of rest with perhaps some evangelistic work during the latter part might be the only thing needed. The year [past] I carried on full medical work except the major operations and considerable clerical work while at Andong and full medical work in the Dispensary here at Taiku. The hospital was not opened. Of course, I have put myself completely in the hands of the committee of doctors and am striving to walk by faith where the future seems so uncertain.

My mother and sisters enjoyed the Pyengyang meeting very much. They enjoyed the particular hospitality of Mr. & Mrs. Bernheisel where they are still staying. Our Presbytery is opening today - attendance approximately 150 Koreans and 50 foreign members who these are not official figures. The Korean Presbytery are a fine looking set of men. Drs. Moffett & Clark are among those at our home. Dr. Moffett is heavier in weight and looks in better health than I have ever seen him.

Hoping to hear from you soon by letter since the latter action of the physicians seems to have made a cable uncalled for.

I remain.

Very sincerely

Woodbridge Johnson M.D.

Resigning from the Mission(1913)

March 29, 1913
Sent : 115 N. Ivy Street, Monrovia, California
Received : Arthur Brown 156 Fifth Ave. New York, NY

My Dear Brown.

Your letter of March 17 came to hand a few days ago. Thank you for the letters certifying to my being entitled to the special R. R. rates.

In regard to my return to Korea at the end of my furlo. as I have been home but three and a half months it is of course early to say definitely about my health. I have been improving and expect to return to Battle Creek again to continue the treatment that was interrupted by my mother's illness and death which necessitated the trip to California.

I want to return to Korea and am asking for the necessary preliminary steps to secure ordination from Presbytery on The Coast here. You may know that our Korean General Assembly appointed a Committee last September to examine me and if such examination proved satisfactory to arrange for my ordination in October or November. I had been for a year previous pursuing a course of study advised by the Mission Committee with this end in view.

In view of the change of plans and the granting of health furlo, the Committee thought best not to ordain me upon the eve of departure but gave me a letter to a Presbytery here recommending my ordination at their hands.

If I receive ordination here I will be enabled upon my return to Korea to take up either medical or clerical work. I trust therefore that in the Board's appropriation sheets for this year, the usual course will be followed in making out Taiku's estimates those concerning myself being included therein.

I might add that a member of the Presbytery here thinks there is little doubt but that my application for ordination will be granted

I remain
Very Sincerely Yours
Woodbridge O Johnson

June 17, 1913

Received : Arthur Brown 156 Fifth Ave. New York, NY

My Dear Dr. Brown,

As I wrote you last month I would keep in touch with you regarding my health and what seemed to me the likelihood of a return to Korea at the end of my furlough, I am writing again in regard thereto.

It has been six months since I landed in San Francisco returning from Korea. During this time I have had complete rest, excellent medical advice, and treatment. I have made considerable improvement in health but during the last few days after a careful review of the state of my health both past and present, I have arrived at the conclusion that I ought not to plan to return to Korea in the fall as contemplated.I believe I would not be physically fit to take up the work again then.

The courses that suggest themselves therefore, as to my relations with the Board are Is it best for me to resign at once or ask the Board to allow me to continue on their rolls for a year or two while I await what the Lord's will seems to be in the matter. I am inclined towards the former course although it would be difficult to give up that in which I embarked for life.

It has taken just six months for me to arrive at this conclusion regarding my return and I am writing you as soon as it has become clear to myself.

Kindly advise me as to this and give me the benefit of your judgment as to any other course you may deem wise.

I remain

Very sincerely Yours

Woodbridge O. Johnson

October 24, 1913

Sent : 59 Hill Street, Battle Creek, Michigan

Received : Arthur Brown 156 Fifth Ave. New York, NY

Dr. Arthur Brown and members of the Board of Foreign Missions.

Gentlemen, I desire herewith to present to the Board my resignation as a member of the Korea Mission stationed at Taiku. My reason for so doing is continued ill health.

After nearly a year in the United States six months of which have been spent at a Sanitarium, my improvement in health has not I believe been marked enough to warrant the continuance of my name on the Board's rolls.

In taking this important step after much thought and prayer I desire to express my appreciation of the uniform kindness and consideration which has marked your supervision of my work.

It has been a source of constant satisfaction during the past sixteen years of my service to have been engaged under the Board of Foreign Mission of the Presbyterian Church.

Expressing my regret at being obliged to sever my connection with you and deep sorrow in leaving a service where I had hoped to spend more years of my life.

I remain

Sincerely yours

Woodbridge O. Johnson

November 3, 1913

Sent : 59 Hill Street, Battle Creek, Michigan
Received : Arthur Brown 156 Fifth Ave. New York, NY

My dear Dr. Brown,

The inclosed formal note of resignation to the Board of Foreign Missions was written some days since but delayed in sending it. It is with deepest regret that I feel obliged to present this resignation since it has always been my hope to spend my entire life in the foreign field.

You will remember that I wrote you under date June 17th, having in mind my long continued poor health, that it seemed best for me to resign but I decided later to try the long extension of furlough in this country which the Board so kindly granted.

My health however after the four and a half months interval since that date has improved so little that I have come to the definite conclusion that the chances of a sufficient recovery to again take up the work, are too small to warrant my continuing on the Board's rolls.

Having so decided I believe I should take this step of notifying you at once that my colleagues on the field may be made aware of it and that the Board may take whatever steps are advisable in view of the vacancy which my resignation will leave at Taiku Station.

I should also like to present to the Board through you a request for the usual allowance to a retiring missionary. My past illness and present ill health make this request necessary.

You may remember that when I returned to the United States in 1903 on first furlo I was detained here by illness for three years until 1906. Only during a part of this time, about half, if I remember right, was I on Board's "home allowance" then $1100 per year. Prolonged stays at two sanitariums, fees to medical specialists and other charges incident to R. R. travel, and separation from my family during that time made my expenses very heavy.

I kept careful accounts and found that my expenses during those three years were $2168.79 over and above what I received from the Board both as "home allowance and allowance for children."

This deficit I met myself without asking aid from the Board using up in so doing all my savings. On account of ill health, I have had to permanently give up the practice of medicine, my profession, and am now without means of earning a living. It is under these circumstances that I make the request above

I remain
Yours very sincerely
Woodbridge O. Johnson

옮긴이 약력

한미경

UCLA에서 학사와 석사학위를, 숙명여자대학교에서 문헌정보학 박사학위를 취득하였다. 현재 연세대학교 한국기독교문화연구소 연구교수로 재직 중이며, 〈내한 선교사 편지 DB 구축 사업〉 공동연구원으로 참여하고 있다. 저서로는 『내한 선교사 편지(1882-1942)와 디지털 아카이브』가 있으며, 충현교회를 섬기고 있다.

성민경

University of Michigan에서 학사학위를, Talbot Theological Seminary(Biola University)에서 석사학위를, 한양대학교에서 교육공학 박사학위를 취득하였다. 백석대학교, 계명대학교 연구교수로 재직했으며, 현재는 행복책N꿈 디렉터이다. 저서로는 『플립러닝 이해와 실제』, 『소셜미디어와 교육』, 『결혼을 앞둔 그대에게』가 있으며, 경산중앙교회를 섬기고 있다.

유성경

이화여자대학교에서 국어국문학 학사와 교원자격증을 취득하였고, 동대학원에서 고전문학을 전공하였다. 현재는 프리랜서 편집인으로 활동하고 있으며, 충현교회를 섬기고 있다.

내한선교사편지번역총서 15

대구의 첫 서양의료인 존슨이 미국 북장로교에 보내는 편지

2024년 4월 12일 초판 1쇄 펴냄

지은이 우드브리지 오들린 존슨
옮긴이 한미경·성민경·유성경
펴낸이 김흥국
펴낸곳 도서출판 보고사

책임편집 이순민
표지디자인 김규범

등록 1990년 12월 13일 제6-0429호
주소 경기도 파주시 회동길 337-15 보고사
전화 031-955-9797(대표)
   02-922-5120~1(편집), 02-922-2246(영업)
팩스 02-922-6990
메일 kanapub3@naver.com / bogosabooks@naver.com
http://www.bogosabooks.co.kr

ISBN 979-11-6587-694-4
    979-11-6587-265-6 94910 (세트)
ⓒ 한미경·성민경·유성경, 2024

정가 25,000원

〈이 번역서는 2020년 대한민국 교육부와 한국연구재단의 지원을 받아 수행된 연구임
(NRF-2020S1A5C2A02092965)〉